RE: formation thoughts

Re:framing our minds, **re:questing** actions and **re:shaping** the church life

獻給
喬

To
Jo

現編倫理
IMPROVISATION

從戲劇角度再思基督教倫理觀
THE DRAMA OF CHRISTIAN ETHICS

SAMUEL WELLS

韋爾斯 著

鄧紹光、紀榮智 譯

教會倫理系列

基道出版社

▼

Re: 教會倫理系列

現編倫理

從戲劇角度再思基督教倫理觀

Improvisation

The Drama of Christian Ethics

作者

韋爾斯 Samuel Wells

譯者

鄧紹光、紀榮智

審校

沈靜筠、鄧紹光

執行編輯

沈靜筠

裝幀設計

奇文雲海 · 設計顧問

■

出版 / 發行

基道出版社

香港沙田火炭坳背灣街 26 號富騰工業中心 1011 室

LOGOS PUBLISHERS

Unit 1011, Fo Tan Ind. Centre, 26 Au Pui Wan St., Shatin, Hong Kong

電話：(852) 2687-0331　傳真：(852) 2687-0281

網址：http://www.logos.com.hk

承印

海洋印務有限公司

●

7/2018 初版

Cat. No. LP945

ISBN: 978-962-457-560-6

Printed in Hong Kong

刷次	10	9	8	7	6	5	4	3	2	1
年份	2027	2026	2025	2024	2023	2022	2021	2020	2019	2018

目錄

中文版序

一九九二年十二月，英格（John Inge）送我一本約翰士敦（Keith Johnstone）的《現編：現編與劇場》（*Impro: Improvisation and the Theatre*）。

那時候，我剛剛開始博士研究：德性倫理、敍事與教會。他說：「可能你想要讀一讀這本著作。」當我閱讀這本著作時，我對當中的軼事與提議大笑出來，但在心底裏也報以微笑，因為我很快發現作者所講的，正是我對自己的論文，以及人生，所理解的。

這些日子，這本書絕少離開書架，或多或少我總是記得它的內容。它像其他財寶那樣（我想起活地．亞倫〔Woody Allen〕的棟篤笑〔stand-up routine〕或妮娜．西蒙〔Nina Simone〕的喉嚨歌唱〔throaty songs〕）被吸收消化進入血肉之中。就像化學家在實驗室看到一個扣人心弦的泡沫，我即時知道在我的領域之中，我已經擊中突破點了。麻煩的是，如果我的領域是神學、倫理學、教牧職事或宣教，我就不可能實現出來，而在這些領域之中，我也只是無名小卒。

二十五年後（因為我在二〇〇四年出版的《現編倫理》〔*Improvisation*〕被翻成中文，並且在美國印行第二版），如果你問：「先前提到的那本書，對我哪方面較有影響？個人靈修生活抑或關係？在教會中的職事抑或在上帝國中的使命／宣教？學術聲譽或牧養踐行？我難以回答。上述全都是。上帝藉著重新整合（reincorporating）我過去的日子那些已被丟棄與被鄙視的元素、藉著超度接受（overaccepting；或譯凡事接納）我現在和將來遇到的挑戰事件，而現編我的人生。正如約翰士敦所說：「有些人喜歡說『是』（Yes），有些人喜歡說『不』（No）。說『是』的人會被報以歷險，說『不』的人則被報以安全。」

正如我所寫的，美國站在十字路口掙扎：種族、國歌，以及美式足球比賽。我想，這是值得記錄下來，作為一個例示，表達我是怎樣來到慣常使用這本書勾畫的語言與踐行來思考。

> 一年前美式足球賽前賽開始之前，舊金山四十九人球隊的四分衛卡佩尼克（Colin Kaepernick）拒絕站立唱國歌。他說：「我沒有準備站立表示對國旗感到驕傲，這國旗所代表的國家壓迫黑人及有色人種。」這姿勢把黑人生命平權運動（Black Lives Matter Movement）帶進國歌和國旗的空洞存在之中。上星期週末超過一百個黑人和白人的精英美式足球運動員在《星條旗頌》（Stars and Stripes，譯按：美國愛國主義進行曲）奏起與星條旗（Star-Spangled Banner，譯按：美國國歌）響起時，跪下抗議。
>
> 單膝跪下（taking the knee）突出了美國許多種族諷刺。

在未被運動界凍結之前，卡佩尼克收入甚高。但在歷史上，運動、軍隊與教會都成了惟一的道路，讓非裔美國人可以出人頭地，因為「美國投資監獄制度多於其教育制度」，用卡佩尼克的話來說。美國立國的故事是關於歐洲人逃避迫害，要在新世界之中尋找自由。但是黑人的故事卻是相反的，他們被剝奪在非洲享有的自由，成了自由大地的奴隸。更諷刺的是，單膝跪下被視為對美國軍隊的侮辱，因為非裔美國人不成比例地為國捐軀，回報卻小得可憐。

卡佩尼克在衛理公會受洗，在信義宗教會堅振，然後參加浸信會。當他在投訴的處境中跪下，他踐行靈修祈禱，使之成為政治抗議的公共聲明。他表達出基督教不只是個人敬虔與個人得救，而是關乎描繪一個新社會，並組織羣體促進這異象。

卡佩尼克沒有發明諷刺的政治的—宗教的姿勢。在第一個棕枝主日耶穌騎驢進入耶路撒冷，仿效羅馬戰勝者那凱旋的行軍，但卻選了一頭驢為坐騎以示嘲諷。你可能會想：「誰會被一個坐驢的威嚇？」但是他們會。單膝跪下是一個天才的姿勢（gesture of genius），因為在國旗與國歌面前怎樣跪下，才是尊敬美國所相信的立國價值？在服從中跪下（kneeling in submission）正是非裔美國人三百年來的奴隸作為，這一事實使得單膝跪下成了先知式或尖銳的姿勢。

單膝跪下是扣人心弦的姿勢，因為它表示：「你使我們服從，但卻不顧你說的崇高價值，而那是我們國家

> 所建基其上的。現在就讓我們看看那些崇高的價值。」如果無論甚麼時候，我們要想表達受傷、抗議與非暴力見證，單膝跪下成了慣常的動作，那麼這不是很奇妙嗎？（BBC電台，2017 年 9 月 26 日）

我盼望這很清楚表達單膝跪下如何是一次圓滿的超度接受／凡事接納的舉動。拒絕唱國歌可以是「砸戲」（block），會引起衝突、憤怒，以及排斥，更可能暴力。跟隨大家唱國歌是接受（accept），會讓憤怒內化、見證堵塞、另類踐行被壓抑、合模得肯定。但是單膝跪下是一種超度接受／凡事接納的方式，會把事件鑲嵌在更大的指涉框架之內，重新獲得始發性（initiative），並把對手留在宣稱跪下是不尊重的這一荒謬的處境之中。

正如卡佩尼克的姿勢啟發了許多人視單膝跪下是一個忠心見證的諷刺方式，所以我盼望這本《現編倫理》的中譯本也同樣啟發華人基督徒的一代，藉著學習如何讓聖靈把他們的故事刻印在上帝的故事之中，從而更新他們的忠心作門徒。

韋爾斯

中文版導讀

英文的"improvisation"，按日常的字面意思是「臨時即興」、「隨機應變」，但在劇場演出則解作「即席創作」、「現場續編」，本書將之譯成「現編」[1]是恰當的，有陌生化的作用，以提醒讀者勿要望文生義。然而，要全面地掌握作者採用這個借喻的意涵，還需要多花一點神學上的拆解功夫，這是本文的目的。

英國聖公會牧師韋爾斯博士（Samuel Wells, 1965～）迄今出版著作逾二十多本，當中最重要（亦是他本人最重視）的有三，依先後次序為：《現編倫理》（*Improvisation*, 2004）；[2]《上帝的同伴》（*God's Companions*, 2006）；[3]《拿撒勒宣言》（*A Nazareth Manifesto*, 2015）。[4]它們猶如一副三腳架，支撐起韋爾斯的神學視野和倫理想像：韋氏首先在《現編倫理》提出了他日後無論是在神學倫理學的專門論述、抑或針對牧養需要的寫作中，常用的一整套語言和概念；而《上帝的同伴》是韋氏神學的第一個突破點，實現了一種哥白尼式革命，將基督徒倫理的焦點由人本中心，徹底地轉移到以上帝為中心；最新的《拿撒勒宣言》，則登上另一巔峯，發掘出以三一上帝作為主角的五幕神劇（five-act theo-drama）的主軸：「同在」（being with）——上帝與我們同在；我們又與上帝同在；當我們彼此同在、或與世界同在，上帝更藉此來與我們同在、我們也可以去與上帝同在——激發出韋爾斯晚近幾年極其豐厚的新作品[5]，且會在可見的未來，成為韋式神學的創作泉源和主題特色。

《現編倫理》不僅在韋氏的神學倫理學佔有奠基性地位，更加對廣泛的神學界產生深遠影響。[6] 自從瑞士天主教神學家巴爾塔薩（Hans Urs von Balthasar, 1905 ~ 1988）的五冊鉅著《神劇》（*Theodramtik*, 1973 ~ 1983）[7] 面世後，開啟了基督教神學的「劇場轉向」（theatrical turn）[8]。在所謂「戲劇性神學」（dramatic theology）的發展過程中，有一些著作被公認為里程碑，必然分別要數到本書，以及范浩沙（Kevin Vanhoozer, 1957 ~）同期出版的《教義的戲劇》（*The Drama of Doctrine*, 2005）。[9] 所以，要理解本書的脈絡、內容和要旨，很值得將之與前後兩者作深入比較。尤其是，雖然韋爾斯採用了巴爾塔薩的「神劇性」（theo-dramatic）此概念，卻批評他的神劇學畢竟「談論得太多上帝」（too much about God）（英文原書頁 50，下同）[10]；而對於基督徒的倫理生活有否「劇本」可以依循（scripted），韋爾斯與范浩沙之間更有顯著的分歧（頁 62 ~ 63）。

* * *

巴爾塔薩在《神劇》提出了一套類型學，將神學分類為：「**抒情式**」（lyric）、「**史詩式**」（epic），或「**戲劇式**」（dramatic）的；他所根據的並非劇場理論，而是將黑格爾（G. W. F.

Hegel, 1770～1831）的美學就詩歌體裁（genre）的哲學區別，應用於神學思考/思考神學，產生出「神劇性」此新概念。**抒情的**、**史詩的**和**戲劇的**代表三種不同的視角（perspective），按黑格爾的主張，**抒情式**和**史詩式**的視角各自獨立起來都不能完全，而只能夠在**戲劇性**之中實現它們的統一性，**戲劇性**是前兩者的成全（consummation）。[11] 韋爾斯經由巴爾塔薩，採納了這套黑格爾式的三重視角，用以表達三種不同的敘事取態或手法，並在本書以他一位旅居突尼斯的友人的真實故事來示範出三者的特殊性和關聯性（頁47～48）。[12]

抒情式和**史詩式**的視角，本質上並非次等或差劣，它們也具備自身的功用和適切性，只是巴爾塔薩認為，惟有**戲劇性**的視角或體裁，才足以公道地述說出，在神聖啟示的行動中，上帝獨一無二的行動性質，以及啟示的內容。基督徒慣常將救贖稱為「戲劇」（drama of salvation），原來不是一個隨意的比方潤飾，而是因為救贖的而且確，既是由上帝始發和作成，卻又必須涉及人類的參與（humanly involving）。[13] 可是，我們既無法以「上帝的故事」（divine drama）**史詩式**的角度、從三一上帝經世的高度來俯視概覽整齣「神劇」（theo-drama），也不能僅從「人類的故事」（human drama）**抒情式**的視角、從下而上零碎的線索來陳明；只能夠以**戲劇性**的觀點來表述前者如何吸納、嵌入後者，兩者怎樣交錯、互動、對弈。在上帝主動啟示自己和救贖世界的行動/事件當中，天父上帝身為劇作者（Playwright）不但以世界作為祂的舞台，祂也沒有完全隱藏自己一直做個隔岸觀火的觀摩者（spectator），而是差派聖子上帝親自介入世人的舞台成為主角（Chief Actor）、與故事內的人物互動，聖子上帝作為導演（Director）更會藉著不同的角色來傳講上帝的說話、成就祂的旨意。[14]

所謂「神劇性」就是指上帝的能動性（agency）與人的能動性的**戲劇性**互動：一方面，上帝在世人中間、對世人（in and upon the world）[15]所作的、所啟示的，世人必須要以行動來回應（包括拒絕回應也是一種行動）；換言之，無論世人願意與否，均在這齣屬於上帝的戲劇裏面參演了角色、成為拍檔（fellow actors），沒有人可以是置身事外的台下觀眾。[16]另一方面，上帝也是真正共同參與其中的（co-involving），雖然上帝本來凌駕於世界的鬥爭之上，祂卻有分投身於人類的命途；換言之，「神劇」不是一齣獨腳戲，上帝與其他角色有真實的交流/交手，甚至甘願被對手的回應和行動影響祂自己（affected）。[17]

巴爾塔薩的「神劇」是兩種自由之間的戲劇格局（play of freedoms）：上帝的無限自由（infinite freedom），以及由上帝所賦予的、被造物的有限自由（finite freedom）。可是，上帝既是作者、又是主角，我們還有甚麼角色可以扮演、還有甚麼可以做？[18]**除非**，上帝給予人真正（雖則仍然有限）的自由，可以抉擇回應、抑或拒絕上帝，否則人所有的行動都會被上帝「搶戲」（upstaged）。[19]於是，這兩種自由既非平等、對立，更非此消彼長；反之，人的有限自由，只能夠在上帝的無限自由裏面，才得以被實現：[20]一方面，只有當人行使自由來回應上帝，那才是真正的回應；另一方面，只有當人回應上帝的邀請，甘願在神劇中扮演自己應有的角色，順服於上帝的旨意，方能得享真正的自由。順服上帝，不等如犧牲自由，除非我們將「自由」錯解為自足、自立、自決、自主（autonomy）；但基督徒是已經被拯救的，以致我們能夠去服侍他者，就是被賦予能夠以行動回應別人的能力的真正自由。[21]基督徒被歸入基督裏（inclusion in Christ），非但不會限制、削弱我們的自由，反而我們被釋放、被賦予能力

（enabled）去行使自由，兩種自由的關係可被稱為「自由的類比」（analogy of freedom）。[22] **正如**基督自由地全然順服於天父上帝的旨意（free obedience），基督徒在基督裏也一樣被順服所釋放（freed by obedience）。[23] 又**正如**，基督完全地活現出何謂「戲劇中的角色」——祂完美地披戴自己的角色形象（*persona*），與天父上帝有真正自由的互動，卻從不曾做過有違角色／品性（out of character）的事 [24] ——因此就成為一個完美的行動者／演員（perfect actor），具備了完整的人格（person），祂的自我身分認同（identity）和祂被天父上帝所差派的使命（mission）是絕對一致的；[25] **同樣地**，基督徒的使命都是從基督的使命中剪裁出來的（cut from），我們也是因為自由地回應呼召、扮演好自己獲分派的角色，從而發現自我、身分、人格，恢復上帝所賦予的有限自由的真正目的。[26]

可是，韋爾斯始終認為，巴爾塔薩「談論得太多上帝」（頁 50）。這句評語，出自韋氏之口，是令到熟悉他的讀者非常訝異的，也可能是本書最難明的一句說話。其實，韋爾斯不滿意巴爾塔薩的神劇學，仍然「太**史詩式**」、「不夠**戲劇性**」。雖然，三一上帝在巴爾塔薩的神劇裏，不是獨自包辦一切（all on his own）[27]，而是為世界騰出空間，但是人類作為有分登場的劇中人（*dramatis personae*），我們的戲分幾乎無足輕重，我們的行動沒有真正推展劇情；人的努力彷彿盡皆徒然 [28]，「人類的故事」（尤其我們的失敗）在「上帝的故事」當中沒有發揮出它的**戲劇性**作用。[29] 不單如此，不少論者也早已指出，巴爾塔薩的敘事本身，偏好調解張力、尋求解脱（harmonious resolution），撫平劇情的夾縫、漏洞、曲折，甚至故事的演進隱含不可抗力的預定宿命，而排除超出劇情的偶發性（contingency）、角色的自發性（spontaneity）。[30] 神劇儼如一種元敘事（metanarrative），用**史詩式**視角將任何悲愴的元素相對化、消弭吸收。[31]

儘管巴爾塔薩倡議一種**戲劇性**的神學，但似乎他沒有貫徹地運用**戲劇性**的視角來做神學，不經意地又站到**史詩式**的高角來敘述整個「上帝的／人類的故事」，將之總覽為一個單一的故事。[32] 然而，巴爾塔薩自己根本認為，我們只能不懈地尋覓神劇終極的統一性（unity），卻無法通盤去考量它的整體性（totality）；尤其是因為，這齣神劇尚未落幕（unfinished），即使它的終局又不至於懸而未決（indecisive）任由角色去改寫。[33] 巴爾塔薩敘述神劇的方式欠缺應有的開放性，急於用敘事的邏輯來淩駕、壓抑、掏空角色，甚至包括故事的主角。但聖經所啟示的基督，對待人生實存景況中的悲劇裂痕，不敢逼視的黑洞、無法猜透的深淵，不是預早一步去制止、或生硬地修補它們，而是往往以順服和慈愛「橫渡」（traverse）、經歷、承受它們；況且，很多故事中未了的枝節（loose ends），角色人物的瑕疵和過失，根本都沒有被作者收拾乾淨。[34]

本來，**戲劇性**應該要引發出詰問，而非提供圓滿的答案；反之，通過角色對觀眾／觀眾對角色的質問和對答（interlocution），就產生出**戲劇性**。[35] 韋爾斯認為，「真正的**戲劇性**」不是**史詩式**和**抒情式**之間的和諧、平衡、昇華，而是在於維持它們的張力。於是，本書提議用五幕劇，將巴爾塔薩只有豐富意象、卻缺乏情節的神劇「比喻」（parable）[36]，用多條主題編織成橋段化（emplotment）的敘事梗概（narrative arc）。[37] 當中每一幕、每一場，都充滿張力、內藏轉折；例如，第一幕：上帝**首先**給予人自由成為上帝的同伴；**可是**，人卻濫用自由，有限的自由成為我們的監獄；**不過**，上帝**反而**主動限制自己的自由，無限的自由**竟然**成就了恩約（頁53～54）。並且，韋爾斯將教會所參演的部分定位於故事尾聲前的第四幕「戲中戲」(an act within a drama)[38]，就是表明我們要在並不完全確知故事怎樣走到結局，但在順應劇情大弧線的前提下，擁抱充滿驚喜的未來，在故事尚餘的時間裏，當下與其他角色一起將這齣神劇繼續演活出來／撰寫下去，直至時候滿了。

韋爾斯樂於挪用巴爾塔薩神劇學中「**抒情／史詩／戲劇**」三重視角的概念分野，但惟獨有一處必須要被糾正：教會在這齣神劇擔當的「演出」，並無所謂「劇本」可依，而必須給予「現編」的空間。因為，這套劇作根本是「完成中的作品」(in the process of being written)。[39] 這正好也是韋爾斯與范浩沙之間的爭論點。

* * *

范浩沙的《教義的戲劇》[40] 是極具神學野心的宏圖之作，他不但企圖像巴爾塔薩一樣，證明神學本身徹頭徹尾是**戲劇性**的，更加想修正後自由(postliberal)神學的「文化—語言」(cultural-linguistic)進路，以他提出的「正典—語言」(canonical-linguistic)進路代之：[41] 前者將教義的功能看成像語法規則一樣，是管制性的(regulative)；後者則將教義類比為舞台上，對演員的指導(directive)。[42] 范浩沙整本書的主旨，就是要論證出：聖經正典是「劇本」，基督徒生活是對聖經的詮釋性演出／表演性的詮釋(performance interpretation)[43]，而教義就是「指導／導演」我們在當下的處境中如何將福音「表演」出來。

范浩沙堅持聖經正典是對基督徒生活具最終權威的「劇本」，他所指的是「上帝所使用的聖經」(聖靈過去和現在通過文本作工)，而非「教會所使用的聖經」(我們對聖言的詮釋/演出），因為他要推翻後自由神學將教會的文化（ecclesial culture）視為規範。[44] 可是，綜觀《教義的戲劇》全書，范浩沙卻無法前後一致地，維持聖經乃「劇本」這個比喻，來解釋聖經到底是怎樣被表演出來。范浩沙自然了解到，基督徒生活**不是**當聖經文本是劇本來照唸照做（performance **of** a script），我們不能以死記硬背對白（by rote）的方式來參演正在上演中的神劇；[45] 最多只可以說，我們是「根據聖經作為某種藍本來隨演隨編」（improvising **with** a script）[46]，把過去的正典故事在新的處境中接續下去（to go on），甚至以忠於聖經的方法跨越聖經文本的意義（going beyond the biblical text biblically）。[47] 但這個修改後的比喻依然不倫不類，且有好些漏洞。聖經本身的確**不是**為將來的「演出」而撰寫的「劇本」[48]，因為故事的「演出」發生於文本出現之前（the stage precedes the page）[49]；聖經更像是為了見證自創世以來、到新約年代為止的這齣神劇，而被彙編成的不完整謄本（transcript），[50] 當中不但包含三一上帝的作為和話語，更加充滿人類失敗的「演出」。

由於范浩沙也同樣採納韋爾斯的五幕劇來概括神劇，他就不得不承認，對於身處第四幕下半場的當代教會而言，聖經更加沒有為我們提供可以照著去演的「劇本」。[51] 當然，我們確信聖經是具有某種類似訓誨（prescript）或範式（paradigm）[52] 的關鍵作用，但正正因為聖經又恍似一部缺失了現今這一幕的「劇本」，所以就有忠於原著精神、角色性格、順應劇情發展去「現編」的必要，以致我們的演出是適切地吻合（fittingly）整齣神劇的過去與未來。[53] 教義就可以是聖靈這位神聖導演所使用的工具，去訓練出稱職忠誠的神劇演員/見證人；[54] 教義幫助我們澄清劇情脈絡，提示對白（prompt）和指導當場的演出。[55]

就此結論，范浩沙的主張跟韋爾斯相去不遠：前者認為，**教義**的所謂「指導」功能，就是形塑我們的自由，訓練我們行在正直的義路，對上帝待人有能力作好的判斷（good judgment），活出公義；[56] 後者則視**聖經**為「門徒訓練手冊」（training manual），是培育我們能夠正當地把某些東西視為理所當然（take the right things for granted）（頁 69）。[57] 但兩者的根本分歧仍然在於：韋爾斯不認同聖經是基督徒要照著演出的「劇本」。雖然，范浩沙明瞭「劇本」這個比喻的缺陷，以及它所引起神學上的疑難，並想方設法去修補各種不相似點（disanalogies），但他始終不願意放棄這個站不住腳的比喻 [58]，因為他要確立教義的本質就是為基督徒的演出提供「指導」（direction），且還要將神學家比擬為「戲劇顧問」（dramaturge）[59] 作為聖靈這位導演的助手，協助台上演員、台下觀眾理解劇本。[60] 范浩沙將本來一個很簡單，關於劇場與神學之間的根本比喻（root metaphor），擴展成一連串的類比（extended analogies），希望將之構建成一個系統性的代模（model）[61]，追求「一對一」的對應性，而不能容忍任何類比上的不協調（incongruence）、偏離、缺口。他既要押注在這一籃子的類比上，就有可能過火（overplayed）、架牀疊屋，甚至反而成為它們的俘虜。[62]

范浩沙務要證明他整套戲劇類比是有效和成功的。相反，韋爾斯卻不必負擔任何包袱去論證神學或倫理學是戲劇的一種（a species of），他只需要將「現編」的比喻裁剪到恰當合用就可以，就算類比上有其他瑕疵也無傷大雅。因為，本書毫無神學的野心，要發明、創新、倡導甚麼，韋爾斯的任務是純粹描述性的，他只想找出一套詞彙，足以說明一直以來基督徒倫理生活追求活出忠信所包含的諸種踐行；「現編」不是一種做基督徒倫理學的新方法，而是一套新的語言，套用來幫助我們重述／重尋一些因為習以為常而沒有被意識到的、或一些因長時間被忽略而遺失的踐行（頁 13、15、17、217）；例如，「接戲與砸戲」（accept and block），以及「凡事接納／超度接受」（overaccept）等。本書的第一部，是建基於一個層層遞進的論證（extended argument）：（一）倫理乃神學 —— 倫理和神學的對象一樣都是那位恩賜一切的上帝；（二）神學乃敘事 —— 神學必然是關於以上帝作為主角的故事；（三）敘事乃戲劇 —— 敘述上帝的故事必然要採用**戲劇性**視角，因為一定要交代教會的故事如何在上帝的故事當中出現；（四）最後結論，戲劇乃現編 —— 基督徒的倫理生活不是將聖經的「劇本」照演出來，而是忠信地立足於信仰傳統去「現編」（improvising on tradition）（頁 11 ～ 12）。韋爾斯是經過甄別其他可能的詞彙 —— 例如：「演出」（performance）等 —— 衡量利弊之後（頁 65 ～ 70），發現他要描述的六種踐行（本書第二部）或許無以名之，權且概括為「現編」。這個比喻的靈感雖源自劇場，但它的概念內容是被基督徒倫理生活所賦予和限定的，以表達出演員／行動者即使在**沒有**劇本可循的情況下，怎樣能夠克服恐懼不安，信任身邊一些共同浸沉在同一傳統內的夥伴，在當下的處境中做最自然不過、最理所當然的事，而他們的應變能力正是來自對前人所留下的傳統的珍重，卻又不完全囿於過去和歷史（頁 11、17、66）。

相比之下，范浩沙的焦點就顯得本末倒置，他的旨趣是界定教義／神學的本質，多於神劇本身；為要證明他整套戲劇比喻應用在理解教義的本質、神學的功用是成功的，他反而將神劇的**戲劇性**擱置在旁。[63] 聖經的確不是「劇本」，因為即使對道成肉身的聖子上帝而言，耶穌基督這位主角、劇中的模範演員，祂也不是遵循一份預先寫好的劇本來演出；三一上帝既是神劇的「劇作家」，更加是個完美的「現編演員」，神劇是在每一刻同時被構想、製作、演出的（all in one）。[64] 是范浩沙自己提出，神劇本身就是一種「現編」的產物，三一上帝耐性地一再「超度接受」人的「砸戲」（overaccept human blocking）[65]，祂沒有以拒絕來回應我們的拒絕。所以范浩沙理應明白，「劇本」與「現編」是不能混為一談的兩類比喻，因為後者正是要表達出在**沒有**既定「劇本」的保障或安全感的情況下，可以如何忠於劇情、尊重對手、不懼怕失敗地演下去；「現編」作為踐行，不但要承接前此的劇情、照應繼後的結局，更重要是與其他的演員/行動者發生有來有往的互動[66]，耶穌基督親自示範的就是如何為祂的對手留下共同「現編」的自由空間。耶穌基督沒有為教會親授頒布（dictate）一份照著去演就可以的「劇本」，而是信任我們在羣戲中的集體參演（ensemble cast）；[67] 我們沒有具體要扮演的「角色」（role）、也沒有為我們寫好的對白，反而要熟讀故事、被故事浸染（steeping in）[68]，學習成為故事當中的「人物」（characters）——既知道彼此同屬於這個故事、又將故事視為屬於自己的——具備生活在上帝故事的真實所必須的「品性」（character）（參頁 57、60）。

范浩沙既想保留「劇本」的比喻，又兼顧「現編」的必要性，[69] 結果卻支持了一套方向全錯的倫理學（wrong kind of ethics）：基督徒倫理生活的任務，變成了怎樣在教義/神學的指導/導演下，使我們的一言一行，勉力保證神劇的劇情不出亂子（on track）。[70] 范浩沙的倫理觀完全違背教會處於神劇第四幕下半場應有的精神，就是韋爾斯所謂「玩興」（playfulness）、或放鬆地隨時作好準備（relaxed readiness）的姿態（頁 69、80）。我們明知道自己的演出難免破綻百出，卻無須憂慮會搞垮劇情，因為教會的成敗根本不會左右第五幕如何終局；我們可以輕省地演活這一幕，因為我們所信任的是其他同伴、以及上帝，而不是對自己演出的好壞有多少信心。[71] 范浩沙致命的毛病，是把教會看得比上帝看教會更嚴肅認真、更煞有介事（more solemn than God）；但韋爾斯認為，教會應該要有經得起坦然犯錯（make honest mistakes）的自由和恩典（頁 57、64、69）。如果說，巴爾塔薩的神學是「太**史詩式**／上帝中心」；也可以說，范浩沙的倫理學就是「太**抒情式**／人本中心」了。

* * *

「現編」只是韋爾斯用以描述基督徒生活的一些倫理踐行，為方便而說、頗具啟發性的比喻或簡稱（shorthand）。換言之，我們不會因為多讀一點劇場理論，或者親身去上幾堂即興劇訓練班，就幫助到自己成為更忠信的基督徒。反而，我們最需要熟習的是另外一些技能，尤其是本書稱為「凡事接納／超度接受」的一種回應處境、想像不同可能性的應變能力。基督徒可以將生命的擔子（burden）視為隱藏的祝福（blessing），是由於我們確信上帝的祝福往往是以擔子的形式出現，惟有甘願負起擔子的，才可以領受到祝福，拒絕擔子**就是**拒絕祝福；教會的生活（特別是敬拜）應該訓練我們養成信靠上帝的習慣，到一個地步，甚至能夠將一些看似斷不可能是祝福的擔子，都當成**猶如**是祝福去「凡事接納」。所以，將「既予」欣然地看成「禮物」（givens as gifts）不是消極無奈的逆來順受、自我安慰，而是對上帝的真實和信實的回應／回答／回報。韋爾斯為本書中文版所寫的序言，更正好印證出，「超度接受」同時也是一種基督徒在暴政強權下和平生活的抵抗策略。正當特區政府提出要訂立《國歌法》

之際，很奧妙地，香港社會的獨特處境益顯出韋式神學倫理學對教會的普遍相關性。

禤智偉
香港浸信會神學院實用神學〔社會倫理〕助理教授
二〇一八年復活節期

原書序

為到那些好朋友提供機會給我去仔細探索這本書出現的看法，我很感激。我想到許多羣組、班級，以及會眾，他們介入及挑戰，特別是下述的：諾域治（Norwich）的 Clare Goddard 和麥迪瑪奇劇院（Maddermarket Theatre）；劍橋的菲茨威廉學院（Fitzwilliam College）的 Benh Quash、Nick Adams 和學生，諾域治的 Michael Stagg 和他院長辦公室的聖職人員及職員，諾域治的以馬忤斯之家（Emmaus House）的 Wanda Standley 和學生；劍橋的克萊爾學院（Clare College）的 Jo Bailey Wells 和羣體；Stephen Barton 和基督教倫理觀研習社（The Society for the Study of Christian Ethics），以及聖安德烈斯（St. Andrews）的 Jeremy Begbie、Trevor Hart 與神學、想像與藝術研究所（The Institute for Theology, Imagination, and the Arts）。我也要感激 Graham James 與 David Atkinson 的支持，他們看到這企劃跟我在諾域治有分的社會及靈性再生的項目之間的關連。

我特別感激那些閱讀與評論每一章並提供專家意見的

人，他們使得本書比原來的好得多。Ann Loades 認真看待原初的觀念。Rick Simpson 與 Ben Quash 跟我作出早期對話。Lynda Waterson 與 Rex Walford 提出了適時的評論，特別是有關劇場向度（theatrical dimensions）的論證。Jo Hartley 與 Philip Jones 改善了人類複製那一章相當多。David Warbrick、Mary Ellen Ashcroft 與霍維（Craig Hovey）在風格上提出了很有幫助的評論。而布拉索斯出版社（Brazos Press）的 Rodney Clapp 與 Rebecca Cooper 實在是出色的編輯。

我最感激的是那些沒有了他們就不會有本書的人。英格向我引介了約翰士敦（Keith Johnstone）的作品，那時侯活士（Stanley Hauerwas）開始影響我，我希望這本書也一樣可以影響它的讀者。Jo Bailey Wells 總是知道：在這個有時斷斷續續顯出膽怯的丈夫背後，是一個渴求寫作的作者在尋求允准。而 Ernie Ashcroft 告訴我切斷一切藉口、坐下，只是寫。這裏就是所寫的了。

韋爾斯

導論

論證撮要

舞台上的現編（improvisation）是一種踐行（practice），藉此演員對自己對大家建立信任，以致可以進行沒有劇本的戲劇演出，而無須害怕。《現編倫理：從戲劇角度再思基督教倫理觀》（*Improvisation: The Drama of Christian Ethics*）是研究教會怎樣可以成為信任的羣體，以致可以忠信地與不可知的將來相遇，而無須害怕。它是處理教會的故事和踐行，怎樣以無抑制的自由塑造及加力給基督徒，這些自由有時是劇場現編者（theatrical improvisers）所經歷的。這是一個建立對自己、教會以及上帝的信任的講述。在過程之中基督教倫理觀會被重述，但並非一種演練（performing）聖經的技藝，而是立足於基督教的傳統忠信地進行現編的技藝。

《現編倫理：從戲劇角度再思基督教倫理觀》分三部分。在第一部分我提出：現編在了解基督教倫理觀的性質與目的，是一個合適的模樣（mode）。在第二部分我勾畫六種突出在舞台上現編的踐行，我認為這也可以突出基督教倫理觀。在第三部分我提供四個例子，顯示這些踐行如何使得基督徒與教會介入特殊重要的處境與議題。

提出現編是有用的途徑，幫助了解基督教倫理觀的踐行，在本書我採取了四個階段的論證。第一階段，第一章，透過概覽歷史敘事：構成倫理觀的東西總是屬於教會對上帝的了解的，以及更一般地屬於其在社會之中的位置的，從而質疑「倫理學」(ethics)乃分離獨立的學科這個看法。因此本書其餘部分，因為涉及的是倫理學，所以將會專注敘述那些學效上帝行動的作為，以及對教會的社會位置的承認。第二階段，第二章，這次進行另一次廣闊的概覽，就是整個基督教倫理觀的同代場合。我分別出三股繩索(three strands)：普遍的(universal)、顛覆的(subversive)，以及教會的(ecclesical)，把當前的研究置於第三股繩之中。然後我主張敘事地理解教義，可以恰當地突出教會的倫理。這就來到第三部分，第三章，要顯示的要點是：如果教義描繪上帝的行動和人類回應的性質，那麼教義特別是其倫理的形態，在特性上是固有地戲劇的，而不是敘事的。這裏我把自己的論證跟其他人有關這點的論證並置一起，並且勾畫出基督教戲劇的廣闊向度。最後我突破性地提出，即使戲劇也過於靜態地了解神學的倫理觀(theological ethics)。倫理觀不能純只是關於不斷排演(rehearsing)和重複同一劇本和故事，雖然舞台可以是新的，演員也可以是新的。這對於每一刻的創造其尚未展開的嶄新性，是完全不公平的。聖經不那麼是一個劇本，教會學習及演練它，就如一所學校塑造一個羣體的習慣和踐行。這個羣體學習把對的事視為理當如此(take the right things for granted)，並在這忠信的基礎上，它信任自己在其傳統之中現編。現編意即一個在對的習慣之中形塑的羣體，它信任自己且在新的與時常充滿挑戰的環境之中體現其傳統，而這正正是教會被呼召去從事的。

在勾畫劇場的現編者的踐行與顯示他們怎樣報告和描述一個基督羣體的辨識（discernment）與踐行，我發展出六種活動模式。在第五章，我以倫理學中習慣的形塑（the formation of habits）這關鍵角色開始。倫理學不是關乎在危機中的聰明，而是關乎品格（character）之形塑，它不會意識自己在危機之中直至「危機」已經過去。這對於劇場的現編者也一樣。現編不是關乎一刻的自動與機智，而是關乎信任自己行出與說出那直白顯然的（the obvious）。對於倫理學與現編，關鍵是演員視甚麼是顯然的，因而真正的議題在於想像。在第六章我反思戲分（status），這是現編的一個關鍵看法，並且在基督教倫理觀是被忽略的。我提出考量戲分可能為基督教倫理觀帶來的好處，並且提供幽默例子顯明戲分交換（status transaction）的意義與普遍性。我在第七章的描述或許是劇場現編的基本看法，就是那些接受交來的戲（accepting offers，譯按：即接戲）與攪砸交來的戲（blocking offers，譯按：即砸戲）。我開始提出，這些看法怎樣幫助展示在當代處境之中許多倫理觀的挫敗。第八章較為理論，不那麼明顯地跟現編中特定的踐行連繫起來，但對於論證是必需的，因為它探討了禮物恩賜（gifts）與既予（givens）的分別，這對繼後的篇章是核心的。換句話說，第七與八章是第九章的導論，第九章或許是全書的關鍵。在第九章我勾畫凡事接納／超度接受（overaccepting）的踐行，藉此一個羣體把一個新的行動或概念切合到一個更大的敍事之中、一個更大的戲劇之中，那是上帝在世界之中的工作。最後，第十章，我引介第二個關鍵踐行：重新整合而成一體（reincorporation）。這是一個終末踐行，戲劇中丟棄了的元素會被重新編織進入故事之中，而這特別適切於那些耶穌禧年回來要恢復歸還的人。

到此為止，信仰羣體的讀者可能渴求用得上的例子，就是這些踐行可以怎樣塑造他們的想像力和習慣。在第三部分我心裏有兩個目標。第一個目標是顯示我所推薦的踐行並非「原創的」，雖然這些踐行在這之前沒有如此命名。我沒有試圖推薦「一種做倫理學的新方法」，只是提供一連串融貫的和啟發的踐行，它們都是描述教會一直經常所作的忠信的社羣回應。因此，我提出兩個處境來引介那些像我一樣的個別特殊作者，他們試圖顯示在極端壓力之下忠信的門徒是甚麼意思，而我則顯明這些作者所了解的忠信，跟我所描繪的差不多完全一樣，雖然他們沒有使用我所提出的明確範疇。我會以卡瓦諾（William Cavanaugh）對在智利皮諾切特（Pinochet）統治底下的羅馬天主教會的角色所作的出色討論開始。我選擇這樣的處理：過好幾年勾畫個人與羣組中間現編的踐行與其對基督教倫理觀的重要意涵，當中最共同的回應就是焦慮：我在倡議教會向邪惡投降，或至少沒有提供有力回應對抗邪惡。卡瓦諾的作品正正針對這主題：當代教會怎樣介入人類的邪惡？我沒有意圖在這一章對智利這幾年提供一全面、客觀平衡的講述。雖然我意識到這個時期許多智利的基督徒對事件有相當不同的看法，但是我沒有引用任何其他資料。我主要是想顯示，一個備受尊重的學者，對於在這關鍵的處境之中，教會在政治壓迫之中的角色，他作出了廣受讚賞的處理，並提供了一連串的看法與提議，這跟我自己的論證出奇地接近、相似。

第二個例子是不大關於人類的罪及出錯的創造的。它考量到對處理嚴重精神的和生理的需要有甚麼意思。這章集中在神學家楊格（Frances Young）的經驗，他帶大一個有多種特殊需要的兒子。但一方面因為完全由家長的眼光來看故事，引致我了解戲分時出現難題，另一方面因為比較病患與殘障這兩個議題看來是很有建設性的，所以我把瑪格麗特（Margaret Spufford）講述自己和女兒的嚴重病患，跟楊格和阿瑟（Arthur Young）的故事並置。再一次，這裏的主要目標不在於提供新亮光給基督徒和教會如何介入這些悲慘的處境，而只是展示：忠信地處理這些議題如何已經追隨反思的式樣，而本書對此反思式樣想要提出更多的系統表達。

在最後兩章，我會建設性地介入兩個其他議題。跟前兩章不同，這兩個議題沒有威脅要破壞信仰與/或教會，相反，它們的貢獻是，挪開叫人氣餒的人生限制，以及應許欣欣向榮的將來。其中一個議題是人類複製，應許克服人類身體的限制，並帶來天上缺乏的某種拯救。另一個議題是基因改造食物的個案，應許在短時間之內解決世界的缺糧。基督教圈子對這些議題的回應並不一致融貫，而所用的論證很多時都不那麼神學。我在這兩章的處理是嘗試同時使用這本書所提議的踐行，去描繪一個對這些議題的神學回應，並且在兩個公共迫切關注的處境中測試本書的提案。

這本書是甚麼

當我過去至少十年跟個體與羣組談及神學的倫理觀跟劇場現編的關係，我意識到各種熱心與焦慮都由此中的課題（subject）生出，某些課題對於這研究來說是核心的，但許多課題是關乎另外一些事情。這些反應很多是關注大眾對「現編」這詞彙的了解，以及它在人的想像之中所引起的聯想。但是還有很多其他關注經常出現，那是我曾經提及的錯置的焦慮：我認為教會在激烈的人類罪惡面前沒有甚麼可以回應。這一節和下一節的目的是想要處理這些關注，以致能夠使讀者羣體以想像介入論證，更多以期望而非懷疑來使用想像。

本書是一篇神學的倫理觀的論文。即是說，它懷疑是否存在一種任何人都能夠贊成的倫理，忽視傳統。本書視基督教倫理觀的主要角色，為描述基督徒怎樣藉著維繫一個傳統超過好幾個世紀來形塑習慣，這傳統大部分體現於成文文本與關鍵踐行，特別是崇拜的踐行。基督教倫理觀並不關乎幫助任何人在危機時作出基督徒式的行動，而是關乎幫助基督徒時常在作門徒的踐行之中體現他們的信仰。

這是一篇建構性的基督教倫理觀的論文。一整代基督教倫理觀的作者已經花了過去三十年來建立上一段所勾畫的原則。[1] 這本書大部分都是批判的模樣，揭露出倫理學著作中較為通行的模樣所具有的內在失誤，並且指出這些模樣從忠信的基督徒門徒身分的觀點來看，跟所欲求的還有很大距離。我在頭四章會觸及這些討論，而本書的目的不會在這些討論之中再次複習。在這樣的一個時代之中——品格、敍事、想像、崇拜、非暴力，以及被排斥者的聲音，都被嚴肅對待，以之為塑造論述（discourse）的主題——正是要建構地描述現時的基督教倫理觀可以是甚麼樣子。[2]

這是一篇建構性論文，重視倫理觀中想像的位置。[3] 它認定上帝國度這看法之中本質的東西，是感知事物可以跟它們是怎樣的有所分別。換句話說，當一個羣體是在基督裏，就沒有「既予的」（givens）、沒有人必定只有接受的這無可妥協的存在事實，除了福音這偉大的禮物恩賜之外。[4] 成為基督徒是要把福音的禮物恩賜看為一個人惟一的既予。這是教會驅動其能力之根源。它不被通行的「現實主義的／實在主義的」（realist）名單上的「既予的」所規限，它存在於可能性的奇妙時刻、復活的復活節時刻（Easter moment of resurrection)，那時萬事都是可能的；但是在終末的這邊，並非萬事都已發生了。因此，本書的中心部分充滿幽默，這是很恰當的，因為幽默應該是侵入國度(inbreaking kingdom)的特性。因為幽默觸動了驚奇與歡樂的感應，觸動了可能性的玩遊(playful)與活潑的感應，觸動了從幽默中流溢出來又更新幽默的那些踐行，這本書就寫出來了。

這篇論文要觸動羣體的想像。它認定健康的羣體糅合了思考者與行動者、寫作者與反思者。這本書被設計成要把學術的神學家、那些在正規事工之中的牧者，以及那些志願以普通職業的方式服事教會但又想所作的合乎神學知識的信徒，連繫一起。我盼望學術圈、祭壇和職場都會在本書之中找到理由、鼓勵，以及方法，一起去開拓他們的神學想像。因此我很小心把自己的提案置於當代學術論說之中，並且盡量減少使用術語，但遇上需要證立大膽的宣稱，我會使用合適的工具去支持。同時使用學術論證與可獲取的例示，目的是把基督徒帶入對話之中、培育辨識的羣體：論證是要加強力度的。論證背後的認定——第十三章清楚表明——是基督教倫理觀的單位，其所促進的「身體」的整全性及繁榮興盛，並不是個體或是世界而是教會。要緊的身體是基督的身體。本書最後想要使之成為可能的是：不作抽離諷刺的旁觀者，可以以世界的故事和認定製造叫人喜悅的式樣，以致支持一種聰明而脫離介入的優勢。思考若只躲進自我沉溺的大腦，是否定道成肉身的；神學反思必定總是一種跟體現的羣體(embodied community)作螺旋式對話。這是本書成形的處境。對作者處境所作的反思，本書沒有整合進去，惟一理由是，很多這些反思已經在別的地方出版了，並且討論時下活存的信仰羣體需要適可而止，尊重這些羣體是活在上帝底下的能力而不是活在神學家恆常入侵的檢查之中的。[5]

這論文要探索聖經能夠怎樣塑造羣體的想像，引領至豐盛的羣體生活。它謙卑地站在無數作者的傳統之中，例如費萊(Hans Frei)、凱爾西(David Kelsey)，以及林貝克(George Lindbeck)，他們曾經追蹤探索聖經那寬大敘事的性格怎樣塑造閱讀羣體的想像。[6]然後有人可能會提問：我怎樣在一篇想要肯定聖經在基督教倫理觀的核心地位的論文之中，證立(justify)使用聖經以外的範疇(現編的六個踐行)？對此我有兩個答案。首先是我認為這些現編踐行在聖經的敘事來說是真實的(true)，而我也據此而從聖經故事與每段時期的教會歷史之中尋找例子來說明我的論證。超度接受/凡事接納是道成肉身和復活的核心；重新整合而成一體是主再來(parousia)與上帝國度的核心；戲分交換是所有敘事的核心，像約瑟的傳奇(saga)和耶穌的受難；形塑習慣是保羅書信恆常呼籲他的讀者去做的。

第二個答案在於我看見教會中，倫理學在使用聖經時最大的危險，就是把聖經變成了某種諾斯底(Gnostic)的法律或哲學系統，這系統首要是存在於信徒的腦袋思想裏與信徒的個人靈修生活之中。我認為現編的踐行是有幫助的，因為它們培育羣體辨識與踐行的過程，而正是這樣(而不是成文的文獻)的過程，我視之為教會生活的核心。換句話說，我視聖經為使得對話也就是基督教倫理觀成為可能，而不是集中在命令(command)卻使得對話成為不可能。

最後，這篇論文想要觸動羣體的想像，使得這種想像更新他們介入他們周遭世界的緊迫議題。在神學的倫理觀的某些線股，曾被攻擊為「教派的」(sectarian，或譯流別的)，這是個不幸與不公平的標籤。本書視為理當如此的是，教會跟那些在上帝的世界裏尚未確認祂的主權的人互動，幾乎就是教會所作的每一事情都有的向度，而討論戲分的一章清楚表示教會在這互動之中並非帶有優越感或厭惡感的介入。基於保持純潔或委身於聖潔生活，從廣大社會的介入之中撤退下來，並不是根據道成肉身的精神；在道成肉身之中，耶穌這完全的人與所有種類的人交往，敬虔的、敵對的，以及冷漠的。但是在倡議介入而沒有同時澄清介入社會的教會其性格與身分，則不是根據十字架的精神。十字架精神恆常提醒基督徒：跟隨耶穌最終會導致衝突與受苦。本書想要觸動介入，但也要在介入是那麼嚴峻時維繫教會不墜。

這本書不是甚麼

本書沒有表示在倫理學之中聖經與傳統是不算數的，或是現編意即自發無政府的自主性而不用理會嚴重的後果。這應該已經極為清楚的，但大眾對現編的看法頑固不衰，因此有需要清楚否定這種看法。基督教倫理觀與劇場現編同等經年沉浸在傳統之中，以致這樣的羣體是那麼沉浸在踐行與感知之中，她信任自己做那直白顯然的事情（the obvious thing）。本書的出發點是想作出想像的、啟發的，以及刺激的貢獻，但卻不是革命的。論證的核心是認定這些踐行對於教會忠信地作門徒，從起初開始就已經是真實的（true）。

本書並非人類學的研究：人類在某些處境之中從事某些形式的行為，而可以用上通用的詞彙現編來概括，我沒有宣稱現編對倫理學本身（ethics in general）是否一個有幫助的詞彙。我的宣稱很簡單：它的規訓（disciplines）與踐行跟基督教倫理觀的規訓與踐行非常相似，仔細處理便可以清楚顯明這一點。讓其他人去判斷，現編對倫理學本身是否一個有幫助的詞彙。我的期望是，除非我們認定傳統是一個羣體努力要忠信的對象，以及除非傳統具有某種惡搞與顛覆的性格，否則現編將會很少貢獻。我認為基督教就是那種惡搞與顛覆的傳統。

這研究也不是仔細探索與基督教神學與倫理觀相關的劇場的角色。當我使用「劇場的現編」(theatrical improvisation)一語時，我指的是演員現編時所採用的方法和傳統；我沒有對劇場作過廣泛的研究，我也沒有仔細反思與劇場或倫理學相關的如舞台、觀眾、作者等看法。無論如何，某些劇場的踐行，如排演(rehearsal)，看來的確跟這研究有密切關係，我會在第三和四章講到。

或許最重要的是，這論文並非考量音樂的現編。許多作者考量過這樣的類比，認為基督教教義可以看到的現編方式，跟管弦樂團或爵士四重奏之中技巧嫻熟的演奏者的演出方式，有其相似性。我對他們的努力沒有甚麼可以加添，不僅因為這些成果的全面性，更重要是只因為我沒有資格這樣做，我對音樂演出的掌握是如此貧乏。[7]

我得承認某種挫敗，就是一旦把建構性興趣定於現編，注意力通常很快集中在講道上面。講道是崇拜的必要面向，在塑造教會時是重要的踐行。但是聚焦於講道者身上，以之作為現編聖經文本的那一位，就失落了兩個意義重大的面向，而這正是這個研究想要強調的。第一個面向是，現編首要的不是關乎字詞，我注意到首兩個踐行：形塑習慣(forming habits)與評估戲分(assessing status)，基本上都不是大腦的或口頭的踐行。第二，現編是集體活動，講道總是預設一段時間集體辨識與體現，但在許多教會的崇拜之中卻給予很少時間，最長也長不過講員返回牧師座位的時間。這研究考量集體辨識與體現，對教會宣教與崇拜是核心的。

本書意不在於為基督教倫理觀恆常所有的議題提供全面的概覽。它的確以四個特殊處境與議題的研究作結。頭兩個想作出例示（illustrations）而後兩個則作為工作樣例（worked examples），但是無意試圖把理論探索全面應用至所有議題之中，像在班房、在家庭小組、在諮詢文件、在教科書所作的習慣討論。無疑會出現的是，這本研究所倡議的方法對某些「議題」較其他「議題」更能直接用得上。沒有任何萬靈藥能夠解決如下的悲劇性問題：當一個人無論做甚麼看來都是錯的，那麼該怎樣做。本書並不提出一個新的與嚴謹的系統，好處理倫理學之中所有的議題。我們會看到在最後四章的每一章之中，不同的踐行會以不同的秩序出現，好對應問題之中的議題。需要記得的是，這研究是一個更龐大的運動的一部分，這運動是要把基督教的倫理觀的重心從「議題」轉向「習慣的認定與踐行」（habitual assumptions and practices）其形塑。集中於「議題」意味著教會與世界很好地一起游泳，只有當其中一方觸礁（宣佈開戰、生物技術的創新），查問需要開始了。我認定這樣的適意共存永遠不是基督教羣體的看法。世界（或教會）被罪弄得四分五裂，充滿恐懼、不信、不公義、不平等、破裂的關係，以及不感恩，總而言之就是遠離上帝為其所造的榮耀與享用。任何介入「議題」，只能置身於這個對疏離上帝及國度作出泛泛回應的處境之中，而教會存在正是要就此發言。

再者，雖然不是明顯的，本書對教會自身的缺陷性格並沒有視而不見。每一代教會都被質詢，或被迫面對，它自身的踐行有時跟社會中那些勢力的踐行（他們濫用上帝容讓其尚未相信的自由），來得更差，或是難以分別。這一代沒有兩樣。但是為了救贖上帝的禮物恩賜已經賜下，就是在祂的兒子與聖靈裏的自己、聖經與聖禮，國度的盼望與憐憫的踐行，總是新的，而不求助於它們的拯救就不是拯救了。這篇論文考量的是怎樣使用上帝已經賜給教會的禮物恩賜，有分世界的拯救與救贖，但要知道教會在使用這些禮物恩賜時會多麼笨拙。

倫理觀：上帝的踐行與教會的踐行

現在只需鬆弛一下，清清喉嚨，是時候開始了。作為沉思接下來章節的讀者羣體，或許把馬可福音的洞見藏在心裏會有幫助，可以作為伴讀時的標記調子（signature tune）。

馬可福音分為兩半。[8] 一半是描述耶穌的事工（大部分在加利利），以及某些人讚美祂但其他人拒絕祂。另一半是受難敍事，始於勝利地進入耶路撒冷。每一半都有一比喻很早出現貫穿，塑造讀者對跟著出場的事件和人物（characters）的了解。在福音書頭一半之中，關鍵的比喻是撒種的農夫（可四 3～20）。撒種的比喻嘗試處理為甚麼不是每個人都歡天喜地回應福音。撒但奪去了一些種子（文士和法利賽人），有些被恐懼攔阻（門徒），有些只是愛其他東西過於愛福音（希律、有錢的年青人）。上帝怎樣處理人對福音抗拒這難題呢？祂以超凡豐盛的收成傾覆（overwhelm）整塊田地。祂沒有毀滅而是叫人驚訝。在福音書的另一半，關鍵的比喻是葡萄園的農戶（可十二 1～2）。這比喻要想處理的是為甚麼耶穌會被那些祂來拯救的子民殺害呢。比喻把祂置於一個長遠的傳統之中，這就是向以色列宣告上帝主權的傳統。比喻知道祂會像傳統裏的報信人一樣被拒絕。上帝怎樣處理人對祂的禮物恩賜的極度浪費？祂停止賜予更多的禮物，反而**使用他們所拋離的禮物**。匠人所棄的石頭成了房角石。

在馬可福音之中，這些代表了上帝兩種首要的工作方式。在道成肉身之中祂以自己豐盛的恩典傾覆於人身上，而在復活之中他使用人類已經拋棄的來拯救人類。第一類所描述的，在本書我稱之為凡事接納／超度接受。第二類所描述的，在本書我稱之為重新整合成為一體。它們是現編中最意義重大的兩種踐行。如果在祂的福音中這些是上帝的作為，那麼它們豈不應是教會要學效祂的主要方式嗎？那就是本書的主題了。

第一部

犁田

1 倫理觀作為神學

Ethics as Theology

亞里士多德與初期教會

這一章要講的是，基督教倫理觀是怎發展到今天的地步這一故事。

亞里士多德（Aristotle）視人為政治的存在物（political beings）。[1] 他視城邦（city-state）為集體生活的單位。人類之昌盛在於這些集體的關係活出恰當的行為。這就是政治了。政治關心的是發現共同美好（common goods），沒有人民之間的商討這共同美好不一定可以被辨認得到，要不然這些人或會彼此視如陌路人（strangers）。因此，政治使得解決議題（issues）的藝術成為可能，而無須引致暴力。無論如何，亞里士多德亦認為暴力是無可避免的，而他推許的德性則特別適合軍人。

這裏出現四句意義深遠的陳述（statements），初期教會認為其中兩句可以直接接受，但另外兩句則較難接受。首先，分有亞里士多德的認定（assumption）：人類的渴望最好理解為集體的，這是可以直接接受的。保羅對哥林多人的建議是，他們要考量甚麼會建立教會。保羅對他們感到氣餒的是，他聽到他們的故事，是關乎他們極度傷害集體生活的拆毀性活動。城邦（polis；即城市〔city〕）這意念因而在某些情況下，可以被譯入 *ekklesia*、（即集會〔assembly〕或教會〔church〕）之中。

其次，較難接受的是城邦的特性。人很可以是政治的，但是對基督徒來說，這並非要建立一個永久的城市。新約建基於兩個故事：耶穌和祂的同伴背負著十字架走向耶路撒冷，以及保羅和他的同伴承擔著福音走向羅馬。*ekklesia* 是帳幕而非堡壘，它不是建立在永久的根基之上的。上帝的子民是朝聖的子民——輕裝上路，在移動前行之中。耶路撒冷不再是應許之地的焦點；它的聖殿不再是罪得赦免重獲恩典的地方。以色列曾經活在空間意義上的家與流徙（exile）之中。教會要轉化這些而成時間意義上的過去的救贖與將來的重聚。

對於一羣分有共同旅程的子民來說，亞里士多德的第三項確信（conviction）是特別適切的，那就是德性（virtue）。德性是能力（power）的一種，所指的是擅長某些東西，並非一夜之間就可以習得。德性是藉由重複的踐行（practices）而得的，羣體不斷演練（perform）德性，因為它視這些德性為其身分之所在。重複的踐行育養技能（skill），重複的演練生出卓越的技能。技能發展成習慣，習慣是在不同時空之中的種種場合（occasions）與位置（locations）使用技能的稟賦（disposition），而技能本來就在不同時空之中發展出來。習慣發展本能（instinct），這是一套無意識的行為樣式，揭示品格（character）中深層的元素。這是德性的語言。初期教會迅速發展關鍵的踐行，使之成為教會身分的核心所在。在這些踐行之中主要的有洗／浸禮與主餐（Eucharist）。朝聖子民所需的德性，是一套可以在正確理解與演練的踐行之中生發出來的德性。像哥林多人這樣的羣體，沒有忠信地踐行主餐，就沒有甚麼希望發展出繼後的公義（justice）、節制，以及愛的德性。

初期教會最果斷地跟亞里士多德分別的，是他的第四項認定：德性必然是由暴力所塑造的。[2] 彼拉多在衙門給羣眾一意味深長的選擇。他們可以選擇巴拉巴——這人透過奪取控制來迅速解決難題，也可以選擇耶穌——這人宣稱自己已經是王了。他們選擇了巴拉巴，但初期教會卻選擇了耶穌。因此，初期基督徒的德性典範（paradigm）不是軍人所體現的（embodying）愛的能力，而是殉道士所體現的愛的能力。對於大有能力的羅馬帝國來說，市民沒有拿起武器捍衛國家，比起革命者拿起武器摧毀國家，是更為陰險的。

教會的出現，揭露了亞里士多德理當如此（taken for granted）的是甚麼。這時，就如在四世紀時的羅馬帝國，教會的品格要被轉化，在這過程之中，整個帝國擁抱從前顛覆帝國的基督徒。這革命逐漸暴露了初期教會理當如此的是甚麼。初期教會相信那易碎與脆弱的國家是虛幻的。事實上，基督已經藉著祂的死亡與復活勝過一切能力，並且以君王的身分管治。初期基督徒藉著持守非暴力來顯明這種信仰，因為對抗邪惡的踐行只會使用基督自己用過的武器。他們也相信自己是帶有特殊召命的一羣殊異的子民。他們生活的方式是不為任何判準（criterion）所主宰，除了忠於基督。這種身分在洗／浸禮之中表現出來。他們相信他們的共同生活與僕人踐行，是福音的核心。他們相信他們的呼召，是在羣體活在上帝護佑的恩光與在主餐慶祝之中，體現這一信仰，以顯示甚麼樣的生活是可能的。

合理與有用的教會這資源

新的基督教王國（Christian empire）挑戰這三重認定。它挑戰對非暴力的委身。對王國忠誠成了對基督忠誠的測試。如果一個人沒有準備為王國而戰，那麼他也不會怎麼忠於王國。無論如何，王國的爭鬥，在於服事基督。因此，對於初期教會來說，信靠上帝的主權是由非暴力表現出來的。因為在基督教王國底下的教會，信靠上帝的主權需要為上帝爭戰。

同樣，教會的身分被轉化了。[3] 教會不再是常被迫害的少數，它成了政府。洗／浸禮逐漸不再是宣告屬於另一國家的成員，而變成了王國公民的確認。教會成了為萬民的真理及公義的仲裁者，而不只是那些透過委身與確信而分有其信仰的子民。教會成了不可見的。

並且福音的核心轉移了。福音的核心原先置於朝聖子民的共同生活之中，他們在尋求他們彼此之間又與世界互動之中，辨識（discern）上帝的護佑，現在福音的核心則被置於王國的宮殿之中。現在基督徒至少有機會行使權柄（authority），新約意義重大的面向，看來是那些最能教導使用權力的經文。是以，基督教的典範就從殉道士轉向軍人或行政長官，而基督徒的生活起點也由洗／浸禮移至出生。

基督教王國沒有甚麼時間去發展這些認定。蠻族入侵與西方帝國崩潰，把單一的統治與單一的信仰所提供的安全拿走了。基督徒的生活變成專家的追求，這特別跟那些在修道羣體之中生活的人與受按立過不一樣生活的人有關，也連同一些出眾的個體，包括基督徒的君王。再一次，先前一個時代的認定被暴露出來了。不再存在任何盼望：一個個體可以在敬虔的統治（godly rule）下統一基督教王國

（Christendom）。是以，福音的位置再被移動，這一次是移到修道院之中。跟異教與穆斯林世界的衝突，意味著洗/浸禮是忠誠的陳述，而暴力是必要的資源，以確保存活。珍貴文明的深層意義已經喪失了：在這個世界之中教會是否曾經一度對其忠誠，看來已經不是關鍵的問題了。

西方歐洲文化的復興，隨著這動盪時期的結束而來臨，部分是基於大多古典遺產的重現。教會的文化是兩個前世代的文化的混合物。在某些層面上，基督徒的生活渾身散發著一種大有能力的基督徒統治者的自信心，一種地上國度其安穩公民的自信心，以及哲學保證人的理性果子與神聖啟示的禮物和諧合流的自信心。而其他層面上，基督徒的生活看來是一場危險的爭鬥，對抗戰爭、饑荒以及疾病這些無孔不入的敵人，而結果，將來的審判、應許的天堂與威嚇的地獄，證明是最能激起忠信的生活。[4]

在宗教改革浪潮之中爆發的重大衝突：在國家與民族之中與在國家與民族之間的衝突，例示了由這些衝突而生的敵對的「基督徒生活看法」與彼此敵對的社會學。在十七世紀西方歐洲之中湧現的新世界，再次暴露了其前人的認定。中世紀兩個敵對的文化，如前所述的，就是安穩的與不穩的，它們共同分有它們在歷史之中的位置所隱含的意義。它們同時明白古典時期是黃金時代，而若能更多地從中恢復過來，則生活可以更豐盛。（它們跟可能的恢復相差太遠了。）但是現在一種新的看法出現：進步。科學的與哲學的發展鼓勵這種看法：黃金時代可能就在將來，而不是過去。拯救不在於考古學與神學，而在於生物學與地質學。

宗教戰爭看來已經嚴重地挫傷了基督教的道德權柄。[5] 但無論如何，運動已經遠離外在建制所維繫的權柄，取而代之的是尋求把權柄置於道德個體之中。現在拯救的種子被視為內在於自己之中，在每一心中寫下的道德律；這些種子不再被認為是外在於自己的，不再被認為是一建制即教會所擁有的。宇宙的戲劇不再是上帝祂那見於生命、死亡與審判的莫測高深的力量；也不再是教會透過宣講聖經敘事與施行聖禮，而跟生命、死亡與審判作交涉。現在注意的中心，是人的個體與新的自我，而戲劇則是人類為認識與管轄他的環境而作的奮鬥。

當引力的中心在於教會的共同生活，基督徒的生活就包括了在以色列與耶穌故事的亮光下，忠信地參與這身體的諸種踐行。當引力的中心移向政治權力的座位，基督徒生活就被引導去確保政治權力被更大的權柄所管治。當引力的中心是個失落的與哀悼的黃金時代，一種合理的（valid）基督徒生活就可以在一種鬱悶包圍的氛圍之中，貢獻自己而為獨一的英勇姿勢。但是當整個外在權柄與特定踐行的看法被質疑，基督教如何可以在新的引力中心——選擇的個體（the choosing individual），持守呼召？

許多人否認有甚麼事情曾經改變。引力中心是政治權力，這仍然可以辯說。除此之外，在許多西方民族之中，教會仍然是處於或就近政府的中心，這是可見的。但是對於那些意會到教會的盛宴已經過去了的人來說，有兩條路可以確保基督教得以在舞台上仍然佔有一個位置。其中一條路是顯明基督教的信仰是合理的（reasonable）。因此，在歷史學的與考古學的理路上，很多努力要證明聖經所講的故事是有道理的與大體上（或整體上）是真的。同時，在較為心理學的理路之中，很多開始努力設計要去顯示宗教經驗常常是真正的（genuine），而很可以跟教會的哲學宣稱相對應。另一條路是要證實基督教是有用的。顯示歷史的耶穌如何體現與擁護同代社會所高舉的德性，變得很平常。教會應被視為一個有秩序的愛的羣體（a community of ordered love），推廣一個持續和平的社會(a society of sustainable peace)。簡而言之，無論基督教是否真的，她肯定使得人民循規蹈矩。在一個工業化的社會，當中城市的窮人自我組織的能力不斷增強，上述這種論點事實上對於許多在權位者是非常吸引的。

這兩項保障基督教永久相關性的策略，即合理性與有用性，分有某些相同的認定。它們共用如下的看法：初期教會的確信，大部分對今日的倫理爭辯並無幫助。這種倫理（ethic）是基於上帝的主權，基於對教會殊異的身分和洗/浸禮與主餐踐行的含義（significance）的肯定——這些確信很少被引進同代的倫理討論之中。如果倫理觀的中心是選擇的個體（the choosing individual），那麼可以證明合理性與有用性的理論，就是無須分別人與人彼此之間的不同，並且處理環境與議題時，可以忽略面對這些東西的人他們的身分與品格（identities and characters），可以忽略貫穿的護佑或持續的命途這些看法，可以忽略那些涉入其中的人的習慣性活動。在這種論說的方式之中，可能為基督教留下一處認可合理的地方，以之為宣揚某些價值的思想體系與傳統，但是卻沒有甚麼地方或甚至沒有地方留給教會——留給教會。教會，就像所有集體建制（corporate institutions），看似代表外在權威的傳統，已經被同代的倫理思考（ethical thinking）摒棄了。

然而，這兩項策略彼此差異的地方，卻很像我曾經就中世紀與現代這兩個時代之間的差異所作的描述。前者向後回望以恢復失去的安全，而後者向前眺望以建立新的可能性。宣稱基督教是合理的，大部分是建基於其歷史證據的可靠性，因而主要是回溯性論證（retrospective argument），其所對應的確信是：倫理是內在的事情，即是，行動的對或錯是內在地在於其自身的。這一倫理學的內在觀點已經被建立起來了，是與自然律（natural law）或創造秩序的律則（law of created order）的看法應合的。而道德生活只是辨認律則並持守之。甚至當所有的神學指涉都從自然律的描述之中移除掉，仍然有很強的回溯力量在發揮作用。意思是，事物的本身狀態（proper state）是**存在的**（is，或譯「如此的」），並且**早已總是這樣的**（has always been so），離開了它，就會破壞、違背或是傾覆這本身狀態。

相反，基督教是有用的這個宣稱，不太像訴諸過去咒詛將來，它主要是前瞻性論證（prospective argument）。它對應的確信是：倫理是外在的事情。即是，行動的對或錯不必然是在於其自身的。但行動卻要被其所可能帶來的想望結果（desirable outcomes）所判斷。這種倫理學的外在觀點與以下的認定相應合：人的行動（person acting）是道德宇宙的中心，並且沒有預先同意的道德善（moral good），除了每一個體的自由活動，只要它沒有侵犯其他個體的自由活動。個體的任務是要自己掌握自己的命途。將來是一塊機會的土地，藉著在特殊的環境之中作出恰當的行動就能確保它了。

這兩條進路：內在的（或義務論的〔deontological〕）與外在的（或結果論的〔consequential〕），是今日倫理論證的兩種主要方式。它們是當代的「建制」，其他進路必須透過指涉這兩條進路來定義自己，這是規範。前者可以稱為「給任何人的倫理觀」（ethics for anyone），因為它視個體為普遍的範疇，其行動的原則可應用到任何人、任何地方、任何時間。後者可以稱為「給每一個人的倫理觀」（ethics for everyone），因為它有更強的民主動力，尋找在大多數環境之中適合大多數人的結果。

這些並非惟一的進路。它們建基於如下的認定：倫理是「給任何人與每一人的」，相同的原則與步驟在所有情景

（situations）之中應用到所有人身上。但是當現代時期讓位給後現代，愈來愈多聲音指出，在這些進路底下是壓制的權力關係（suppressed power relations）。「給任何人的倫理觀」這意識形態被「給被排斥者的倫理觀」（ethics for the excluded）的確信所挑戰。例如，婦女主義的倫理觀指出，慣常的進路通常印證了婦女的邊緣化。也有其他的聲音跟被種族、階級或性取向排斥的人一同發聲，也為他們發聲。這些倡議中間有些是現代主義者（modernists），就如慣常的進路那樣，關注的是個體的表達，他們只想個體的自由可以更公義地得到伸展。他們接受「給任何人與每一個人的倫理觀的看法」，但卻想看見這種倫理觀可以使得平等得以建立。其他視為被排斥的羣體，就如初期基督徒看教會，是小眾羣體，他們的踐行為主流社會的樣式提供了一種競爭的模式。環境的倫理觀把無語的代表擴展至動物、蔬菜，以及礦物的秩序。有些時候這些與其他倫理議題，由某些特殊興趣的羣組以單一議題的問題來致力探討。這代表對立法過程的公義行為失去信心，它越過了政黨政治，努力把焦點放在特殊問題的公義之上，而隔離一切其他的考量。因此，這讓人想起西方羅馬帝國倒下之後的某些文化崩潰。

恢復教會歷史的倫理觀資源

上述已經講出了基督教倫理觀的故事，共有六個遼闊的時代。因著敘事的簡便（我沒有作出廣闊的宣稱），我稱這些時代為初期教會、基督教王國（Christian empire）、王國的衰敗、中世紀、現代，以及後現代。每一時代的基督徒生活的本性都有其自己的特徵與認定。每一時代都從其之前的時代湧現出來，又與其重疊。基督教倫理觀的當代景觀是所有以前時代的餘民所組合而成的。當中有由現代的需要所指引而使得基督教合理與有用的人，他們視其為一門學科，尋求適合所有人在所有情景之中的理解。當中有人想要在當代混亂的生活之中挽救某些公義的根基。當中某些人想要為統治者尋找一套倫理，他們認為教會的角色是要指引政府的倫理行為。並且當中也有人聚焦於忠信與共同生活，無論是初期教會所理解的，還是新興類似教會（quasi church）之中的邊緣價值。

本書所倡議的進路，是要從所有這些發展之中有所學習。隨著後現代時期的浮現，這進路承認從事「給每一個人的倫理」是困難的。這進路確認出現了從凌駕所有系統（overarching systems）走向邊緣特殊羣體（groups）的趨勢。跟現代時代同樣，這進路明白基督教傳統跟時下流行所強調的：思考的個體乃是倫理反思的主體，兩者之間存在的張力。跟中世紀時期同樣，這進路正視審判的看法與基督徒生活的不安特徵。跟帝國的衰敗時代同樣，這進路珍重聖潔的出眾生活的這方面，乃是盼望的記號。跟君士坦丁時代同樣，這進路接受教會需要確認其政治的權力。但是，跟這進路最共同一致的，卻是初期教會的時代。

這本書與初期教會共同一致的，在於其進路首先要理解的，是那特別針對基督徒的倫理觀，而不是一般「給每一個人」的倫理觀。它恢復洗/浸禮，而非出生，作為進入問題中的身體的入口。因為這個原因，本書關注亞里士多德對德性的看法，這就是確認倫理觀是關於打造忠信生活（live faithfully）的好人，而不是關於指引行動以致任何人都能正確地行動（act rightly）。倫理觀是關於形塑（forming）委身的生活，而不是提供（informing）無關委身的生活資訊。本書跟初期教會共同一致的是，這進路也想要理解教會的共同生活，其內部的「政治」，以及它跟所有並非其成員但又是上帝關心的核心所具有的關係。本書恢復主餐，不單是拯救的聖禮印記，更也是踐行：形塑身體的共同生活具有的習慣與本能。由於關注生活的定時正規（regular）細節，本書強調處理危機決定的進路，在於關注定時正規的習慣與踐行，這些都已經是這個羣體所體現的了。對上帝的護佑的倚靠，是顯明對耶穌與聖靈的信靠，父已經賜給教會所有需要應對、處理可能發生的危機的資源。教會採取辨識的方式（mode）來踐行信仰，這就是本書的主題了。透過學習初期教會非暴力的踐行，這進路堅持和平的踐行——傾談、商議、仲裁、和好、慶祝——總是涉及真理的辨識。因此，雖然這進路重申教會的身分，但是它永遠不能跟她之外的社會疏遠。藉著跟最貧窮的與最脆弱的人同在，並與他們一同工作（being with and working with），藉著與最有權力與影響力的人傾談與交涉，以及藉著設法讓所有人理解與擁抱基督教信仰，教會維持傾談並追求踐行非暴力。

這進路大部分是向初期教會學習的，因為它強調倫理觀是神學的。倫理觀不是關乎使用權力（power），恢復從前的光輝，或是實現個體的自由；它是關乎學效上帝、追隨基督，被聖靈形塑，而成為上帝的朋友（friends with God）。洗/浸禮標記基督徒生活的進口，因為它作為聖禮，踐現（enacts）人透過基督的死與復活而進入新的生活之中。主餐刻畫了共同的生活，因為它踐現和平與日用飲食乃來自基督破碎的身體這條道路。非暴力是重要的，因為它踐現上帝在基督裏選取拯救世界的道路，而且它肯定十字架的勝利。上帝已經破碎打開祂的生命，以致我們可以藉著使用祂已賜給我們的禮物恩賜（gifts）而成為祂的朋友。倫理觀考慮的是善用這些禮物恩賜。羣體如何辨識使用上帝祂那拯救禮物恩賜的方式，是本書的主題。

2
神學作為敘事
Theology as Narrative

三股繩索

在基督教倫理觀的當代寫作之中，有三股寬闊的繩索。其中一股我們可以稱之為「普遍的」(universal)。普遍的進路主要的關注是尋找共同的根基(common ground)，其重點是公共領域內的提問與困境。這些提問與困境包括了生命的開始與終結、戰爭的起首與進行、自然與科技之間的恰當平衡，以及全球關注的議題，好像氣候轉變與財富分佈。在方法論上這進路並不怎麼創新，它通常樂於跟慣常的義務論的(deontological)與結果論的(consequential)範疇合作，以便跟非宗教的進路尋找共通的道路，好處理與解決公共關注的議題。對於這些辯論，這進路要想形構(articulate)一特定的基督教看法以便有所貢獻，通常是由現代的需要來指引，使基督教合理並有用，成為一門學科，其對研究對象的理解可以在一切情景(situations)之中適合所有人。這可以稱之為「給任何人的倫理觀」(ethics for anybody)。[1]

第二股繩索可以稱之為「顛覆的」(subversive)。顛覆的進路以反叛的態度為起始點。仔細地檢視，反叛或許不那麼反對普遍倫理(universal ethic)的存在這看法。重點在於普遍倫理傾向為有權力的(the powerful)所支配，因而並不那麼真的是普遍的，卻只是少數看法以響亮與富影響的聲音發言而已。在這響亮與富影響的聲音底下的，是暴力的威嚇。這樣的暴力看來是有道理的(plausible)，因為如果某一看法真的是普遍的，異議(dissent)很快就被視為非理性的並且應受譴責的，需要迅速更正。顛覆的倫理觀(subversive ethics)抗議「主流」論述的方式壓抑另類的聲音，這些聲音因為性別、種族，或其他社羣/社會或環境的位置而被排斥；顛覆的倫理觀想要使得這些聲音被聽聞，因此質問顯明的共識。

要使得這些聲音可以被聽到，隨後的積極議程是較為多樣化的。(這可以從哈伯德〔Kin Hubbard〕的觀察而意識得到，他的觀察是：「察看溫柔的人承繼土地之後可以保存多久，是很有趣的事情。」)有些人視教會為恢復一個包容的社羣/社會，沒有聲音被壓抑。這是較為樂觀的看法。這些人有時會想要回復與有分教會歷史那被忽略的部分。舉例來說，他們可能尋找婦女職事被接受與肯定、不同種族和諧地結合而成一個團契、或是人類與其他受造物的關係健康地開展的時期或場所。其他人則不存太大盼望地總結：教會總是跟有權力的聯姻、永遠不會出現一個包容的社羣/社會，以及忠信在於訴諸一個新的持守邊緣價值的類似教會(quasi church)。這股繩索可以稱之為「為被排斥者的倫理觀」(ethics for the excluded)。[2]

第三股繩索，可以稱之為「教會的」(ecclesial)，它想要形構一種殊異的神學的倫理(theological ethic)。這種神學的倫理跟前面兩種進路有著意味深長的相似與差異。它尋求與其他傳統對話，但並非以「普遍的」進路來進行。它認為普遍的進路對於基督教傳統的特殊性並不那麼公平。教會的倫理觀（ecclesial ethics）關注基督教的解放能力，但又不那麼像「顛覆的」進路。它認為解放在於辨認傳統的特殊性，而不是克服或忽略傳統的特殊性。它也認定，如果教會是要忠信，它必定總是貧窮人的教會。一句經常被引述的說話：「常有窮人與你們同在」，其意思並不是「⋯⋯因此你們可以忽略他們」，而是「⋯⋯因此你們常與窮人同在」。顛覆的進路在特殊性上，較普遍的繩索強得多，但其人性論／人類學卻被教會的進路視為仍是跟個人的自主性（autonomy）或自我表現（self-expression）聯姻。教會的倫理觀認為解放不特別在於經驗的形構與表現，而在於教會的諸傳統與諸踐行，以及上帝的性情（character）與行動。這可以稱之為「為教會的倫理觀」（ethics for the church）。本書的研究所追求的乃是這第三條進路。

在這階段，我關注的是要指出每一種的倫理觀：普遍的、顛覆的，以及教會的，都預設了一個故事。我跟著就會勾畫這宣稱的意思。

基督教倫理觀底下的敘事

普遍的進路所預設的故事最難辨認，因為這進路對其故事的自我意識是極為微弱的。可是正因如此，就使得辨認與描述其故事變得更為重要。難以辨認，因為我所稱之為普遍的進路，涵蓋相當多樣的方法，每一方法都有自己的第一原則。這些方法的倡議者，對於自己的方法跟其他方法的差異，較所有方法共同分有的認定，更為意識。事實上，或許只有當那些被普遍倫理觀的故事所排斥的眾多聲音，被他們聽聞，普遍倫理觀才開始以一個故事來現身，這個故事並非只是敵對看法所住在其中的正當與自然秩序。

探索這些方法的最簡單方式，是注意每一方法以甚麼基督教信仰的元素作為基本的。在多種模式之中，於此只可能講述五種。神學的其中一種模式，是視神學為始於對神聖**文本**（sacred texts）的反思與研究，注意：這神聖文本就是聖經（Bible）。這些文本被視為智慧之結晶，是缺乏幫助的人類反思所不能達至的。它們整體與個別都被視為啟示。神學的目的是對這些神聖文本提供解釋。神學的另一種模式，是把基本的實質東西置於文本之外的但又為文本所描述的諸**事件**（events）。這進路視神聖事件為核心的；諸文本則為其中一個器具（means），或許這文本是最佳的但肯定地卻不是惟一的器具，以認識神聖事件。神學首要關注的是建立這些關要事件的歷史。神學的第三種模式，是視真理（truth）為外在於諸文本與諸事件之外的，而在一個**諸教義**（doctrines）相互扣連的邏輯系統之中，這些教義是描述神聖存有（sacred being）即上帝的位格與活動的。因而教義的探索與反思的存在，乃是為了從一連串的資源之中，包括文本、事件，以及踐行，蒸餾出有條理又有道理的真理（ordered and plausible truth）。有些時候，非神學的論述在這探尋之中會被給予較高的地位，而目的是要製造一個**哲學的**體系而非一個教義的體系。

神學跟著啟蒙運動轉向主體，就很尋常地被視為研究神聖**經驗**（sacred experience）——不一定是很久之前的神聖人物，卻特別是當代的心靈與思想所獲得的眾多經驗。而這正是普遍進路的敘事特性開始浮現的關鍵。因為它很快地視某些人的經驗較其他人的經驗更為需要加以考量。如果某一相關的經驗提問、挑戰或是否定已然接受的智慧，那麼這智慧就很難得到經驗的聆聽了。這裏揭示的是知識的社羣/社會結構。一連串隱含的權力關係就浮現出來了。沒有明說出來的規矩，掌管著誰決定某些東西是合法的、有價值的，或是真的。而這種情況的發現，則是顛覆的倫理觀開始的地方。

顛覆的倫理觀恆常強調在神學的及其他的論述中運作的權力關係。勝利者不單寫作歷史，並且寫下神學。因此，試舉最尋常的例子來說，男人建構出一個男性上帝的神學，這種情況背書了一個父權社會的結構與被壓抑的婦女自由、經驗、聲音、事工、生活。[3] 再舉一個常被引用的相似例子，就是在爭奪非洲的圖謀之中，基督教、商業與「文化」之間緊密連繫，很多時在被征服者心中留下的是信仰，在征服者手中留下的是土地。[4] 在另一個領域之中，對拉丁美洲國家最貧窮的居民的信仰經歷作出反思，會使得許多人形構出這樣的看法：他們主要跟上帝相遇的地方，並不在某些教會領袖所推許的敬虔安靜主義（pietist quietism）之中，而在積極嘗試掌控他們自身的經濟與社會命途之中。[5] 再下來，某種閱讀創造故事的方式，已經允准掌控非人的受造物的意識形態，讓三分之二的世界及其雨帶森林（rain forests）和貧瘠土地（marginal land）因富有國家的消費者發狂的需要而不斷收縮。[6]

在「被排斥者」的廣泛經驗之中，每一個情況其經驗看來都是另一個與別不同的故事的一部分，有別於現行的神學的與社會的敍事。在這些敵對與被排斥的故事的亮光下，那些視神學為解釋神聖文本、為神聖事件的歷史、為教義的或哲學的體系的形成，或是視為反思神聖經驗等看法，看來是相當重視相合而非差異。普遍的倫理觀預設有一個故事存在，卻在認定這是每個人的故事底下來包裝它。顛覆的倫理觀，以被排斥與受壓迫的經驗開始，指出這(絕不意味普遍)意識形態有一隱含的故事，就是這故事是掌控的工具，而實際上存在的無數敵對的故事，則代表著一眾被壓迫的羣組。有些時候，顛覆的倫理觀會轉向「現代」，把它要取代的以新的宏大敍事(metanarrative)替換，舉例來說，認定馬克思的階級鬥爭理論對拉丁美洲處境的定義。更常見的是，顛覆的倫理觀轉向後現代，並且在許多解放的敍事與先前已然忘記的眾多歷史之中歡欣，無論這些敍事或歷史之間是否彼此相容或不相容。相對於本真地(authentic)與合法地為壓迫的經驗發聲這一重點來說，融貫這看法可以變得是次要的。

因此，這是在神學世界之中許多人的印象：否定敍事與強調命題的真理，在一個權力關係之內的壓迫體系，是一種默認；任何形式的淩駕性的宏大敍事，就好像變換以其他方式施行壓迫；發現、准許，以及肯定先前被壓抑的眾多故事，是一個律令，要取代追尋一個單一、融貫的真理表達。因此，以教會的方式談及敍事，意味著甚麼？

教會的倫理觀及其不滿

教會的倫理觀是為教會的倫理觀。先前每一個神學的定義都對這門學科的位置有一種了解。有些視這位置為處身於一特殊的文本之中；有些視這位置為處身於一連串特殊事件之中，這些事件是由文本所描述的；有些則視這位置為處身於一特殊的教義或哲學思想秩序之中。一個抗衡的看法(counterview)是視神學為置身於人類經驗之中，特別是在壓迫與排斥的經驗之中。教會的倫理觀有其自己的神學定義。它視神學的關鍵位置為置身於教會的踐行之中。這只是次於聖典、連串事件，或教義羣組，它首要是關於聖**民**(sacred people）的形塑、發展，以及更新。正是這人民、神聖羣體，才是倫理反思的核心。這正是上帝想要的羣體，好在祂的世界之中作祂的見證與在祂的國度之中作祂的同伴。這正是耶穌來到世界要體現又賜予祂的生命而使之可能的羣體。這正是聖經被寫成要鼓勵與引導的羣體，並且這正是神學家被呼召去提供幫助又挑戰的羣體。神聖羣體是德性的試金石。那建立又使其忠信的，乃是善良與正直與真實（good and right and true）；要想繞過這羣體，或是圖謀使之不可見，或是在其內部毀壞它，都是可疑的、誤導的，或是危險的。

教會的倫理觀所預設的故事如下：以色列被呼召成為一個祭司的國度與聖潔的國族。成為聖潔的意思是與別不同和肖似上帝。成為祭司的意思是其他國族可以從以色列的「職事」（ministry）之中得益，只要以色列持續保留其殊異性。然後上帝賜予以色列她需要成為聖潔的祭司的一切。她擁有律法以確保上帝的應許與揭示上帝的心。她擁有土地在其中發展壯大並昌盛繁榮。在適當時候，她擁有君王，君王在上帝底下並以上帝的方式領導來提供合一（unity）。它也擁有聖殿以祀奉與上帝所立的聖約，並在人民誤入歧途之時能夠恢復這立約的關係。土地、君王與聖殿都在流徙之中失去了，而它們都只能在戲仿（parody）之中一一被恢復。雖然人民回歸上主，但是他們被外人統治。雖然間或有君王出現，但是已不再回到大衛的傳統之中了。雖然有一座新的聖殿，但是在其中心的地方已經沒有約櫃了。可是，流徙時期人民對聖約的構成的意識都被更新了，而這更新提供了空間讓上帝為其人民並與其人民一起做一新事。

耶穌體現那更新的聖約，並重新定義土地、君王與聖殿。祂呼召一羣更新的人民來跟隨祂，這羣人民延續流徙之前的人民（十二使徒代表十二支派）但又應合流徙歸回的人民（被棄的、不潔的、稅吏，以及婦女都歸於一〔incorporation〕）。祂把人民的注意導向終末的視域，越過羅馬人掌控的土地。祂指出第二聖殿不會帶來上帝的復和，並且講及祂的身體乃一所新的聖殿。由此而生的衝突，就完全在祂的身體上面發生，在祂的受苦與死亡之中發生。透過祂的復活與差遣聖靈，祂的門徒醒覺到新的與明確的復和已然發生。那時，祂的「身體」的意思已經改變了。現在「身體」就是他們，在形塑他們共同的生活的踐行之中——接納整合（incorporating）新來者、維繫羣體、商討這身體的美好秩序，以及在她面對外在逼迫與內在異見或軟弱的挫折阻礙時可以修復自己——在這些踐行之中，現在他們是祂的身體。他們是君尊的祭司與聖潔的國族。他們有一召命，就是學效在基督裏的上帝，並且把自己殊異的生命/生活當作禮物獻給世界。並且他們也發現上帝賜給他們一切所需的東西以便跟隨祂。保羅走向羅馬的旅程回響耶穌走向耶路撒冷的旅程。因為耶穌的旅程聚焦於以色列的盼望，所以保羅的旅程向整個世界敞開這些盼望。

跟著下來的多個世紀帶來的是迫害時期，這一時期，加上渴求整合更多新成員加入團契相交之中，使得四世紀初開始日益增加機會參與帝國政府，非常吸引。然而，代價卻是叫教會更為不可見。這朝向「普遍的」倫理觀的旅程，命名這些道路，教會在這些道路上成為了不可見的。神學與倫理觀的位置不再是神聖羣體、聖潔子民，而是變成許多其他東西。聖安東尼（St. Antony）的旅程象徵這轉變。[7] 羅馬君主的皈依意味著一場戰役已經打勝了，但另一場戰役則打敗了。安東尼離開了亞歷山大（Alexandria）這個古代文化的偉大城市，在埃及沙漠建立起自己的小組，他成了第一位沙漠教父。戰場不再是教會與世界的邊界，現在是在人心之中，在肉與靈之間。

從聖安東尼的時代開始，三個試探已誤導教會。第一種試探是視神學的主要位置是世界，或「社會」—— 整個政治。這進路在使得教會變成不可見之時，放棄了上帝在世界工作的首要模樣(mode)。它也把教會的心打開迎向更多的試探。基督徒可能開始混淆教會與世界，嘗試使世界變成教會，或是視世界恍如教會。如果基督徒並不擁有一個殊異的羣體，他們會在世界的有權勢的（the powerful）之中尋找顯赫的位置。他們可能會把世界撥亂反正、國度的帶位員為自己的責任，而不是以之為上帝的責任。因此，他們會需要組成一組有別的盟友，並發現他們自己面對一組有別的敵人。這是「普遍的」倫理觀的危險。而正是這之前，甚至開始脅迫那些那不同意的。[8]

對照於第一種試探，第二種試探通常對應於一種非常消極的甚或二元論式的受造物地位的觀點。這試探：認定因為神聖羣體是神學的關鍵位置，因為上帝在世界之中工作的主要方式是透過教會，那麼上帝就對其餘的受造物沒有任何目的了。這就置羣體的聖潔先於上帝的聖潔。教會可能是上帝在世界之中工作的主要方式，但是這並不表示這是惟一的工作方式。教會需要對上帝在世界之中所有的工作方式敏感，而不是把自己局限於其中一種，即或這種方式是主要的。教派/流別主義（sectarianism）通常被視為教會為世界製造難題的一種方式。這所謂的難題其性質是雙重的。這羣組強調他們的分離性，其存在削弱自由主義的民主（liberal democracy）並且更可能製造衝突。特別在基督教的分離性上，世界進一步被剝奪了其教會職事的（或許是含混的）優越性，以及被剝奪了其在教會神學方案中佔有一健康的地方。但是這是把議題倒轉來看了。教派/流別主義首要的難題並不針對世界，雖然它能夠為自由主義的民主帶來兩難。相反，教派／流別主義首要的難題是針對教會的。它之所以為難題，是因為教會自己大部分或全然地從周遭的社會割離出來，因而否定了上帝恩典透過聖靈得以在世界顯明的許多方式。上帝仍然賜給教會她追隨祂所需要的一切，但是教會拒絕自己去獲取這許多的禮物恩賜。這就像第三個奴僕把自己的才幹埋藏在山邊，而希望獲取相等的回報。這試探被社會的評論者（social commentators）討論了很多，他們對此也十分憂心。但是事實上，相對來說很少人選取這教派／流別主義。無論如何，它仍然是一種試探。[9]

第三種試探更為微妙，可以在前述兩種試探任何一種的偽裝底下勃發。它認為在某些非普遍可以獲取的關鍵資訊之中，可以得到獨特的能力（power），例如與上帝親密並與祂永遠一起生活的能力。這種祕密的知識的看法被稱為諾斯底主義（Gnosticism，或譯靈智主義）。「諾斯底主義」這名詞跟二世紀的異端有關。但是啟蒙時代的轉向主體，並當代欲求安穩的個體安全性與成就，為寬鬆地使用「諾斯底」一詞提供了肥沃的土地。對於「諾斯底」來說，靈性的探究是個體本有的事情。如果仍然可以使用這個詞語，神學的位置就會被置於每一各有分別的個體其心靈與思想之中。人類羣體是次要的，只有在鼓勵、助益或刺激個體的經驗上有幫助，它才有價值。他人大多是阻礙而非自己成就的需要。諾斯底主義一貫繞過人類羣體的需要，而在無須跟其他人傾談、交涉與經常接觸的習慣等基礎底下，建立跟上帝的團契相交（communion）。

內在於第二種的「教派的／流別的」試探之中，諾斯底主義背書了那優於不信甚或邪惡世界的意思。教會成了一羣人，他們每一個都擁有特別的知識或通道獲取某種特別的經驗，而這是世界不能擁有的。接觸世界可能使得發現這種知識或經驗的人增加，但是與那些不尊重甚或想要敗壞這些知識或經驗的人分享，卻恒常冒險把知識或經驗玷污或減少。第一種「普遍的」試探更是一個常見的地方，可以找到諾斯底主義。諾斯底主義傾向以重視個人敬虔的方式存在，或許伴同著對教義純正的重視。因此基督徒可能涉入最破壞性的公共踐行之中，而仍然認定對拯救的思考是「正確的」，或是跟上帝有一「親密的個別關係」(close personal relationship) 以確保義 (righteousness) 仍然伴隨著他們。

一所教會其成員相信神學的真正位置是處於他們自己的私有知識與經驗之中，這是極度脆弱的。他們毫不抗拒一種呼喚他們集體委身與獻上自己的意識形態。只要這意識形態對他們的教義純潔或個體經驗不作甚麼要求，就能説服基督徒可怕地演練 (perform) 不公義與殘酷的行為而不意識到錯誤。[10] 這樣的悲劇在近幾十年來就發生過無數次，從奧斯威辛 (Auschwitz) 到基加利 (Kigali；譯按：盧旺達的首都)、聖地亞歌 (Santiago) 到五角大樓。個體的力量不足以盛載神學解放的飽滿分量 —— 成為教會。諾斯底主義把教會從囚禁中解放出來 —— 而進入流徙之中。我們需要的是，對教會的理解不能完全委身於普遍的或個體的，使得教會成了不可見的，但是同時也不能完全委身於教會的可見性，而想把世界變成不可見 (至少對教會來說是這樣子)。對教會來説，她需要的是自己被恢復為神學的與倫理的探索的首要位置所在。

這就是教會的倫理觀所預設的故事了，這是敍事倫理觀 (narrative ethics) 背後的「敍事」，而在設計講述這故事時要避免上述的試探。這裏有四種元素合起來造成這殊異的教會的倫理。**教會**，即神聖的羣體，被理解為上帝對世界的旨意的焦點、祂恩典的見證，以及祂已經為一切受造物預備的那重要的命途——與上帝為友。倫理觀的單位既不是普遍世界也不是孤立的個體，而是特殊的教會。我在上面勾畫的**敘事**是教會記憶其身分的道路、確認失敗與窮巷跟聖人的生活與黃金的時代同樣重要。這敘事把細微的人類生活、計劃，以及歷史，繪畫在上帝持久不斷的護佑的可畏畫布上面。它讓認真的努力與卑下的失敗溜進上帝原初創造與最終完成的口袋之中。它以神聖記憶與拯救盼望的持久不斷的膀臂，擁抱漫無方向的現下的暴政。基督教的故事把基督置於意義的中心並且把人類從無意義的痛苦中釋放出來，從而把我們朽壞愚人那不可避免的命運（fate），轉化成為祂那沒有終結的喜樂的榮耀命途。對這故事的信心，給予教會資源介入其他與之爭競的故事。教會生活的中心是透過**踐行**（practice）而被塑造、延展，以及恢復。透過讀經、洗/浸禮、共享聖餐、尋求上帝的寬恕、彼此和好、代求、締造和平，教會就把自己的傳統整合起來並向世界獻上祭司的職事。教會恆常反思其演練這些踐行的方式、經常要忠信地落實這些踐行以致被塑造而成基督的生命。敘事與踐行形塑**見證**——門徒在祈禱與服務之中體現教會的生命。這些見證是教會真理的宣稱——這宣稱沒有接受如下的真理：抽離那由敘事與踐行所帶來的生活與羣體的轉化。個體並非神學反思的位置，但他們可以是象徵、敘事，以及聖禮的轉化。他們已然改變的生活體現羣體的盼望。他們是教會至為可見的臉容、上帝至為公共的大使。[11]

聖徒與英雄

留下的問題仍然不少。這些教會的見證跟諾斯底的個體是怎樣的不同？教會敘事的特殊性如何在見證的生活之中發生？有甚麼判準定義這見證的忠信？基督教是關於偉大的個體抑或美好的羣體？這些問題的答案，在於那概括本章論據的顯著殊異性。這殊異性在於古代智慧與神學智慧之間的微細差異。

亞里士多德想要鼓舞他的讀者成為英雄。他推許的德性是貴族的，而他倡議的生活則是努力與專注。他的追隨者如果是忠信的，會有能力作出決斷的介入，以甩掉一場戰役或是辯論或是長久的文化掙扎。沒有了這些德性，一切都可能輸掉了。這些追隨者在所需要的德性之中被形塑，以致能佔有一個可畏的角色：他們預備成為故事的中心。他們鶴立雞羣，只跟同類個子的其他人建立友誼。他們是自足的並在挫折之中保持復原能力。德性的確定圖像（icon）是軍人，他預備為了更高的美善而冒死。最高貴的死亡是戰死沙場，為戰爭冒上最大的危險，因此需要最大的勇氣。

今日讀者在閱讀亞里士多德時會感到困難。但是感到困難不是因為他把英雄置於故事的中心，而是理當如此（taken for granted）地認為這故事是關乎他們的故事。他們並不特別對其底下所認定的暴力感到困難——即是軍人的象徵角色，而是他們認定在一個貨財（goods）有限的世界，在某些階段必然出現衝突以致美好（good）可以勝出。不，今日讀者發現亞里士多德最困難的地方在於其認定：雖然每個人都想成為英雄，但很少人會成為英雄，因為需要艱鉅的規訓與意志的努力。今日的讀者拒絕這樣的精英。民主拉平這樣的殊異，它指令每個人都有「權利」成為英雄，並且不應限於那些擁有天資、努力，以及技能的人。因為每個人都能夠成為英雄，最凡俗的活動與委身與成就，都可能被視為英雄式的。不同的是，英雄可以從故事中抽離出來而成一個美麗的姿勢——他搭造了一條人橋幫助乘客逃離下沉中的船隻，或是拯救了一個在火災中的孩童。任何人都可以因為自發的姿勢而成了英雄。重點不在於這些活動被高度讚揚，而是每個人必定擁有的權利：被視為他自己故事的中心。

亞奎那（Aquinas）沒有想要激勵他的讀者成為英雄。他推許的並非那些可以在戰爭白熱化或高度爭議之中，作出決斷性介入的德性。他倡議的是那些可以使得基督徒追隨基督的德性。基督徒不被稱為英雄。他們被稱為聖徒（saints）。「英雄」這個字不曾在新約出現，但「聖徒」卻出現了六十四次。英雄與聖徒有甚麼分別？就讓它們之間的五項分別告訴我們。

首先就兩個故事之間的重大差異開始，一個是關乎英雄的那類故事，另一個是關乎聖徒的那類故事。英雄經常在事情看來會完全落入嚴重錯誤之中，於關鍵的一刻作出決斷的介入。英雄挺身而出把每樣事情都扭正過來。換句話說，英雄經常是故事的中心。相反，聖徒不必然是個關鍵角色。聖徒可能幾乎不被看見、容易被忽略、很快就忘記。英雄的故事總是關乎英雄的。聖徒總是處於那真正關乎上帝的故事的邊緣。

下一個問題是為甚麼要講述故事。英雄的故事經常被講述，慶祝英雄的德性。英雄的力量、勇氣、智慧，或是偉大時刻，這些都是英雄在作決斷的介入時所倚靠的品質。相反，聖徒可以沒有這些偉大的品質。聖徒可能不強大、勇敢、聰明，或是遇上機會。但是聖徒是忠信的。英雄的故事被講述是要歡慶勇氣。聖徒的故事被講述是要慶祝相信。

第三，故事理當如此的是甚麼。確定的英雄圖像是軍人，他被裝備為了更高的美好（higher good）而冒死。高貴的死亡乃是戰死沙場，因為戰爭是最危險的，所以需要最大的勇氣。英雄的故事認定在有限資源的世界，在某個階段必然出現衝突以致美好可以勝出。但是聖徒卻認定一個很不同的故事。他們不需學習如何為了人人爭奪的貨財（goods）而戰鬥，因為基督已經為真正的美好（good）而戰鬥並且穩守這美好，而現在那重要的貨財並非有限或是供應短缺。愛、喜樂、和平、忠信、溫柔——這些在股票市場都不會升或跌。聖徒的故事並不預設稀少，不需要持續的暴力。英雄主義的圖像是軍人，聖徒體統（sanctity）的圖像是殉道士。軍人面對戰場上的死亡，殉道士面對死亡但並不參與戰爭。軍人的英雄主義就是它自身的獎賞，這在任何尊重高貴、追求偉大的語言之中都是可以理解的。殉道士的聖徒體統沒有意義，除非上帝給予獎賞；它在任何一個故事之中都沒有位置，除了在基督救贖性獻祭的故事與殉道士得天上冠冕的故事之中，可以佔有一席之位。

第四，當故事走上歧路時會發生甚麼事情。英雄是故事的中心。英雄的決斷性介入會撥亂反正。沒有英雄一切都會失敗。因此如果英雄犯錯，如果英雄搞糟或是犯了嚴重錯失——就會是災難、浩劫，可能對故事是致命的，並且，如果那是一個大故事（big story），可能會對生命/生活產生相當嚴重的影響，正如我們所知道的。相反，聖徒是預計了失敗的。如果聖徒的失敗是光明正大的失敗，這些失敗只不過是強調上帝偉大勝利的神蹟。如果聖徒的失敗是不好羨慕的失敗，這些失敗敞開了悔改、赦免、復和，以及修復的圓圈，這正是基督徒被呼召成為新的受造物的情況。英雄害怕失敗、逃離錯失，並不認識悔改；聖徒認識光只來自裂縫，修復的美麗一如（如果不是多於的話）創造的美麗。

最後，英雄孤獨地對抗世界。英雄的故事顯示他怎樣藉著他卓越的德性、決斷的介入，或只是他的故事才有權被講述，而得以從羣體之中脫穎而出。上帝的故事講述祂怎樣期盼祂的門徒回應祂——他們不能靠自己付出；他們不單依靠祂並且彼此依靠，以致能夠維持忠信的生活；以及發現他們彼此依靠，並非他們見證之中的障礙卻是中心所在。新約那六十四處指涉聖徒的經文，每一處都是眾數的，聖徒永不孤獨。他們認定、需要、要求羣體——一個特別種類的羣體、聖徒的羣體。英雄學習倚靠他們自己，聖徒學習倚靠上帝和信仰羣體。教會是上帝的新語言，而這種語言所講的並非一個適合英雄居住的家園，卻是聖徒的聯邦。

這就是為甚麼，如果神學的倫理觀是要講述一個持續不斷關於上帝的故事，它一定集中在教會的敍事與踐行並聖徒的見證。[12]

3
敘事作為戲劇
Narrative as Drama

我以講述一個故事，來展示倫理觀如何因神學反思處境（context）而出現，作為開始，繼而顯明所有的神學反思，如何預設一個敘事並推薦某一特殊的敘事及某一特殊的神學反思的模樣（mode）。現在我的目的是要顯示，敘事被歸入一更為全面與合適稱號的戲劇（drama），是貼切的。

我在上一章提到，其中一種對神學的理解，是把神學描述為研究神聖文本（sacred texts）的學科。如果我也這樣理解，那麼敘事的範疇會是繼續討論下去的一個合適的文學類型（genre）。聖經是關鍵的神聖文本，並且聖經講述一個長篇、鬆散但仍然融貫的故事，那些非敘事的段落都得靠賴這故事，但是又豐富了這故事。另一種對神學的看法，是視其為對神聖事件（sacred events）的考量，這些神聖事件是文本背後重大的時刻與序列。這也會引領神學進到敘事的解釋——「拯救歷史」（salvation history）的看法。但是我的論點卻在別的地方：以信仰羣體作為神學探究的主要位置。

如果信仰羣體是神學的倫理觀（theological ethics）的首

要主體（primary subject），那麼敘事就在解釋的事情上成了一個不夠分量的範疇。在前一章我批評我所描述的「諾斯底式的」試探（Gnostic temptation）。這種試探認為，那些組成羣體的常規事務與踐行的門徒交往，若非對無縫的個體經驗作出煩人的干擾，就是對那經常被看為基督徒身分核心的純粹教義知識作出不必要的粉飾。為甚麼對神學作敘事的理解，不足以描述信仰羣體的生活？原因是它仍然向這樣的諾斯底式的解釋打開大門。除了敘事有許多死胡同、假先知、未解決的張力，以及不一致的結果，它還有可能成為「祕密的知識」。這樣對待敘事是錯誤的，因為教會視自己為擁有「祕密」（作為拯救的護符），從而較世界優越；並且它誤導讓人以為，敘事可以是一種「知識」用來抑制體現（embodiment）並進而取代行動。

神學的倫理觀需要成文的文本，但不限於成文的字詞。它認定解釋，但永遠不能只是語言的，無論是文字的或是口述的。它不可避免地涉及解釋的組織並進而建構成教義，但這操作必須總是用來支持別的東西，而非目的本身。別的東西是文本的體現、它所描述的事件、它對羣體的踐行與演練（performance）所作的解釋與系統的建構。這是一個在恆常重複、再解釋、轉換，以及重獲意義之中的動態、螺旋進程；在這進程之中，事物永遠不會再次相同而其他事物則被重新發現、常新。當字詞離開書頁、當思想離開心智（mind）、當行動波及其他生活，而引起進一步的行動與思想，這進程就發生了。當敘事成了戲劇，這進程就發生了。[1]

巴爾塔薩與神劇

一位曾經花了極大心力考量神學作為戲劇這看法的神學

家，就是巴爾塔薩（Hans Urs von Balthasar）。他搜尋一種文學類型可以公平對待上帝與人類的對話、人類的有限自由與上帝的無限自由之間的互動，以及透過對道（Word）的接受與拒絕而演出這些對話的方式，他提議把拯救理解為一齣神聖不顧一切與人類小心翼翼的戲劇。[2]

巴爾塔薩繪畫了一段我在上一章所做的相似旅程，但更為巨型。在巴爾塔薩第二冊的《神劇》（*Theo-Drama*）之中，他分辨出人看待故事的三種視角。他跟隨黑格爾（Hegel）在《美學演講錄》（*Aesthetics: Lectures on Fine Art*）所作的提綱，描述戲劇的視角有別於史詩的視角（the epic）與抒情的視角（the lyric）的方式。[3] **史詩**的觀點：作者不曾見證事件，但卻細心收集所有合適的資訊，並關注自身的判斷與前設不應過度地影響整個講述。說故事者在織造一大把互不相干的細節而成全面、融貫與有道理（plausible）的敍事的技能，跟在史詩之中那種展示出旁觀者的抽離、客觀的成熟的能力，價值不遑多樣。**抒情**的視角接受的是：深沉的敍事差不多必然對說故事者具有重大的影響。如果旁觀者在事件開展時真的能夠細察，他可能會對事件的結果投入甚深，或至少會發現故事已經跟旁觀者自身的品格（character）與經驗產生深遠的共鳴。敍事者跟故事非常密切或差不多成了故事的一部分，這事實會使得整個敍事更引人注目，因為聽眾會從較為客觀的講述面向梳理出主觀的面向。**戲劇**的視角綜合史詩與抒情的向度。它像史詩，公平地對待主體的角色、事件從人的心靈與思想與行動中而不是從非位格的（impersonal）外在力量浮現出來的方式。它像抒情，把客體看為擁有理性與合理性（validity），是在涉入其中的旁觀者的主體性之外的。[4]

一個例示可以進一步解釋巴爾塔薩的（與黑格爾的）三個視角，以及戲劇如何從史詩與抒情之間的辯證湧現出來。

二○○二年四月以色列摧毀西岸的傑寧(Jenin,譯按:巴勒斯坦北部城市),那時我在突尼西亞(Tunisia,譯按:北非一個國家),坐在突尼斯(Tunis,譯按:突尼西亞的首都)市郊一個朋友的家中與她共進晚餐。用餐時我朋友的姊姊從英國打來電話,她說在英國電視新聞看見報導:在突尼斯南面百多哩外的傑爾巴(Jerba),當地的極端伊斯蘭教某些分子襲擊一所猶太會堂。我的朋友在餐桌上帶著關心告訴我這事件。對她來說,這事件突出了在突尼西亞生活的面向,她為此不斷掙扎,雖然她歸信伊斯蘭教,但從她在這個國家生活開始,四十年來從沒有停止過這種掙扎,而這事件就生起痛苦的身分議題。我朋友那十七歲孫女跟我們一起用餐,她可沒有關心她的身分。雖然她的母親同是突尼西亞人與英國人,她的父親是突尼西亞人,而她自己到目前為止都一直在突尼西亞生活。她並不太明白發生了甚麼事情,直至傑爾巴事件的故事跟亞拉伯(Arabic)再次連上關係。那時她的眼睛冒火了,她的肩膊僵硬了,面紅耳熱。「她們這樣是做在我們身上」,她激烈地說道(她指的是以色列國那時的軍事政策與受到猶太人領袖影響的全球制度〔非常含混〕之間的聯盟)。「為甚麼我們不可以這樣對待他們?」我的朋友痛苦地望著我,一臉驚愕。「伊斯蘭需要改革,但只能從裏面開始——但不是從我這些人開始。然而,現在我是這個世界的一部分,它也是我的宗教——而我必須總得有分這改革。」

以巴爾塔薩的語言來說,我朋友的姊姊與英國廣播公司的新聞所渴求的,是史詩的視角,他們關心的是要抽離、客觀、事實、非情、全面、融貫,以及成熟。我朋友的孫女體現了抒情的模樣。她激情的回應可以是任何意思但就是不抽離,她真正的行動在她自己的心裏發生,在她自己那有限的經驗的領域之內發生。雖然很清楚的是,她對傑爾巴的事件沒有責任，也不是傑寧事件中的犧牲者（這是觸發傑爾巴事件的），事實上她沒有她所描述的個人受苦的經驗，但是無論如何，她用上了「我們」的語言，帶有參與者的熱切在內。但她也不是參與者，事件也沒有攪動她進行任何特殊的積極回應。相反，我的朋友展示了戲劇的向度。身為她的客人，我的張力是看著她捲入所有的不同觀點之中，仍得在其中嘗試維繫她的身分、她的整全（integrity）、她講述一個融貫故事的能力。從英國來的消息要求思考，而我朋友的孫女的反應要求感應，我朋友的困境要求介入、對話、回應。當她被故事擁抱，我們沒有甚麼法子，就只得跟她一起進入故事之中。這不單只是一個故事，它不是一個故事，相反，這首先是一個關乎她的故事，但卻是一個在進程中的故事，在其中她看見自己是一個參加者，雖則不是核心的參加者。她對傑爾巴事件的感知迅速推動她有所行動——不只是一個反應，而是一生尋問關乎身分與犧牲的問題。這裏，議題的重點不是她的回應是否適切，而是回應是否真誠（genuineness）、是否想像性的參與，以及其對旁觀者的影響。

巴爾塔薩指出，史詩的視角其作為神學論述的模樣，是不足的。它所講述的事件都是完結了的並完成了的。聖餐成了一樁事件的記念，而不是事件本身。上帝是第三者主體，而個體的行動總是由更深層的力量所掌管，這力量是在特殊施為者（agent）之上與之外的。史詩能夠從無利害關係的旁觀者的視角看見這一切。它講述這個故事時，把其中對更廣闊甚或普遍的處境具有重大意義的事件，抽取出來。這樣，史詩的視角既非可能的也不是可欲的。它不可能，因為實在（reality）是更為偶發的（contingent），而感知（perception）則更不可能抽離，不可能像史詩觀點所認定的。史詩講述一個故事，但是這個故事並不跟世界的本來面目相似，而世界也不是上帝的故事的一部分。史詩忽略了對上帝抽離的講述是荒謬的，彷彿我們擁有一個較上帝更為廣闊的看法。史詩是不可欲的，因為判斷涉及抽離的感知，傾向不引發或觸動適切的參與。我的學生時期保存了一幅漫畫：一大羣聚集在港口防坡牆正進行深入討論的心理醫生，而海灣那邊有人遇溺，向他們揮手與大聲喊叫，漫畫的標題是：「那我們同意了：喊叫求助是可能的。」這是史詩視角不可欲的模樣。

當講到抒情模樣時，巴爾塔薩同樣清楚它的缺陷。對於抒情來說，實在並非那麼全然客觀性的，卻是親密主體性的。經驗與表達是關鍵的，而客觀事實與實在是次要的。抒情把自己借給靈性（spirituality），以便想像地介入過去的事件，與在十字架的耶穌傾談、觸摸祂的傷口，並經歷聖餐，經歷其為權力與受苦（power and passion）的活祭。心靈跟心靈說話，而不是頭腦跟頭腦說話。但是，像史詩模樣，抒情模樣在其對世界的感知與對上帝的了解，是不足的。講到世界，抒情在感知世界的自我重要性，總是誇大了，但最終不過是受造物。講到上帝，抒情鏡映希臘神話，把上帝拖進世界受苦的歷程。道成肉身、死亡，以及復活的故事，首要的不是在信徒心中的事件。這故事是更為戲劇性的。

巴爾塔薩的戲劇看法，把演出角色（acting characters）的內在意圖與稟賦（disposition），跟故事的外在事件與作為，結合一起。因此，他把抒情的主體性跟史詩的客體性綜合起來。使徒的見證，是以生命與信仰向信徒（抒情）與非信徒（史詩）言說的見證，並且其對上帝先在的行動（prior action）的經歷成了見證的一部分。新約的作者是以這種戲劇模樣寫作使徒的見證。馬可在婦女帶著好消息離開空墳墓那諷刺的靜默浪潮中寫作。保羅是在大馬色路上被基督遇上了而寫作，並且認定其他在旅程中這樣被遇上的人也會這樣子。正如其他作者曾經指出，戲劇提供了一個新的方式給神學以時間介入。抒情因為歸回非時間的主體性而忽略時間，而史詩追求的是克服時間的偶發性，方法是通過把人為的融貫性強加在時間之上。戲劇慶祝與擁抱一個敞開的與社羣的將來。[5]

巴爾塔薩神劇的歷史闊度要用五卷來探索。那是無限的（神聖的）自由對反於（versus）有限的（人類的）自由的戲劇。父是戲劇的作者（author），子是演員（actor），而靈則是導演（director）。主要角色有上帝——負責整個演出，人類——被賦予也命定自由，以及中介——耶穌基督，祂是真正的主角（the true character），並且是其他人的榜樣。以色列人、列國、個別基督徒，以及天使與魔鬼勢力，他們全都在眾多戲劇角色（dramatis personae）之中佔有一個位置。下述段落撮要了上帝在這個戲劇中的角色。

> 父……若不藉著〔差派祂的子與靈〕就不可能更深地涉身其中……子把自己獻給世界的拯救，一如父所作的那麼永恆；從一切世代以前，子委身於執行世界的計劃，透過祂的十字架，為了世界的好處。而即使完成了祂地上的使命，看來祂在「等候」終結……祂以其君王的……以及甚至戰鬥的活動來填滿這段等候的時期。因此，一旦克勝祂的最後敵人，祂就以審判者的身分行動，繼而把國度呈獻給祂的父。至於靈，祂是無玷污的「見證者」，祂客觀地記錄一切事情，祂也是「上帝傾流出來的愛」……遍滿整個戲劇，祂內在這個戲劇之中而深沉地參與其中，直到終結，並且「以深刻的歎息代替字詞」把紊亂的戲劇推動朝向其解答：

「上帝兒女榮耀的自由」。[6]

在這樣的精神底下，巴爾塔薩注意到吉拉德(René Girard)描畫耶穌揭示「使用獻祭/犧牲(sacrifice)作為救贖性暴力」的方式。一旦耶穌指出獻祭/犧牲是罪而不僅是罪的後果，祂是把罪擔負在自己身上並克勝了罪，巴爾塔薩就稱許，在當代拯救論與神學本身之中吉拉德的規劃是「最戲劇性的」。[7]

戲劇的結論是，十字架「完成了那把世界整合至神聖生命之中」[8]的使命。透過耶穌的升天，天上的大門永遠打開，而基督徒在天的生活就若在地那樣子。「世界是一份禮物，一份由父交給子的禮物，再由子交給父，並由靈交給父與子兩位。那是一份呈交給三一的禮物，因為……每一個位格，各以自己的方式，使得世界可以有分、跟內在的神聖生命進行奇妙的交換。」[9]

重新考量巴爾塔薩

若干註釋者曾經批評巴爾塔薩所執行的宏大規劃。或許最共同的觀察是，他的處理差不多全是關乎上帝。即是，神劇是一樁過多發生於神聖生命之內的事件。人類在眾多戲劇演員之中的角色變得相對地不重要。同樣地，當巴爾塔薩描述教會，很容易歸回圓滿的語言與理想的類型。甚至當他默想耶穌下到陰間，也墮進神話式的語言，離開戲劇的時間。一言以蔽之，他不大能夠維繫著戲劇的張力，以平衡史詩與抒情：對現代性所傾向的提問、懷疑與辯論感到焦慮，他滑進了史詩模樣與預先確定了的敘事的感知之中。[10]這當中底下的含意是，敞開的、尚未確定的時間，是神劇的仇敵而非朋友。在時間與場所之中神劇在觀看者眼前以日常與非日常的方式演出、在時間與場所之中教會努力要體現（embody）這戲劇，但現在時態（present tense）不知何故消失了。

對讀者來說，巴爾塔薩的史詩看法，跟我在上一章有關「普遍的」倫理觀的渴求，兩者明顯地有很重要的相似性。巴爾塔薩所了解的抒情，跟我所描述的「顛覆的」倫理觀的某些委身，有對應的相似性。我描述為「諾斯底的」試探，巴爾塔薩前述的處理的亮光底下，可以視為藉著歸回內在抒情經驗或宏大史詩真理，而逃避變遷時間的試探。需要的是真正的戲劇的神學的倫理（dramatic theological ethic），能整合巴爾塔薩對抒情與史詩綜合的委身，而又真正地擁抱時間為朋友，並因此恢復教會的踐行與當下現在的重要性。這是我現在想要描述的。

賴特（Tom Wright）在他的一篇很有啟發的文章，探討了聖經被視為權威的意思是甚麼。他想要解釋一個故事，特別是這個故事，有「一種形貌（shape）與目標必得觀察，並且必得對之作出恰當的回應」。他以以下的方式探索了這提議：

> 假使莎士比亞失傳了的第五幕劇曾經存在過，那麼我們可以設想，頭四幕劇提供了豐富的描述，情節愈來愈緊湊，普遍同意劇本應該演出。然而，大家卻感到要實際一次過寫出第五幕劇卻不大合適……可能更好的是把關鍵的部分留給受過訓練的、敏銳的，以及經驗豐富的沙劇演員，他們可以自己浸淫在頭四幕劇之中，浸淫在莎士比亞的語言與文化與他的時代之中，而他們因而可以知道自己要怎樣演出那第五幕劇。
>
> 頭四幕劇的「權威」並不包含一道隱含的命令，要演員不斷重複較早部分的演出。它卻可以包含這個尚未完

> 成的戲劇的事實。這戲劇有它自己的原動力，它自己前進的運動，而要求以恰當的方式結束，但卻需要演員負責任地進入故事之中（一旦這個故事上演），以便首先明白眾多線頭如何可以合適地編排在一起，然後把所明白的以**創新的**與**一致的**說話與動作實現出來。
>
> 在這模式之中，可以容許的具體步伐，是視這五幕劇的可能性如下述的：(1)創造、(2)墮落、(3)以色列、(4)耶穌。然後，新約會構成第五幕的第一場，並且提供線索（羅八、林前十五、啟示錄部分章節）如何演到預設的終結。然後教會可以在現存的故事的「權威」之下生活，而被要求為最後一幕那現編（improvisation）與實際演出之間的時期，提供某些東西。[11]

我相信所提議的上帝故事，像莎士比亞的故事，是五幕劇，充滿應許，我將簡短地勾畫我從這模式之中看到的潛質。但在這之前，我要指出四點有別於賴特所建議的。

首先，我感到把教會置於故事的終結是錯誤的，教會的角色並非使得這故事圓滿終結。這故事並非謎團，而是上帝留下謎團讓教會去解答。教會就在這故事之中，而不是故事的終結之處。這樣子，巴爾塔薩是對的——這故事基本上是關於上帝的。巴爾塔薩可能過度強調這故事是關於內在三一的關係，但無論如何它是始於上帝也終於上帝。視教會為故事的結局，或是那位一起負責在故事之外把故事帶往結局，是太「抒情」了。這故事是由上帝自己想要的時間和方式來終結的，無論教會「猜估得對」或是「忠信演練」或並非如此。

其次，承接第一點，就是賴特的模式不足以把教會跟終末（eschaton）分別開來。教會不是故事的終結，理由是上帝把故事帶往終結。終末曾被批評為「史詩」式教義。天啟式猜測陷進諾斯底的試探之中，追求祕密知識，想要規避羣體的偶發性與時間在終結上的敞開，方法是透過把握一個得到保證的終結。但是終末論與天啟神學不必要是同一東西。[12] 終末論要想在上帝的創造的結果之中顯示祂的主權。它不需要猜測時機、事件，或是徵兆。它只需說出那位開啟故事又轉化故事的上帝，將會在祂看為合適的時候終結故事。第五幕一定是祂的最終幕：終末。

第三點異議：耶穌應該是故事的中間（middle）。耶穌體現了跟上帝的真正關係，世界正是為此被造。耶穌體現了跟世界終極的約：上帝把自己委身給這個世界。耶穌是中心點，世界的被造是指向祂，並且祂也是世界終局（作為最後之終結與目的）之所向，逆指的中心點。把耶穌從新約分離出來是沒有意義的，因為新約的寫成是要見證耶穌。耶穌必須在第二幕出現。

第四點異議是第一幕的創造跟第二幕的墮落分離。聖經對這些起初發生的事件的處理，很難把創造與墮落的分開予以證立（justified）。這也預設了墮落是上帝的行動。我們可能關心要保證上帝的主權遍及一切事件，無論好的壞的，並且我們可能甚至在復活節的亮光底下，認為墮落是亞當快樂的犯罪，好讓救贖得以非常偉大。但是更有助益的，肯定是視墮落為人對上帝那受造的自由這禮物恩賜誤解了，因而要視其為第一幕的一部分。是以，第一幕就如其餘後來的三幕，同時包含了榮耀與可怖。

五幕劇

對賴特模式作出了四項修訂之後，出現的就是五幕劇修訂版本。第一幕是創造、第二幕是以色列、第三幕是耶穌、第四幕是教會，而第五幕是終末。這是真正的神劇模式，它避免了太「史詩」，因為它為第四幕提供了真正開放性、暫定性，以及偶發性的精神。沒有出現另類史詩傾向的問題：時代主義(dispensationalism)。第一幕的原則與敘事一直延續至其後的三幕；第二幕的約(covenant)在第三與第四幕之中仍然生效及重要；第三幕的主題是了解所有其他幕的關鍵；而第四幕的特性(「聖城」)在第五幕通過轉化至少部分被保留下來。第四幕的角色是平衡那種戲劇中真正人的向度的需要，以及真正神聖的樣貌的需要。如果第五幕開展得太過，那麼整個戲劇就太史詩；如果第五幕被忽略，則整個戲劇又會變成太抒情。保留這五重形貌的微妙平衡，真正的五幕劇的神劇就可以開展。我現在就逐一勾畫每一幕的向度。

第一幕是創造。這幕戲劇之中上帝在其自身之中保留了太多的愛在三一之內。世界並非故事的中心，上帝才是。事物不一定按照其本身而發生，它們存在是因為上帝揀選而讓它們存在。祂是創造主而祂被其受造物環繞。祂的受造物不是為自己而存在，卻是帶有目的地為祂而存在。祂使得它們如此，因為祂想要喜歡它們每一個。它們主要的目的是要永遠榮耀祂並永遠享受祂。但是這些受造物誤用他們的自由。它們選擇，但喪失了進行美好選擇的藝術。上帝一如之前傾出那麼多的愛，但回報卻是那麼小，那麼多創造的、玩遊的(playful)、喜樂的精力都浪費了。上帝為何要創造世界這奧祕，現在再添上了為何祂在受造物背離祂之時還要愛它們；並且還出現對手的奧祕：為何祂的受造物以不打擾、不要被打擾來回報。這是創造的戲劇，關於上帝如何達至把祂那無限的自由轉成約，以及人類如何達至把有限的自由轉成了監獄。

第二幕是以色列。上帝渴求跟祂的受造物活在真正的關係之中，方法是透過部分受造物——人類——領悟祂的榮耀。創世記的序言描述亞當怎樣失敗以及在巴別塔的事上怎樣再次失敗。因此上帝呼召亞伯拉罕，而亞伯拉罕跟隨。舊約其他部分是一個愛的故事，在其中以色列與上帝摔跤：不能跟祂一起生活與沒有祂不能生活。這裏我們發現召命（vocation）與約的意思。上帝不會置以色列不顧，由此而伏下應許與警告。以色列是為上帝與萬邦的拯救而存在。這裏就是戲劇所在，故事的角力所在：以色列能否找到生活的方式以致榮耀她的被召而為聖潔的？以色列背離，上帝會怎樣咒詛或是挽回以色列？怎樣的背離才是過分的背離？上帝會以別的方式拯救列邦嗎？在為奴與流徙的抒情經歷底下，是否還有史詩的命途？

第三幕是耶穌。這是決定的一幕（definitive act），處於戲劇的中心，在其中上帝啟示其性情（character）：作者（譯按：指上帝）進入戲劇之中。在耶穌裏上帝一切的豐盛都樂於寓居其中。在人的相遇、親密與出賣、挑戰與對質，恆常出現抒情的層次。但是耶路撒冷的磁場、受難的不可避免、墓石沒有留住耶穌的能力，也有史詩的向度。在這裏戲劇處於最為鮮明的景況。上帝是全然脆弱的，抑或祂有所保留？上帝的子民會理解、掌握，以及追隨祂，抑或會想要克服、監視、抹殺，以及殲滅祂？他們對祂的拒絕會使得上帝拒絕他們嗎？如果祂克服死亡，那麼祂不會做的是甚麼？

基督徒在第四幕的教會之中。以色列以為那是三幕劇：創造—以色列—彌賽亞，而震驚的是，當耶穌來到，祂既非恢復政治權柄（authority），也不是把故事帶向終結。[13] 取而代之的是，祂開啟了第四幕。在這一幕之中，教會被賜予所有她在世界之中需要繼續成為祂身體的東西。她領受聖靈並被披上能力與權柄。一方面她被賜下聖經，這聖經由使徒的見證所組成，是使徒他們想要報導的，另一方面她被吸引進入戲劇之中。她被賜下洗/浸禮，這是抒情的方式，藉此而把人民整合進入史詩的戲劇。在相遇、復和，以及委任（commission）的戲劇之中，她被賜下聖餐，一樁恆常的事件，在其中基督的身體與體現的基督（the embodied Christ）相遇。她被賜下一連串其他的踐行，好形塑與維繫她的生命。可以證明這些恩賜禮物是足夠的嗎？教會要在別的地方尋找慰藉嗎？上帝在教會之外言說與行動的方式，要比在教會之內聽到的聲音與感知的行為更為鮮明強烈嗎？敵對的教會會戲仿（parody）這些踐行嗎？人類困境的抒情或另類的敘事會盛行嗎？這是教會歷史中當下時刻、每一時刻的緊張戲劇。

要來的還有第五幕：終結（或終末）。這對於那些已經建立權力與獲取資源的人來說是可怕的事情，但對於那些沒有甚麼可以損失的人來說卻是無比的歡欣。終結的時間沒有人知道，但卻可以肯定上帝決定了要來。戲劇的那個終結時間可以引起某些震盪——正如一切心中的祕密被揭開了。但是在上帝的啟示之中沒有震盪，只有驚訝。因為那將要完全被啟示的上帝，在性情上不會跟祂在第三幕的啟示的自己有所不同。十字架上的面孔，是坐在寶座上的面孔。再一次，對個人的安慰與保證所具有的抒情欲求，跟對知道時機、季節，以及預兆所具有的史詩欲求，一樣強烈。但是終末的戲劇是上帝如何藉著恩典的豐盛轉化自然的貧乏，祂如何藉著十字架的能力而非別的能力把墮落與力爭與痛苦轉成相交與喜樂與歡欣。

對於這五幕的戲劇，很容易出現兩種錯誤的解讀。這兩種錯誤指向的是對罪的實質性描述，但這不一定意味是全面的描述。首先的錯讀，是抒情地認為我們是活在獨幕劇而不是五幕劇之中。世界——如果這寬闊的定名意指因著上帝給予的自由而尚未相信——認為它是活在獨幕劇之中。在獨幕劇之中，一切意義都在幕落之前必定已經全然建立起來。這一生的生命都全在那裏了：遺產沒有邏輯的價值，除了有助完成此生的生命。一切成就、一切成果、一切結果必定在最後哨響前就予以慶祝與安頓。人類成就的神話、人類的能力伸展至極致，以及以經驗與回報填滿所得的空間，意味著每一事物必定被壓縮而成單一生命那毫無寬容的跨度。五幕戲劇，在其史詩的向度之中，意味著基督徒避免了這樣的危機。他們不是被召要有果效或成功，而是忠信。忠信而非果效，是從更長的時間刻度來量度的。既然第三幕已經發生而第五幕又隨之而來，那麼基督徒就能面對失敗，因為他們信靠基督的勝利與上帝終極的主權。他們忠信的失敗更多是全然指向他們信靠他們的故事與故事中的作者。

第二個錯誤是錯置了自己。這仍然是抒情的一步，因為普遍來說這會過度強調一個人在戲劇之中的角色。如果一個人認定置身於第一幕，把自己而不是上帝置於創造者的角色，那麼他在戲劇之中現身之前，就沒有重要的事件、沒有要學習的經驗、沒有故事要參與、沒有戲劇要進入。有的是渴求獨立、成為一個自我創造的個體。沒有其他的統治是有效的：每樣事情事物之被發現、命名、衡量都是為了自己。認定自己是處身於故事的終結，情形也是相似的。在教會之中，很多時以為自己處身於第五幕，就像世界那樣子，視自己處身獨幕劇之中並接近終結。對於教會秩序的重大爭辯，人們討論的時候就好像耶穌與初期教會是活在過去的永恆之中，他們把每一事情都看為風化的石頭。但是如果耶穌活在今天，並且教會的前面仍然有上千以至百萬年，那又怎樣了？或許我們是初期教會，仍然爭論許多信仰細節，甚麼是對的。對於核子武器，人們同樣認定他們接近故事的終結。世界爆炸確實很恐怖。但是五幕戲劇宣告人類已經在第三幕之中做了最為可怕的事情，就是釘死榮耀的主。而恰當地理解上帝的主權，就是確認祂在這個無窮複雜的世界之中可以預備好另一個世界，一切都就緒與妥當，只要祂感到需要就可以以之取代這一個。人類不是上帝故事的創造者，也不是完成者。

在第二與第三幕之中可以出現同樣的錯誤。錯誤在於認定我們身處第二幕之中，所作所為就如彌賽亞尚未來到那樣。一方面這是對的，我們是一羣特別子民的一員，被上帝呼召；但另一方面這是錯的，上帝尚未啟示祂自己與其子民相遇並祂在世界之中活動的確定方式。因此我們可以犧牲獻上他人或自己以致改變事情，而非確認基督已經犧牲獻上了自己。這種趨勢特別在和平與戰爭的問題上很普遍。上帝是在我們這一邊，雖然另一邊看來在取得勝利，或者至少擺出毫不包容的恐嚇；因此，上帝的旨意將會戰勝，我們必定毀滅另一邊，或至少給他們教訓一頓。彌賽亞**已經**來到這事實，**已經**顯示上帝如何處理衝突，**已經**顯示我們要集中關心我們可以分有的豐富而非稀少並為此而爭鬥；這事實總是被忽略的。這都是第二幕的認定。

如果處境脈絡落在第三幕，則很容易混淆了自己的角色與耶穌的角色。那麼，我們所做的每樣事情，都對世界有決定性和重要性，甚至對上帝亦然。這種傾向我在前一章講到要想成為英雄而非聖徒就述說了。基督和門徒的角色在餵飽五千人的故事之中是典範性地展示的。門徒找到食物，分配了，然後執拾了，但是以豐富的恩典轉化他們貧乏的資源而賜給子民各樣他們的需要，是基督。扮演耶穌的角色，而不是享受作為門徒，是認定自己活在第三幕之中。這觀點總是很流行的，每個人都喜歡想像自己活在很重要的時代之中。但是五幕劇的形貌提醒教會，她不是活在特殊重要的時代之中。最重要的事情已經發生了，彌賽亞已經來了，已經被置於死地，已經復活；而聖靈也來了。這是對教會的大大解放。它讓基督徒自由，在信靠之中犯上坦然的錯誤（honest mistakes）。

洗/浸禮把基督徒從獨幕劇帶進五幕劇之中。在洗/浸禮之中，基督徒被帶進戲劇之中，在戲劇之中上帝已經創造了他們及其他一切，為了一個目的；在戲劇之中以色列回應了呼召並追尋一個召命；在戲劇之中耶穌已經成為像他們一樣的，並且已經克勝罪與死亡；在戲劇之中聖靈已經加力給教會去追隨基督，並在戲劇之中上帝在祂看為恰當之時將會終結戲劇。基督徒藉著在上帝的故事之中成為一個角色，而找到他們自己的角色。他們由嘗試實現自己生命之中一切的意義，轉為領受信仰的遺產與榮耀的盼望。他們由恐懼自己的命運（fate），轉而為自己的命途（destiny）歌唱。因為這是上帝故事的果效，它把命運轉化成命途。

4 戲劇作為現編

Drama as Improvisation

倫理觀預設處境脈絡（context），而對處境脈絡的理解則預設敘事，但是如果把處境脈絡理解為：是真正的羣體的，並且把倫理觀理解為：真正的相交的，那麼人必得把敘事理解為戲劇（drama）。一直以來的論證就是這樣。如果基督教的故事是戲劇，那麼倫理觀作為這故事的體現，則可恰當地視之為演練（performance）。

演練

拉殊（Nicholas Lash）在一篇〈演練聖經〉（Performing the Scriptures）[1] 的文章發展演練這看法。他論說，新約整體文本「講述的故事」是耶穌和初期信徒羣體的故事。信徒羣體的生活與踐行是**基督教**解釋聖經的基本方式。演練聖經是教會的生活。拉殊繼續論說：

> 基督徒的踐行，其作為解釋的行動，包括了演練文本

> （這文本可詮解為「轉述」〔rendering〕）、見證一個人的言與行、講論與受苦，從而「轉述」上帝在人類歷史中的真理。新約的演練踐現（enact）如下的確信（conviction）：這些文本最恰當是以之為耶穌的故事、每一個人的故事，以及上帝的故事來閱讀。[2]

拉殊以美國人社會對此作出例示，美國人的生活、活動與組織都是踐現美國人的憲章。因此聖經是教會的「憲章」，而基督徒的倫理觀涉及他們的踐現。在演練劇本時，必定經常出現創造性的元素，使得演練者可以把文本化為活生生的事件。拉殊把聖餐描述為對整個基督徒生活這解釋性的演練所作的最佳例示。讚美、認罪，以及懇求，踐現了他們所體現的意義。講述故事，以致當參加者安靜離開之後，他們可以演練這故事：「我們**人性**（humanity）的品質，將會是我們的演練是否充足的判準。」[3]

然而，時間與環境轉變，以及對憲章或聖經沒有最終或定然的解釋，這是拉殊的難題。他關心上帝在基督裏的自我揭示的最終性不應被妨礙。他總結：這些演練文本的人，應該繼續理解文本想要回答的問題。如果文本把無法越過的重大意義（significance）歸於這一個人的生與死，那麼恰當的演練應當重複同樣的生與死。故事可以以不同方式講述，但必須繼續是同樣的故事。

拉殊的結論其中的倫理含意仍然不清楚的是：基督教羣體若落在一個環境，他們不清楚如何演練那故事，那麼可以怎樣做？基督教的倫理觀不能把文本完全讀完就算，像讀《李爾王》（*King Lear*）那樣。基督徒並非巨細無遺地掌有戲劇的「每一部分」，只有預先準備好的「情節」（lines）並用心熟讀。楊格（Frances Young）在他那本書《演練的藝術》（*The*

Art of Performance）[4] 最後一章，點示了這一議題。他談及協奏曲的華彩樂段（cadenza）的練習。華彩樂段的演練者堅守著協奏曲的風格與主題，但也要在演出精湛技藝與神來靈感之中，跟協奏曲的格局與形式保持協調與延續。然而，楊格的演練的視像（vision）十分有限制——只考量宣講者與教師所需的解釋技能。那麼整個基督教羣體需要甚麼技能呢？

布魯格曼（Walter Brueggemann）就聖經信仰作為戲劇這看法，作了一些細緻的討論。[5] 他注意到戲劇這個吸引人的隱喻所具有的幾個向度。戲劇必定同時支撐人物（character）的恆定性（constancy）與發展，以致第三場與第一場是一致的，但又不是簡單的重複。我們都知道，要認識人物只需要知道他們在舞台上發生甚麼事情。[6] 當然會有一份寫好的劇本，但是卻可以以不同的方式演繹。他把我們的生活描述為「一所戲劇學院，在其中我們要跟關鍵的他者相處，為恆定與自由而掙扎，以及發現自己被無窮地書寫但又要感恩地與自由地演出，以新的方式演出劇本」。[7] 戲劇教導我們需要與其他不同人物一起演出，而聖經的戲劇教導我們，上帝是「一個真正的他者的人物，在戲劇中扮演一個決定性的角色」，而我們則是上帝的「他者」。[8]

布魯格曼像楊格一樣，把自己的視角限制在宣講者與教師身上。[9] 布魯格曼的看法並不完全，因為這看法沒有整合解釋**羣體**的活動，並且因為沒有提供途徑讓這樣的羣體可以面對將來出現的倫理踐行。這是沒有充分注意到戲劇的開放式終結（open-endedness）的意義，這不只是重複同一劇本的問題，而是以不同方式重複的問題。布魯格曼的講述需要另一個有別的向度。

范浩沙（Kevin Vanhoozer）把演練的看法延伸至他對言說行動理論（speech-act theory）的理解。[10] 正如劇本的寫成是為了演練，聖經的寫成是要在其演練之中激活「創意的忠信」（creative fidelity）。[11] 聖經是神聖的行動，這事件要以時間與空間的形式被賜予。聖經是上帝的溝通性行動，在其中祂邀請讀者進入故事。演練是教會對這溝通性行動的回應方式。基督徒成了聖經的「學徒」。[12] 范浩沙的處理有助強調戲劇的溝通性這一向度，但如果我們欣賞藉著戲劇的演練，而把額外的向度加給文本，那麼還得要求更多。它仍然太限制於字詞，太過視戲劇首要是傳遞那本身乃語言信息的工具。「戲劇性行動」就如瞿化斯（Ivan Khovacs）指出的，正正相反，「是跟字詞之間的空間所發生的有關」，而主要不是關於透過認知機能傳遞命題式「信息」。「我們如果把戲劇中那非溝通的、感受性的介入，理解為不過只是從後門進入清醒的認知，就會幫倒忙。」[13]

域高一士紐（Shannon Craigo-Snell）是學者中惟一一個我發現他把演練的以及解釋的真正的體現，與羣體性格整合。「劇場演練（theatrical performance）像基督徒的踐行，都有劇本，是羣體的，是在與社會對話之中工作的，它援用多種方法與媒體，以及是體現的。」[14]「劇場的同伴（theater company）是一羣人一起為著崇高（sublime）的經歷而努力。個體各有不同的角色與功能，而每一個都是羣體的解釋過程的一部分。」教會也相似，而且一定同樣追求「內在羣體與外在連繫之間的平衡，整全與相關之間的平衡」。[15] 域高一士紐把這看法擴展至教會演練聖經的方式：「當我們一起閱讀或歌唱詩篇，我們演練詩篇。當我們演出耶穌的生活、擘餅與洗腳等一幕一幕時，我們是在演練。當我們順服一道直接的誡命，某意義上來說，我們是在演練這誡命。」[16]

域高一士紐強調「聖經像劇本，它同時為完成的和未完成的」形式。在演練的事件上，劇本與聖經同樣地朝著更豐富的完成來推進。

> 劇本的結構包含未完成性，這對我們的體現的與主動的解釋發出邀請，邀請創造一件遠較劇本單獨可以完成的事件……
>
> 演出基督教羣體跟聖經的關係，他們一起呼喊與跳舞，一起歡樂與呻吟，一起吃砂鍋唱詩彼此安慰為無家者煮湯籌錢。如果基督徒的解釋真的像劇場演練的解釋，那麼這些事件與活動不單只是從解釋而來的理解成果，它們是解釋過程的一部分。
>
> ……我們對聖經的理解，在我們對其演練而進至圓滿……我可以在耶穌牧養貧窮人與流浪者的故事之中與上帝相遇，但是如果我把自己置於這個故事之中又與受壓迫者休戚與共地掙扎，我的相遇會來得更親密。[17]

域高—士紐所講的，正如瞿化斯指出的，他的核心類比是排演（rehearsal）的過程。排演是角色不斷被嘗試與轉換的劇場時段，在其中互動地練習與圓善，字句滿是動作而字句之間的靜默充滿意義，在其中文本被賦予形體、聲音與人物，錯失並非災難而是成為發現深層意義的方式。

因此，稍為總結本章到此為止的論述：演練的意念對戲劇性閱讀神學來說可以提供很多東西。演練可以公平地對待教會以體現、羣體的方式嘗試把自己投身在聖經所教導的生活、而繼續忠於聖經所見證的上帝的性情。然而，作門徒（discipleship）乃劇本的演練這意念，卻有著顯著重大的缺陷，我將稍為講述其中的四項。

演練的難題

一個難題是來自期望劇本提供生活的全幅版本，在其中所有的不測及問題都遇上合適的介入與解決方式。這期望很清楚是不妥當的。劇本沒有提供所有答案。生命被拋進那福音看來沒有涵蓋的環境之中。如果劇本的演練被視為作門徒的典範形式，結果只會帶來極大的失望或思疑。這不能只是在新的環境之中演練同樣的故事就成。必須容許故事在新的環境之中具有某些寬限。

演練看法的另一難題是，它給人的印象是聖經包含了整個教會敍事，但實情不是這樣。劇本在方向、性格上不可能有很重大的改變，但它是未完成的。基督教的故事遠多於聖經所揭露的。太多講述演練故事，會強化了如下通常的看法：由新約結束至今日這二千年，沒有甚麼神學的重要意義。如果門徒事實上是演練一個故事，那麼他們正在演練的故事，較那要被演練的更長了。

一個值得注意的缺陷是，劇本的看法意味著重造黃金時代。它暗示曾經有過一段時間，其中的人物的確做得恰當：以色列人聖潔與敬畏上帝、門徒聽從耶穌的教導並直接行出來，而教會的任務就是重新踐現（reenacting）那義（righteousness）、再一次顯出親密團契的榮耀日子來。事實上的確存在理想追隨者的聖經畫像，如頂住一切壓迫的但以理，如撇下他的大衣跟隨耶穌的巴底買，如凡物公用的初期信徒。但是這些講述跟軟弱與失敗的、金牛犢的、收集多於一天的嗎哪、客西馬尼園門徒的昏睡、亞拿尼亞和撒非喇留下財富等故事相比，在數量上實在微不足道。作門徒不只是複製聖經，而是要從他人的錯失中學習，並且，講述一個反映聖經所展示的真理的真實故事（truthful story）。

第四個缺陷：演練解釋（performance intepretations）的風險是劇本這看法會強力妨礙真正的介入世界。這可以從上面所講的任何一個弱點引發出來。一個完整的故事無需對話伙伴。一個完成的故事不會為現在時態（the present tense）、為新發現與上帝那叫人驚訝的啟示，留下任何意義重大的神學空間。朝向黃金時代，就使得任何同代的演練都好像無望的失敗。域高一士紐對這些關心是敏感的，他強調演練是對舞台之外的世界敏感，但是他沒有演繹那互動是怎樣發生的、演練的看法怎樣必然具有那互動。在前面的討論之中，沒有任何一個作者處理過這些難題。

這些缺陷可以強化教會跟隨可預測的路徑來進發。有些時候它活在過去，冀望一個聖經純潔世界。它很容易失去了排演的玩遊性（playfulness），並且因為害怕犯錯而僵化了。懷緬那曾經一度大多數人以嘴唇宣告聖經的真理、並在他們生活之中彰顯真理的賜福，已經趨勢不再，我們已經不多住在初期教會的時代，那更多是大眾混亂靈性之中模糊的記憶而已。

這種情況就如我們常見的：視這為劇本的缺陷，並以之為理由否定其為指引我們生活的指南。加重強調聖經那較為祕密（arcane）的一面，得出的結論是：那是已經過去的時代的果子。新的環境需要新的理解模樣，而傳統別無角色，除了作為提供故事的來源與對鼓勵德性的鼓勵。對某些人來說，跟傳統緊密連繫一起這看法被視為減殺了自由。當自由被理解為掙脫束縛，那麼任何劇本（除了自己的劇本之外）的演練都不能避免被視為強加的。更為常見的是，這樣對劇本的拒絕是來自演練失敗的悲傷之後的反應。尋找答案的困難，或是落實的苛刻，可以很容易激起對整個演練劇本的看法全然放棄。

第三條路是要把劇本翻譯成同代的母題(motifs)。一般來說這樣做是挽救傳統的看法，以面對傳統連同劇本一起失落的走勢，而無可避免會發生的是，戲劇的敍事性格也會跟著失去，取而代之的是一連串的抽象，或有時是一條在聖經見證與世俗經驗或智慧的中間路線。這結果是很容易把戲劇的重點移離教會、其踐行以及其與世界的互動，轉向的若不是無面貌的社會形塑的力量如市場、軍隊以及傳播體系，就是私人內在領域的個人決定。在這兩種的任何一種情況之中，教會成了不可見的而聖經成了奇珍異品。

十世紀的散文家弗勞德(J. A. Froude)以這些字句描述他的現代性經驗:「因此所有環繞我們的，亦即知識的燈船，已經離開了它們的停泊處，而這是一種新的與努力的經驗。現在的一代是成長於一敞開的靈性海洋、習慣了並學懂了為自己而游泳，他們將永遠不知道在漂流之中尋找光、在一切倒歪之中尋找羅盤、除了靠著星體航行就甚麼也不可能，是甚麼一回事。」這些字句繼續對許多當代基督徒的道德經驗提供深層的描述。許多人渴求萬有的確定性、弗勞德的「停泊處」。有些時候停泊處被辨認為一個被聖經緊繫與滲透的世界的安穩、一個忠心的基督徒演練毫不含糊的劇本所呈現的黃金時代。缺了安穩的停泊處，就更需要「星體」——靈感的、魅力的人物，他們把聖經的世界帶進生活之中。這渴望是渴望史詩安穩的錨以及抒情濃烈的星體。但是他們尋到的，只是他們自己並自己的困惑、離開了許多個世代之前的停泊處所提供的生活結構，並且發現海洋狂暴而難以找到避難處。

現編

教會如何能夠在沒有劇本的再保證(reassurance)底下持

續地忠信呢？這是滲透我整個尋索的核心問題。我曾經考量演練，雖然它容許「字詞之間的空間」，但仍然緊繫於劇本。我曾經注目於排演，雖然它提供一較為鬆動的形式，但仍然預設一固定的劇本。問題並非是聖經文本不是固定的或不應是固定的。問題是基督徒生活的向度所需要的不只是重複，甚至不只是解釋，而是不那麼多組織或那麼多無中生有。這向度就是現編（improvisation），緊繫於忠信的鑰匙。洛夫林（Gerard Loughlin）簡明地解釋了現編的意思：

> 當一個人進入了聖經故事，他藉著進入教會演練這故事而進入：他浸入於一個聖經的與教會的戲劇之中。這不太像一個寫成的書本卻是要演出的戲劇，這戲劇要在情節演出時現編。正如羅雲·威廉斯（Rowan Williams）指出，人被「邀請在這戲劇之中尋找一個位置好『創造』他們自己——在劇場工作坊之中的現編，但是一個人所意欲的整全性真理，影響他的身分與將來」。[18]

我在這裏對現編的意念感到滿意，在劇場上所理解與實行的現編滿足演練這看法想要實現的所有關注，而不會出現這一章早前對演練這意念所提出的缺陷。當現編者被訓練在劇場工作，他們是在一個傳統之中被全面鍛鍊，學習恰當地對應環境而從習慣之中作出行動。這正是神學倫理觀的目標。我現在將會探討這種視基督教倫理觀為現編的優勝之處。

現編是不可避免的。基督徒，無論他們是在研討會裏的學者或是家庭小組的牧者，無論他們是退修中心的主教或是工場小站的工人，當他們聚集一起並嘗試辨識上帝在事件中的手與祂對他們將來的踐行的心意，他們是在現編，無論他們意識到或沒有意識到。他們差不多無可避免地根據聖經的權威，而一般也會引用其他的辨識（discernment）方式，或許傳統或理性或經驗或某些類似的東西。這些東西為他們的演練、他們的舞台提供了邊界。而在這舞台上他們努力踐現一齣忠信的戲劇。無論是在神學論述之中辯論語言的使用，或是因為懷疑上司的表裏一致而考量是否辭職，無論是在教會秩序之中尋求和諧的突破，或是在面對饑荒時考量發展工作的合適模式，這裏每一個個案都刺激對聖經所見證的恩典與真理作出忠信的現編，嶄新的體現。在每一個個案之中，現編是惟一的用語，足以描述那種珍視傳統的意欲但又不會被捆鎖在過去。

現編是聖經的（improvisation is scriptural）。我將會在稍後的章節之中為這宣稱辯護，但現在只需注意，這對教會最早期的傳統來說是真的。使徒行傳描述怎樣遍傳好消息給整個地中海東部地區，而仍然根植於並且與耶路撒冷認同。宣教的動力無可避免地與那起始為一猶太人運動的身分，產生張力。當使徒在耶路撒冷會議聚集，他們要找出方法，在向外邦人宣教的新處境之中，維繫上帝對以色列呼召的特殊性。這顯明了教會起初的現編——恆常需要找尋方法，在不斷轉變的環境與景況之中保持忠信。事實上，貝格比（Jeremy Begbie）把整個使徒行傳描述為「一條新的、不可測度的現編河流」。[19]

現編是教會的（improvisation is ecclesial）。正如我會在以後的章節所顯示的，它整合了教會的關鍵踐行。它是以某種方式對應域高一士紐的排演與演練，而為一種解釋的形式。它關心文本與傳統如何由一個羣體在新的環境之中實現出來。它在戲劇的流程之中為敍事創造新的例子、新的面向，並因而對行動、反省的解釋螺旋，以及文本與傳統的新的相遇，有所貢獻。現編關心辨識。這是關乎聆聽上帝——

透過更新的踐行（renewed practice）與透過鍛鍊聆聽而專注聖靈。這是集體的，因為它關心的是一羣人，他們像劇場同伴那樣行動與反思，它關心介入世界。

一些誤解

在進一步討論之前，我要停下來處理在使用「現編」這詞彙時引起的主要及最為常見的焦慮。我認為這些關注之中的每一個，都沒有基礎，因為它們全都建基於對這學科的原理或踐行所具有的誤解。

其中一個錯誤的顧慮，是把現編視為跟原創有關。錯誤的原因有二，其一是關乎劇場現編（theatrical improvisation）的性質，另一是關乎基督教劇場的性質。如果以劇場現編來了解，那麼每位演員必定需要學會避免原創演出。使得癱瘓演出的事情不多，其中莫過於其中一位演員拒絕參與，除非他被容許可以隨其意思作原創演出。惟一讓戲劇繼續演下去的可能方式，是直白顯然（obvious）。這需要訓練與勇氣，這我會在較後篇章中表明。如果劇場現編持有「罪」的看法，那麼嘗試原創在罪列中就會排位很高了。當我們轉向基督教戲劇的性質，就很容易看見原因了。因為如果我們接受基督教的戲劇乃是五幕劇的戲劇（a five-act play）這看法，正如我在前一章所描述的，那麼現編的角色就很清楚了。原創是罪，原因在於以為自己是處於第一幕或最後一幕。這兩種行動任何一種都認定，若非處於創造就是末後，前者就是處於萬物起源的位置之中，後者就是保證萬物成其所是。一言以蔽之，這就是住在獨幕劇之中，自己處於戲劇的中心，如果用上第二章引介的詞彙，就是英雄。如果基督徒住在五幕劇的第四幕之中，他們被允准以聖徒的身分現編。他們不需要使得每一事物每一事情都成其所是，也不需要把之前的三幕劇那些看到的缺陷修補過來。他們只是使用頭三幕劇的資源，以及期盼最後一幕的到來，並且忠信地在他們所處身的環境之中演好自己。那些活在獨幕劇之中的——那「世界」：所有那些憑借上帝忍耐未曾相信的自由——他們應該更會發現自己被原創的需要所癱瘓。教會沒有理由癱瘓，它已獲准直白顯然了。

因此直白顯然是對信仰的明證、門徒身分的體現。直白顯然意即信靠上帝會做只有祂才能做的事情，因而擁有自由去做只有門徒才能做的事情。直白顯然意即信靠門徒的踐行、被聖靈塑造已經足夠，無須追求「第二次賜福」，無論是以進一步啟示的形式，或是自發洞見的一閃，或是危機時刻的靈感。被基督教故事的諸種習慣所形塑的門徒羣體，已把其全幅注意力置於上帝將要帶來的驚奇上面。這就無須被現在一定要做些甚麼感動的事情所引起的焦慮來折磨。

另一相似的誤解，是以為現編關乎聰明或機智。從這個角度來看，現編不是為了平凡人，而是為精英而設的，他們的天生才能與迅速反應把他們置於另一戲劇之中，遠離容易犯錯的平凡大眾。再一次，這建基於錯誤地了解劇場現編與錯誤地閱讀基督教的戲劇。現編並不關乎有出眾恩賜的個體，他們能夠從靜止狀態迅速變出連環不絕的笑話。現編是關乎育養一羣人，他們能彼此信靠，具有同樣高度的共同了解，以同樣事物為理當如此。然後，他們能夠輕鬆自如，而如果有觀眾，這觀眾能夠進入他們中間出現的那明顯是心靈感應的溝通之中。一旦人們真正地與興高采烈地彼此合作，感應到這無須用力的狀態，而正是這輕鬆自如的狀態，在現編之中提供了魅力與喜悅，而不是機智的對答。神學的議題跟原創性的個案很相似。教會在第四幕可以很輕鬆自如，因為重要的工作都已經完成了。成為聖徒無須出眾的恩賜或才能。需要的只是使用教會傳統的所有資源第一幕至第三幕——而非為自己創造資源，並且渴求最終教會命途的榮耀——第五幕——而非認定需要靠賴自己完成。現在，第四幕，我們必須盡力跟同伴中的其他成員合作，即是聖徒相通，而非試圖從中突出自己成為鶴立雞羣的英雄。

最後兩個關注可以被描述為：那些「史詩」的旁觀者所關注的是：現編可能變得太「抒情」。其中一個普遍的恐懼是：現編有可能或潛在地是鬼魔的。這恐懼是從無意識的深層恐懼出來的。無疑，現編涉入無意識，特別是集體無意識，這種涉入通常不會跟基督教倫理觀或基督教解釋學的方式有關。對於現編者，無須恐懼無意識，好像危險本能的或被禁慾望的黑暗領域。相反，它可被信任為上帝的禮物恩賜，像受洗/浸者其所有其他的面向那樣，可被轉化並符合服事上帝的要求。人多數有關道德生活的講述之中，現編這面向是被忽略的或懷疑的。正如人的其他面向，現編是向自欺和罪敞開的，是向基督徒想像的失敗敞開的，但是教會的踐行：復和、懺悔、分享平安與勸勉，是要守護無意識，正如守護其他的面向。現編藉著形構無意識而把基督教羣體朝上向恩典敞開：它不埋葬它所不知道的禮物恩賜，但它與之交易從而知道未知的禮物恩賜，並信靠上帝在必要時會寬恕與醫治。

另一常有的「抒情」認定是：現編是瑣碎的與自我沉溺的。或許這是因為它跟幽默與短暫相伴，並且也因為它能夠創造濃烈委身的羣體，無須實質的目的而可聯合，只藉著形式上的互動工具就成。我懷疑這是一種典型的史詩式看法。在其底下是一種認定：基督教倫理觀是一門極為嚴肅的、有所認真的，並且定然是困難的學科，它衡量舉足輕重的事物，只可以敬虔地、清醒地，經過深思熟慮後進入。這樣看來，現編十分可疑，看來像笑話、詭計（這無疑是羞辱）。這樣的觀點所冒的危險是比上帝更莊嚴。整個基督教戲劇充滿人類與上帝相交而出現的喜樂與玩遊。內在於第一幕就有創造的遊戲，渴求亞當不是單獨一人。在第二幕裏有大衛在上帝面前跳舞、連串諷刺與幽默的敍事。在第三幕也出現，找到了同伴的門徒，他們跟隨但又不斷並且全然迷失情節，只有在重新恢復的同伴之中，才可以再次找到新的角色。第五幕也出現，被平反的犧牲者坐在大筵席的桌旁，參與天上詩班合唱。那麼，為甚麼不出現在第四幕？教會能夠花得起時間集中於細節上面，因為上帝已經給予時間她去追隨祂。花時間於瑣碎，因而是信仰的記號，而不是愚蠢的記號。教會能夠足以冒著幽默和短暫的危險，因為笑話是上帝的而嬉笑的是神聖者。

從原創的癱瘓、成為聰明的壓力、無意識的恐懼，以及要求莊嚴之中釋放出來，教會就能在第四幕藉著現編而忠信地追隨它的主。為直白顯然、輕鬆自如、向無意識敞開與玩遊而開心，現編把聖經從需要演練的劇本，轉化而成操練門徒的手冊，讓他們把正確的事物視為理當如此（take the right things for granted）。基督教羣體不再需要緊張地回望，免得他們犯下可怕錯誤，背叛所演練的劇本。相反，他們能夠信靠他們共同生活的踐行與式樣（pattern），並且對上帝參與他們那忠信的現編有信心。

我們不必要太仔細定義舞台、演員，以及觀眾。最重要的是，現編的傳統與基督教故事，同樣對干擾任何這類靜態的看法感興趣，一如對高舉這些看法感興趣。例如，上帝可以被視為觀眾——但祂又把自己投身進入戲劇之中。祂可以被視為關鍵的演員，就如巴爾塔薩的看法，但祂無疑容許自己的受造物全然演出。祂可以被描述為舞台，那位定義在戲劇之中甚麼是可能的。但在第三幕祂轉化戲劇之中甚麼是可能的。同樣地，教會可以被視為演員，但它必定不能以自己為獨幕劇之中的主要演員。教會也可以被視為觀眾，讚美及推崇上帝獨一無二的行動。或者教會可以被視為舞台，在其上上帝向世界尋求愛的回應被演練出來。而反過來，世界可以是觀眾觀看教會的見證，或是在上帝的戲劇之中那不知情的演員，或是在其上上帝與教會現編他們的演練的舞台。每一個（世界、上帝、教會）都可以相繼地在不同時間被觀看，像三個（舞台、演員，以及觀眾）中任何一個，或是三個一起被觀看。這些期望與習俗的翻轉與相互作用，就是現編的材料。

然而，對於某些慣常的做法來說，我的處理仍然是真切的。特別是它會跟隨大多數舞台現編的三個顯著的特徵：遊戲的使用、幽默的盛行，以及意義隱含但總是叫人驚訝的敍事。我的提案分為六個階段，並且始於現編羣體的性格。[20]

第二部 種植

5
形塑習慣
Forming Habits

手術室和大學演講室

威靈頓公爵（Duke of Wellington）深入思索拿破崙戰爭（Napoleonic Wars）之決定性一役後，有這見解：「滑鐵盧（Waterloo）戰役，勝之於伊頓（Eton）的運動場。」[1] 他說出這話，不是由於他為人謙虛。這句名言是說，戰事的成敗取決於士兵的品格（character）；同時也是說，大不列顛具有形塑士兵某種德性的練兵制度，使得士兵能在戰爭的嚴峻環境下生還，甚至愈險愈勇、愈難愈強。

這一章的論點是：道德生活（moral life）關乎的是伊頓多於滑鐵盧。伊頓和滑鐵盧象徵著道德生活截然不同的兩方面。伊頓代表的，是長時期的準備功夫。滑鐵盧代表的是付諸實行的一段短時間——下決定的時刻，即「情景」（situation）。

當代倫理學提出來的，似乎是一連串難解的困局。道德生活，看來就像是於種種無望的兩難窘境中作不可能的協商。何故如此？因為一直以來的常規是只研究滑鐵盧、而不研究伊頓——實際進行研究時，當成只有滑鐵盧，彷彿沒有伊頓。倫理學變成研究「戰場」而頗不重視「訓練場」。發生這樣的情況，因為倫理學被理解成是研究有甚麼是在每一時間每一地方對每一人皆為正確的。換言之，倫理學只考量全人類的共同點，而不考量各自的差異。倫理學著眼於普遍情況、而非特殊情況。就以威靈頓公爵那段評論為例，滑鐵盧被認為是人類的共同點——戰爭就是戰爭，對人人也沒分別。伊頓被視為是差異——法國的教育制度，有別於英國的教育制度。

若用較常規的詞彙表達，可以說，倫理學變成是研究行動的對與錯——因為行動被認為是在每一時間每一地方對每一人也是一樣的。倫理學的焦點變成放在抉擇，就是個人在特定情況就應怎樣行動而作的抉擇。倫理學的一些重要辯論，被視為是源自於兩羣人而起的紛爭：有一羣人相信某些行動是內在本質上是對的，某些則是錯的，另一羣人則由行動可能造成的結果是否比較上可取來衡量行動本身。倫理學甚少被看為以作出行動的人為本，因為行動者的品格必然各不相同。

但正是在這點上，威靈頓公爵那句評點便見得意義重大。他說，不明白伊頓，就想不通滑鐵盧。事實上，曾在伊頓發生的事比在滑鐵盧發生的事來得重要。士兵是在伊頓受訓，預備負起日後在滑鐵盧要承擔的職責。當時在滑鐵盧下的那些決定，改寫了歐洲歷史的將來局面，其實那些真正的決定早在幾年前就已作出。威靈頓公爵的意思是說，倫理學是以人為本，無關人的行動。倫理學最重要莫過於形塑品格。一旦出到「戰場」，便已太遲。以下的故事闡明威靈頓公爵這觀點。

時間是一九五〇年代某一天，地點是愛丁堡一間醫院，有一個小孩子慘死在手術台上。幾天後，有兩位朋友談到這宗慘劇。其中一人同情負責是次手術的外科醫生，因他遭遇到始料未及的手術併發症。另一人是那醫生的同事，卻不以為然，說：

> 我認為這人該受譴責。若果有人遞給我乙醚而不是哥羅芳，我憑重量便知道拿錯了。你要知道，我熟識這人。當年我們一同在阿伯丁讀醫，要是他肯用功，憑他的才華，本足以攀上全歐洲最出色外科醫生的行列。但他沒專心學醫，他對高爾夫球更感興趣。所以，他向來只求做到考試合格便算。他向來亦是這樣做人——得過且過，便算；所以，他從不掌握一些看似課程範圍外、他日可救人一命的小知識。那天在手術室，懂一點點「課程範圍外」的小知識，足以化解危機，他偏偏就是不懂。他不是在那天失敗的——三十九年前，他只花一半心機學醫，大錯已鑄成。[2]

威靈頓公爵對比利時之戰場（譯按：滑鐵盧位於比利時）的看法，同樣適用於愛丁堡的手術台。正如滑鐵盧的戰役是勝之於伊頓的訓練場，那病童性命的搶救戰是輸在高爾夫球場。運動員為一場馬拉松賽事，受訓數月，若準備不足，比賽當日再多發熱心，也無濟於事。學生為一場考試，讀書多年：若準備不足，考試當日再多動腦筋，亦於事無補。醫生須讀書、受訓、實習多年，才勝任施行外科手術：施手術當日怎樣心存好意，也彌補不了準備不足。

倫理學首要不是關於手術室，而是關於大學演講室、訓練場、實習室、圖書館、導修課、一對一指導時間。有兩個時期——為道德努力（moral effort）有時，道德習慣（moral habit）有時。為道德努力的時期，就是被形塑和受訓的時期。這就是「伊頓」了。受訓的過程要求委身、紀律（discipline）、誠信、用功求學、師徒式教授、實習、合作、觀察、反省——簡言之，即是為道德下苦功。這種努力是為形塑技能和習慣，習慣是為使人養成把正確的事當成理當如此，技能是為使人能把視為理當如此的事付諸實行。道德習慣派上用場之時，就是「下決定的時刻」，即是「滑鐵盧」或「手術室」。滑鐵盧或手術室，把已形塑成恰當直覺（instinct，或譯作本能）的人，和品格未作充分準備的人劃分出來。每個要求作道德判斷的「情景」，其中牽涉到的真正決定，其實是早在以前已經下了。過美善人生，既要求付出努力，也要求習慣成自然，各按其時，各有其位。被形塑的時候不努力，到下決定的一刻無論多用功，亦於事無補。

道德生活，不應令人感到是要作不可能的抉擇而萬分痛苦，倒應是跟習慣和直覺有關的。學習過美善人生，關鍵在養成正確的習慣和直覺，而不在作正確的抉擇。如果人有正確的認定（assumption）、直覺、習慣，別人感到左右為難的許多抉擇，他們不知不覺間便通過抉擇的危機。與此同時，要是人沒養成那些習慣，就算真能作出決定，仍可能解決不了問題。那位外科醫生的故事中，要為道德努力的時刻，就是在學生時代、受高爾夫球引誘下，致力於讀醫。假如受訓時期有足夠委身，憑在手術室的習慣和直覺，應足以不知不覺之間就化險為夷。委實是那病人死了。當代倫理學把重點全都放在手術室，就使道德生活變成好像是作不可能的抉擇而受折磨。對於認為沒有「過去」只活在「現在」的人，他們猜測著未知的將來，只把每一時間每一地方所有人共有的才視為有價值，大概真是如此。但是，當代倫理學忽略惟一可以解放這種癱瘓的時間——「過去」。因惟靠在過去為道德努力和形塑，才能擺脫當下道德上的無能為力。

聰明和愚昧伴娘的比喻，講到準備是為隨時預備好面對審判（judgment）。[3] 愚昧的伴娘無可救藥地沒為新郎到來作準備，沒有燈油。到要作決定的時刻，她們沒有資源幫助她們作面對審判。相反，聰明的伴娘認為一切取決於做足準備。遠早於新郎來到之前，真正決定性的時刻已來臨。就像那個沉迷高爾夫球的外科醫生，愚昧的伴娘當下面對道德上的無能為力。惟靠審慎作好預備，才能叫他們不遇見主禱文所指的 *peirasmos*，那是大得無法承受的試探的時刻。

想像和形塑

要形塑正確的直覺，其實和發展想像有關。喚起壯志或慾望，銳意堅忍或心生敬畏、妒嫉或同情，都要透過想像。想像可分為兩類，頗像習慣和努力的劃分。人平常用來感知世界的想像，是其一。這類「平常」的想像，使人能對需要依靠的東西視為理當如此。但也有另一類想像，講求創新和革命，把對象理解成事物的象徵、在事物本身之外。這類想像的「創意」（creative，或譯作創造力）層面，被一位基督徒哲學家形容為是「一種能力，能同時看出事物實況和事物可能變成的最好狀況；能同時投入人類種種最具創意的激情，並能繼續引發行動和持續委身」。[4]

這種「能同時看出事物實況和事物可能變成的狀況」的能力，是訓練人活出美善人生——即道德形塑（moral formation）——的創意力量。凡學習某種傳統，其艱苦之處，在於既要學習真誠地（truthfully）去看含糊不清的世界，又要持守住盼望。同時，道德生活的踐行與其說是跟創意或聰明有關，不如說是跟把正確的事視為理當如此有關。所以，我這處所指的「創意」的想像，是對應於前文我所指的為道德努力。這是道德訓練所關涉的。同時，我在此所指的「平常」的想像，是對應於前文我所指的習慣。危急關頭，轉危為機，靠的是已形塑的習慣。

想像，按以上這兩種意義來說，乃道德生活的關鍵元素。這一點是有必要強調的，因為想像往往被看為是道德操守（morality）的相反詞。想像往往引人聯想到自發和原創，道德操守則被當成是涉及一些有價值、譬如達到別人期望或維繫信任等沉悶的事。另一種好得多的看法，是明白到想像和道德操守都是為描述一個人意識到自己在其中生活、行事的世界，都是為幫助不同羣體在這樣的世界形塑與生命相稱的種種踐行。

我已主張，道德生活有兩個階段：既有涉及道德情景的階段，需要平常的想像，以習慣和直覺作回應。又有先於道德情景的道德的階段，需要創意的想像，付出道德的努力去形塑品格。我已提出道德形塑的階段是攸關重要的，但因這階段專注於人的差異而非共同點，所以向來受到傳統倫理學忽視。

這個論點在政治上引申的含義，值得留意。如果倫理學的危機（即急需付上道德努力之時）被理解成是下決定的一刻，並且倫理學本身被理解成是為裁決一些棘手的良心問題而要平衡不同的道德原則，那麼，產生的結果在社會層面上絕對是保守的。保守的原因，在於這種看法想認定現狀（status quo）大體上是令人滿意的——異於現狀的，才令人苦惱。這種看法有時被稱作「困局倫理觀」（quandary ethics），作如是觀，即是把人生大部分都看成是靠習慣運作，偶而被道德上兩難的局面擾亂生活，才需要共同為道德努力，化解困局。我至此倡議的觀點，看法正好相反。道德努力與創意想像，主要集中在品格形塑的預備時期；「關鍵時刻」倘若來臨，是要靠已形塑的習慣去處理。換言之，人生大部分時間都要為道德付出努力，只是偶然碰上危機，就要靠習慣轉危為機。危機所指的，不是時刻威脅著要破壞平衡狀態的東西；相反，我們是由於預期自己必然會面臨威脅自身表裏一致的完整（integrity），而著手以習慣形塑品格，去應付那些威脅。

這論點的政治性質揭露後，便清楚為何神學家甚為關注這論點的結果。教會決不能滿足於這類認為諸事皆好只偶有危機的看法。按基督徒對罪的理解，世界已墮落、失去美好的狀態。世界倒是時刻處於危機，只斷續有片刻安寧——後者是上帝，即父、子、聖靈的作為。這樣的世界，容不下自鳴得意說諸事皆好，也容不下完全絕望說一切完蛋。反之，人的努力和上帝的恩典是相平衡的：我們要努力不懈親近上帝，上帝又竟親自臨近，這是出人意外的恩典。我在這論點中想要指出，努力和習慣，跟作門徒和恩典在神學範疇上是對應的。只要基督徒學會了把正確的事視作理當如此（作門徒），就會更容易體驗到上帝是怎樣對待他們和怎樣對待世界（恩典）。

教會的信仰，在於相信上帝藉著故事、聖禮和聖靈，已把上帝子民與祂同活所需用的一切賜給他們。教會的創意力量主要投放在裝備教會肢體能靠習慣，來回應無法預料的世事變遷。教會的角色不是去臆測未來局勢何去何從。教會的任務是為將來可能發生的任何事作好預備，預備之法，就是作門徒，向恩典敞開。

一九三○年代，杰拉德．卡爾金（Gerald Culkin）入讀達勒姆（Durham，或譯杜倫）附近的伍紹（Ushaw）的羅馬天主教神學院，預備畢業後擔任聖職。有一天，他讀到安東．契訶夫（Anton Chekhov）的劇本，為之振奮得出去買了一本《自學俄羅斯語》（*Teach Yourself Russian*）。每晚完成神學作業後，他便獨自走進房間修習俄語，不和其他神學生玩桌球。到了杰拉德受按立之時，他已能讀懂相當程度的俄語。不久第二次世界大戰爆發，杰拉德去了貝魯特（Beirut）作隨軍牧師。他在當地認識了不少俄羅斯人，但用《自學俄羅斯語》教的方式說俄話，沒人明白他說甚麼。後來他從那些俄羅斯人身上學會說真正的俄語。

杰拉德被調到埃及，用很多時間慰問傷兵和垂死的士兵。有一次交戰尤其慘烈，傷兵極多，杰拉德回到軍營時，已筋疲力盡，但有人知會他還要多見一個人。那人身受重傷，杰拉德看出他命不久矣。杰拉德用英語和他說話，對方沒回應。於是他試說幾句法語，再說幾句意大利語、德語、西班牙語、甚至阿拉伯語。杰拉德想放棄之際，那垂死者在擔架牀上吃力地慢慢以東正教方式劃十字聖號，杰拉德才發覺那人是俄羅斯人。那人臨終一刻，杰拉德聽完他用俄語說了幾句懺悔的話，用俄語宣告他罪得赦免，幫助他唸出主禱文。杰拉德拉著那人的手，送別他離世。

我們可以想像杰拉德走出那軍營後，或會憶起昔年在神學院那些晚上那些日子曾受過多少試探，著他放棄學俄語，改為玩桌球或與人閒談。回首往事，才明白昔日一切努力原是為了作預備；或許，他一生都在為了一刻作預備：為陪伴那垂死的俄羅斯人渡過最後一刻，付出這一切也是值得的。[5] 為道德努力，對杰拉德而言，在於選擇學俄語過於玩桌球；到危急關頭，他是憑習慣行事。

杰拉德．卡爾金的故事，足以闡明本章的全部主題。發揮創意想像、為道德付出努力，作門徒，皆於伍紹的時期。運用平常想像、運用習慣、領受恩典，是於埃及的時期。人生大部分時間都是用於作預備，這一點是基督教倫理觀需要強調的。遇危機、下決定之時——即在「情景」中——經歷到恩典，不是由於一時機智或靈機一動，而是由於靠著過去曾為一些事下過苦功、而今理當如此而行。

以上的真人真事談到形塑頭腦上的資源，與之對應的，是以下談到發展體能上的條件反射。這兩個敍事可相提並論，作為例子，闡明基督徒在話語和聖禮上、思想和行動上被形塑的過程。以下故事是小說情節，說明有紀律操練創意想像的漫長過程和突發情況下靠習慣來行動，兩者之間的平衡。約翰 · 厄文（John Irving）的小說《為奥雲 · 米尼祈禱》（*A Prayer for Owen Meany*，譯按：圓神出版中譯《一路上有你》），結構上類似杰拉德 · 卡爾金的真人真事。《為奥雲 · 米尼祈禱》講述一九五〇年代新英格蘭兩個男孩童年和少年時的遭遇。該書前半說到二人不同的奇趣歷險，但後來他們國家和東南亞開戰，二人千方百計想逃避到越南服兵役，故事氣氛變得沉鬱起來。貫穿全書，這兩個男孩不斷一再返到同一個學校籃球場，練習他們稱為的「奥雲投球」——那是一招舊式投籃技術。來到故事尾聲，這個習慣——這個變成儀式的習慣——其意義見得清楚。結局說到在機場裏，有一個精神錯亂的少年，受到越戰對社會遺禍所害，處心積慮展開可怕報復。那少年預備炸死一羣越南孤兒。於故事戲劇性的高潮，奥雲用他長年累月練成的籃球技術，做到一件意想不到的事：接住一個手榴彈，因而救回那些越南小孩，制止了那少年的殺人計劃。救人成功，但奥雲 · 米尼為此付上了他的生命。[6]

杰拉德 · 卡爾金和奥雲 · 米尼的這兩個故事，和那外科醫生的故事有一個重大分別：杰拉德和奧雲不知道自己是為甚麼處境而作預備的。那外科醫生是在日常職務遇上危機，但杰拉德和奧雲（都是由於戰爭）發覺自己置身於極出人意料的極端情景。但二人在危機中發現能靠習慣做到必須做的事。紀律和訓練，使他們獲得技能，足以應付突發事件。

杰拉德和奧雲的這兩個故事，都以天才時刻來結束。但常言道，天才百分之一是天賦、百分之九十九歸因汗水。基督徒人生大部分時間，是為應付一次未知的考驗，而忠心作預備。他們的行動（尤其是奧雲的彈跳）看似發乎自然，但所謂發乎自然，豈不是試驗多年的成果？

放鬆式警覺

威靈頓的滑鐵盧、那位外科醫生的乙醚、杰拉德施行的臨終聖事、奧雲投球等的故事，以及習慣與努力、創意想像與平常想像、恩典與作門徒等範疇，皆對劇場的現編（theatrical improvisation）踐行有所定向。因為，劇場的現編，也被視為發乎自然（spontaneity），但其實事關多年試驗。演員隨直覺而行，事關長時間作預備，也關乎要準備好面對未知數。這種準備就緒的狀態、這種來自有紀律預備多年而形成的警覺性，是現編的演員嚮往達到的境界。賈克．樂寇（Jacques Lecoq）是使用現編演出法演練劇本預備演出的其中一位戲劇大師，他用上 *la disponibilité*[7] 一詞。*La disponibilité* 是一種放鬆式警覺（relaxed awareness）的狀態。這種狀態下，演員意識到不必把某種秩序強加於外在世界或想像之中；對「施」與「受」，都保持開放。演員和整個場景（包括自己、其他演員、觀眾、劇院的空間）融為一體。

情況可比運動員處於最佳體能狀態，但此外還加上意識到其他人，以及對未知因素保持開放。這種準備就緒狀態下的演員，完全掌握戲行的悉數技能（本書接下幾章將探討這些技能）。對自己和其他演員既信任也尊重；有警覺性亦專注；處於良好狀態又投入演出；對敘事有理解——理解何處是一個場景或故事的結束和開始；有能力維持敘事之進行，並開拓情景；願意重新引入被摒棄的素材；擅於轉換和把玩身分角色，精於與人溝通，也擅於記憶、維繫、發展扮演的角色，並預計到故事的大概輪廓。

過去三十年，基督教倫理觀重新流行德性（virtue）的見解。很多作者展開和本章差不多的旅程，他們追溯至亞里士多德和阿奎那（Thomas Aquinas），論到基督徒在生活中需要的、踐行的和培養的不同技能或潛能。賈克．樂寇的 *la disponibilité* 觀念，以及按我所指出的：透過發揮「平常」想像、在習慣之中把正確的事視為理當如此，都涉及到技能。技能，是受紀律訓練後具有的官能。「德性」就是用來形容道德技能（moral skill）的字。德性倫理觀（virtue ethics）成了一個術語，泛指行內所有作者——他們厭倦了傳統倫理學著重作抉擇，而忽略了作抉擇的人或「施行者」（agent）的品格。把基督教倫理觀的重點放在德性，注意力便由「所做的事」轉移到「做事的人」。要緊的是施行者，過於是所作的行動；倫理學是關乎形塑施行者的生命，過於是去判斷行動是否恰當。

具有這類技能的人，是經過多年訓練而得的。這樣的演出者不會太強求具原創性。追求原創以致作繭自縛，是由於誤解了「發乎自然」的本性，就如困局倫理觀是因誤解了道德生活而陷於囹圄。

談到劇場現編，最廣受尊重的作者或許非約翰士敦

（Keith Johnstone）莫屬了。他論到「發乎自然」的一段話，同樣適用於倫理學：

> 現編的演員必須認識到他愈是直白顯然（obvious），便愈見得具原創性……嘗試追求原創的人，總是得出一些沉悶而相同的舊答案。試試叫人出一個原創的想法吧，看看會使他們亂成那個樣子。假如他們說出腦袋中第一樣想到的東西，就沒問題了。

> 有靈感的藝術家是要直白顯然，而不是要下決定，不是要權衡不同想法……不然的話，陀思妥也夫斯基（Dostoyevsky）又怎能為完成稿約而連續三星期早上寫一本小說、下午寫另一本小說？[8]

富經驗的現編演員知道，只要達到放鬆式警覺的狀態，就可信任自己直白顯然演出。不難打個類比，把這種放鬆式警覺的狀態，比作基督徒對默觀禱告（contemplative prayer）的經驗。按大眾文化的想像，人是遇到危難才祈禱的。相反，對基督的門徒而言，祈禱既可以是道德的訓練，操練聆聽上帝的聲音；祈禱也可以是「直白顯然地」在上帝的臨在之中，經歷恩典。前者是付上努力的祈禱，後者是已成習慣的祈禱；前者的目標是使後者變成一種本能或直覺——成了「第二天性」、自身不意識的活動。基督徒作門徒的踐行和操練，目的是幫助他們達致這種放鬆式警覺的狀態，以致在本來令人焦慮的危機中有「直白顯然的」自由——更確切說，是「直白顯然的」技能。如此保持放鬆式警覺、把正確的事視為理當如此的人，教會稱之為聖徒。

如何做到？教會如何培育出聖徒？基督徒是如何學到正

確的習慣，變得把正確的事視為理當如此？為了訓練道德想像，須要重複做那些踐行？對於這些問題，是德性倫理——其注意力由行動轉到施行者，由下決定轉到受訓練，由困局轉到品格，由對所有人皆正確的行事轉到只被部分人看為好的事情——必須仔細回答的。

對基督徒來說，使道德想像得以形塑的主要踐行、門徒操練的最首要的形式，就是崇拜。崇拜的時候，墮落世界之種種成規暫被擱置，上帝最終被宣告為主，時間、內心、聲音、姿態都朝向認識上帝和將上帝顯明，朝向經驗到作上帝兒女的榮耀的自由，人的需要和期望都聚焦在真正的源頭，內心的慾望都被知曉、祕密都被揭露，注意力由現況轉到將要變成的狀況。崇拜的每一方面，都代表著形塑道德的每一個重要層面。

崇拜如何形塑品格

基督徒聚集一起崇拜，兩三人也好、兩三千人也好，很快便會被人提醒或自己意識到他們正在上帝的臨在之中。[9] 由命名上帝的臨在的能力而發展出來的種種技能，是秉承著一個源遠流長的傳統：由雅各的摔跤延續到以馬忤斯路上的擘餅。透過命名上帝的臨在，信徒羣體逐漸學會讚歎之技能、謙卑之德性，以及上帝的榮耀和信實的觀念，這是置身一個由雲柱延續到大使命的傳統。幾乎同一時間，信徒羣體也學會意識到彼此的臨在。透過委身於一同恆常聚會，基督徒踐行不同的政治技能、以非暴力方式調解聚合生活上的利益衝突、持之以恆（constancy）的德性，以及基督身體的看法。漸漸地，信徒羣體變得敏感沒一同聚會的人——那些缺席的人。信徒羣體便是這樣逐漸發展出牧養關顧和傳福音的行動、記念缺席者的技能、憐愛失喪者的德性，以及聖徒相通（communion of saints）的看法。

基督徒聆聽聖經中上帝的話語，便也學習在每一段對話中聽出上帝的說話。他們逐漸習得種種技能：懂得講故事、找出自己在故事中的位置和角色、辨認故事不同的起點和終點、看出故事作者的手法，也逐漸懂得聆聽、能察覺還有很多東西未被發現、把自己的小故事整合至上帝的大故事。他們踐行先知盼望的德性，即確信上帝從前已為拯救祂的子民作出行動，並將再次行動，叫他們得自由。他們學到啟示、真理、羣體辨識（communal discernment）、權柄、歷史、傳統等看法。

基督徒彼此代禱，因而在上帝面前為別人設身處地去想，由此便會逐漸懂得辨別出痛苦不等同於罪、苦難不等同於邪惡、需要不等同於想要的種種技能。他們踐行忍耐和恆心，以及審慎的德性，因他們學會只求一些自己應付得來的事。他們學到上帝的護佑（providence）、上帝的國等看法，明白到在聖父面前有一位中保（advocate）是甚麼意思。

基督徒於洗/浸禮中赤條條、謙卑來到上帝面前，便學會於死時在上帝面前也是赤條條、謙卑的。他們逐漸學懂說出自己的罪、辨認出自己也有分於人類和全球性的恐慌和限制、藉懺悔交出那罪、作未雨綢繆的屬靈操練——諸如恆常禱告、研習聖經、禁食——的技能。他們踐行勇氣和信靠的德性，勇氣在於預期自己終有一死，信靠在於將自己交託給公正審判的那位。他們學到被聖父收養（或譯作「納為後嗣」）、藉聖子稱義、聖靈裏得新生、從奴役得釋放、身體復活、蒙召過祈禱與服事的生活等看法。他們明白到拯救是白白領受的禮物恩賜，不是賺得的獎品。

透過在分餅前先分享平安/和平，基督徒學到與人和好是跟日用的飲食同樣是生命的必需。他們逐漸懂得彼此勸諫與言說真理、不含怒到日落、寬恕人並努力與人建立關係的技能。他們踐行憐憫與寬容、謙遜與誠實、忍耐與勇敢等德性。他們學到寬恕、身體與肢體、恩典與真理最終合而為一等看法。

藉在主餐桌上彼此分餅，基督徒學到與其他同枱共桌（早餐桌、工場枱、辦公室桌、收款桌）的人和平共處。他們逐漸懂得分配、窮人分餅給富人、富人分餅給窮人的技能。他們也逐漸學會平等，對不同能力、性別和取向的人一視同仁，不計較人種、階級、病歷、犯罪紀錄、社會背景的技能。他們逐漸形成施與受、呈上勞碌得來之初熟成果而得回復活之初熟成果的踐行。他們逐漸形成有分於天上生活（在於認識到他們簡單的行動乃預示上帝永恆的命途）的技能。他們踐行公義、慷慨寬宏、盼望等德性。他們學會恆常依靠上帝的不住護佑、來臨中的國度、自我賜予（sacrifice）、聖潔等觀念。

最後，基督徒奉差遣回到世界時，便學到作鹽作光、入世而與世界有別是甚麼意思。他們逐漸習得服事、與伙伴合作、於世界最黑暗角落找出上帝種種作為等踐行。他們學到一些紀律和技術，藉以跟生活原則和人生故事迥異的人合作，不靠暴力化解衝突，並站在弱者和受苦者的一方。他們踐行公義、使人和睦、克制、愛等美德。他們學到使命／宣教、宣講、道成肉身、國度等看法。

這樣，基督徒在崇拜中靠著聖靈的能力，竭力變得和基督的形象相似——行事、思想、各方面都像祂。坊間流傳一個故事，可用來比喻這方面的努力。從前有個財主，邂逅了一個少女，為之傾心。那少女有外在形體美，更有內在品格美。每逢相見，財主又心歡，又傷悲。傷心，因財主知道自己不似那位少女。他面目猙獰，心腸狠毒。但他思前想後，想娶那位美人為妻。

最後他想出一計。他去找一個面具師傅，說：「為我造個面具，戴了可變英俊。這樣，也許這位高貴的少女便會愛我。」造面具的人便按吩咐辦了。那人變成了一個俊男，同時竭力養成美麗的品格。於是，他贏得少女芳心，她答應婚事，然後二人結為夫妻。之後十年，愈來愈幸福快樂。但那人知道自己有不可告人的祕密。他意識到，真愛不能本於欺騙。他必須知道妻子是否真的愛他、愛那在面具後面的人。於是，有一天，他帶著沉重的心情，用顫抖的手，再次敲面具師傅的門。他說：「是時候拆掉面具了。」回家路上，他腳步徐緩，焦慮不安。回到家中，他和妻子打招呼。

極為出人意外的是，他妻子沒說甚麼，神情也沒任何不妥。沒尖叫、沒驚嚇、沒激烈反應。他找了一面鏡子來看——所見的容顏，決不醜陋，倒是和那副面具一樣俊俏，和他本來的容貌有天壤之別。他驚歎不已，喜出望外——但也驚疑不定。他跑回面具師傅那裏，求個解釋。面具師傅說：「你變了。你愛上一個美麗的人，也變得美麗了。你因愛她而變得美麗，變成和你所愛的人有一樣臉容。」

基督徒致力於崇拜中做的，也是如此。他們花時間和他們所愛的那位同在，盼望藉此變得像祂。崇拜是種習慣，而但凡好習慣之養成，都要透過努力付出的道德。創意的工作在於準備。崇拜的時刻，就如同下決定的「時刻」，是直覺和習慣、是直白顯然和平常不過的時刻——須要那人已經形塑一些正確的直覺和習慣，已經學會了把正確的事當成直白顯然和平常不過。

形塑和遊戲

崇拜像一場遊戲。如同玩遊戲，崇拜有其本身的規則、成例、禮儀；崇拜把平常的思考和行為式樣暫時中止；崇拜是在由崇拜自身控制的時間和空間內進行；就如玩遊戲是為玩遊戲，崇拜是為崇拜，不帶其他目的。然而，如玩遊戲一樣，崇拜對於形塑、訓練、提升其參與者而言，都有莫大益處。從這方面來看，崇拜就像「伊頓的運動場」——裏頭玩的是另一些遊戲，帶來另一些益處，但同樣是為本身而做。我上文寫到崇拜帶來的芸芸益處，在這世界不必然管用，而是為了進入另一個世界（上帝的國）提供訓練。天國，就是遊戲變成實在之時，這正是上帝的國臨到人間的意思。

把崇拜形容為遊戲，聽來或嫌不敬；但有此感覺，可能是由於誤解了玩遊戲的目的。譬如說，遊戲其實是很有用的訓練方式。遊戲只持續短時間。大家知道遊戲的時候，一般常規會被暫時擱置。遊戲只是個習作，不必畢生為之努力，所以比較安全。職是之故，參加遊戲的人有自由去試驗、去出錯、去發現隱藏的禮物/天分與才幹。重複玩一個遊戲，或足以養成習慣，建立技能。參加遊戲的人或會發現日常生活中會遇見相似情況，可調用從遊戲中學到的技能和才幹。我們或很快明白到很多人也同意遊戲可為各類踐行提供訓練。而崇拜這個遊戲，是為訓練我們進天國。

「戲場現編」，完全關乎遊戲。遊戲既是訓練，也是演練（performance）——遊戲是預備，也是「情景」。「現編」啟發信徒把整個生活視為遊戲——但決不兒戲——把整個生活想像成崇拜。本書這章至此談到的是關乎做好準備。接下幾章講的是「玩遊」（playing），充滿遊戲，用作例示、辨認、啟發、訓練、考驗、捉弄。這些遊戲之中，不少也引人發笑，甚至捧腹大笑。但這些遊戲並非無謂，並不兒戲。為崇拜而作的訓練、為作門徒而作的訓練，攸關重要——很多方面來說，這樣的訓練本身就是崇拜，就是作門徒。為「現編」而作的訓練，可用作類比來認識崇拜和作門徒——有時兩者實在太相似，假戲真做。具 *la disponibilité* 的參加者——保持警覺而準備就緒的玩家，最擅長玩這些現編的遊戲。同樣，具品格的信徒羣體——聖潔而準備就緒的禱者，最能享受崇拜。

6
評估戲分
Assessing Status

戲分和人與人的互動

解放神學（liberation theology）之大聲疾呼，乃呼籲神學研究要認真考慮處境脈絡（context）。解放神學家堅決主張神學是始於處境脈絡中的行動，第二步才是對那行動的思考。這個呼籲，是對神學的全部特質——人物（who）、內容（what）、時間（when）、地點（where）、原因（why）、方法（how）——全盤表示質疑。人物，有不同——從事神學的，也有窮人，不只是悠閒的知識分子階級。地點，有不同——神學也在南美城市和鄉間的窮民區和木屋區中產生，而不只限於歐洲大學的舒適環境。內容、時間、方法，也有不同——神學是對已在進行的行動所作的批判反思，而不僅是對概念抽象的玄思；是產生自受苦的羣體，而不是有特權的個人；是反思目前實況，而非往事。神學介入真實的權力關係，而非理想化的服事觀。原因，也有不同——從事神學，不是為理解世界，而是為改變世界。

轉向考慮處境脈絡，是把倫理學和神學結合的重要一步。但從劇場現編（theatrical improvisation）而得的洞見，使我們再進一步。那領悟是：處境脈絡就是議題，不只在財富、教育程度、階級、特權、工作模式或生活條件上明顯存在差異；處境脈絡，是但凡兩個或以上的人彼此互動也涉及的議題。這所指的，不是環境情勢或慣常社會角色之類的靜態處境脈絡，不是人因自己之**所是**（are）而接受自己是誰，而是藉著**所作**（do）的方式而選擇自己是誰——怎樣對待一個既予的他者（given other）。他們說話行事的方式，是自命不凡，還是自愧不如？是發施號令，還是服從命令？這個選擇，現編的演員稱之為戲分（status）。戲分，存在於**任何人與人的互動之中**——連漫不經心的動作或姿勢，都不是沒意義的。沒有說話是沒機心的，沒有停頓是沒意義的。[1]

戲分的互動（status interactions），指的是人們透過一些方法試圖操縱彼此的對話和互動，形成某些形式藉以再次肯定他們選取的關係模樣。每次戲分的互動，都隱含著一個沒有言明的故事起點，而在很多方面上，戲分足以決定協議而得出故事會怎樣發展的結果。想像有兩個陌生人從一條長長走廊的兩端，向彼此走近。還在遠處，已有很多用來確立戲分的小動作、小動靜，為求雙方擦身而過之際，有恰當的身體姿勢和尊重程度。戲分高（high-status）的演員警告別人不值得冒險走近他。戲分低（low-status）的演員勸人何必勞駕走近他。值得留意：這兩種都是自我防衛的方式。大多數人都是「戲分專家」——安於自己慣了的戲分，要是被強加「錯」的戲分，就會覺得尷尬脆弱。

不妨比較一下三位教師。第一位教師頗受學生歡迎，但無法控制課室秩序。他經常摸自己臉頰，不斷眨眼，緊張得抽搐，笑得侷促。他總是遲來課室，上氣不接下氣的，為遲到道歉。他說話時，第一個字常常是短促的「呀」字，就像打擾了學生似的。第二位教師犯眾憎，但維持紀律毫無難度，不必靠懲罰或威嚇。他正襟危坐，每次回答或發言前都會停頓片刻，有時說話前會加一個拉長的「呀」字。他說話時，頭顱一動不動，也從不摸自己的臉。他向學生說話，通常直呼學生名字。第三位教師真正得到學生愛戴。他甚少處罰學生，但仍能使全班同學保持專注和感興趣。他愛微笑，昂首闊步，總是放鬆。班房的氣氛，有時喜氣洋洋、說說笑笑——忽然又安靜下來，聚精會神思考。第一位教師是戲分低的演員。第二位教師是患強迫症的戲分高的演員。第三位教師是戲分專家，能隨己意提高或降低自己的戲分。

戲分，有如蹺蹺板，若有人要升高自己，就有人要被降低；若有人將自己降低，就有人會被升高。請留意以下的互動過程（我用括號突出戲分的交換〔status transaction〕）：

> 甲：你有空時愛讀甚麼書？（暗示乙貴人事忙，即戲分高，而提升乙。）
>
> 乙：近來我有空通常讀托爾斯泰（Tolstoy）後期的作品。（承認自己沒時間、選擇著作出名冗長的作者，並暗示對那作者的作品及其他作品認識不少，而提升自己。）
>
> 甲：啊，我自小便清楚記得《戰爭與和平》（*War and Peace*）的內容。（暗示甲在童年已和乙現下有一樣高的文化修養，而提升甲、打擊乙。）我父母由得我不睡覺，看《戰爭與和平》電視劇版。（打擊自己，再次提升乙。）

演員要是對戲分瞭如指掌、到了自動自覺的地步，那麼，就是在眾多複雜的情景中也能輕易作出適應。由直覺主導，一切看來輕而易舉。以下的示範可充分說明這點：

> 假如有人一開口便說：「啊，又一個罪人！扔入火湖好呢，還是糞河好呢？」你無法憑「思考」及時想出該如何回應。你要明白這個場景是地獄……。如果你知道自己正在扮演的戲分，便會自動對答如流。
>
> 「嗯？」
>
> 「糞河。」這是扮演戲分高的你，根本不必經過「思考」就可說出的。而你用冷冰冰的聲音去說，一邊東張西望，彷彿地獄不如別人要你相信那般大不了。如你扮演戲分低，便說「大人，隨你意思」之類。同樣說得毫不猶豫，眼神流露恐懼或驚奇。[2]

選擇戲分

所以，戲分的第一個層面，就是凡兩個人或以上的互動免不了戲分交換：每段人際關係，就算多短暫、多疏離、多表面，也包含這元素。戲分的另一個層面，便是發現戲分不是既定或被人賦予的，而是由自己選擇的。還有更重要的，是要明白沒有那種戲分是「較好」、較值得羨慕或較有價值的。基督徒羣體想當然認為（或至少默認）溫順和作僕人這種可取心志，要很長時間才能明白。但演員在現編上取得重大突破，在於演員察覺到戲分的高和低不過是另類方法用自己的方式，來按照情節使用社交互動的過程，巧妙控制或操縱劇情的發展。初步印象，一般都認為戲分高比戲分低有能力得多。所以，人或會認定人生是一場戲分爭奪戰，戲分最高的人總是大贏家。以下的事例，表明情況決非如此。

有兄弟甲乙二人，甲住在乙的寓所。早上，乙到樓下問有沒有信件。有信件，但信件都被打開了。假如甲扮演戲分高的，那一幕大概如此：

乙：你為甚麼開我的信？

甲：信開了嗎？

乙：你每次也開我的信。

甲：我不知是誰開你的信。

乙：這裏沒其他人！

於是引發激烈衝突，甚至以暴力收場。如果甲扮演戲分低的，故事便會迥然不同：

乙：你開了我的信嗎？

甲：是的。

乙：（停止攻擊）是你開的？

甲：是我開的。

乙：你開來幹甚麼？

甲：我想看裏面是甚麼。

乙：（再被窒礙）你竟敢開我的信？

甲：你生氣是對的。

乙：我叫過你千萬別開我的信。

甲：我常常開你的信。

乙：是嗎？[3]

甲的回答，看來使到乙不知所措。甲要是不提高戲分，否則乙就生氣不來。這例子說明乙沒法懲罰一個決心道歉和甘於受辱的人。同時，甲感受到非一般暢快，把乙當成提線木偶般操縱，而沾沾自喜。[4] 大家稍為反省一下自己的經驗，可印證這點。若有人乾脆認自己全無半點正確可言，那麼要對這樣的人持續發義怒，倒是極不容易。若那人再表示憎惡自己所行，卻是沒能力（或當時沒能力）控制自己，如此一來，那人就使自己戲分降低得令人無法採用慣常的審訊、懲罰，以及和解的模式。小朋友就是這樣學會採取一種適合他們的特殊戲分——這種戲分，能伴隨他們一生之久。戲分高帶來某些回報，但惹人嫉妒、時常引發衝突。戲分低可避免衝突和受罰，但代價是經常受辱。年紀大了，對於自己習慣扮演的戲分，人們可能發覺「積習難改」。[5]

戲分和慣常的人際關係

下個階段，就是提出一種慣常的人際關係為例，看看人們真實的戲分如何有別於他們演出的戲分。這是戲分互動之中最引人入迷的變化動力。這戲分的互動主要在人和角色的劃分，普遍稱之為「主僕之別」（Master-Servant）。現代人經驗到這類的戲分交換，一般是在顧客與售貨員的互動上。按一般期望，是由顧客發命，售貨員聽命而行。但僕人通常最清楚行情（或譯作「最知就裏」）。我有一次陪朋友去一間高檔服裝名店，我朋友問：「你們有沒有售賣這種塞進襯衫用來撐起衣領的膠托？」那店員頭也不抬，拿了一撮膠托出來，說：「先生，我們不賣膠托。免費送的。」另一次，我對一個擺賣肉塊的肉販說恭維話，問他有沒有特別的推薦。他回嘴說：「先生，全部肉都是我推薦的，不值得推薦，就不會賣了。」有一次，有位朋友去一間教會傢具批發店，說：

「我想找可摺疊的講台（collapsible lecterns），崇拜後可摺起收藏的。」對方回答：「先生，我們的講台是屹立不倒的（not collapse）。你想找的，是高腳讀經桌（legilium）。」以上情況中，「僕人」都憑豐富的專業知識抬高自身戲分凌駕主人，但都透過說些聽來表示屈從的話，把降低「主人」戲分而生的敵意，轉移卸開。僕人這種屈從的說話方式，掩飾著戰分高的回答，使之聽來不似咄咄逼人。這類互動之所以引人入迷，正是由於這些細節。最著名的主僕關係，是由僕人掌握全權，但甚麼時候任何一方承認這事實，甚麼時候僕人便失去權力——如見於阿普比爵士（Sir Humphrey Appleby）和首相哈克（Prime Minister James Hacker）的關係、男僕吉夫斯（Jeeves）和主人伍斯特（Wooster）的關係，或也包括首相貝理雅（Tony Blair）和喬治布殊（George W. Bush）的關係。戲分像蹺蹺板般交替升降、不斷對換，提供了變化動力。

哈利（Harry）的故事，可說明戲分的重要和戲分角色的互動如何令人入迷。哈利的故事，是一位叫羅賓（Robin）的朋友告訴我的。[6] 羅賓為擔任信義宗聖職而讀神學時，被安排在俄亥俄州的教區實習。哈利是羅賓負責之教區的教友，該區的教牧同工每週也要到哈利家，送上崇拜講道錄音帶、程序表，並和他領聖餐。同工會上，這差事往往是到最後才派定的。後來羅賓明白箇中原因。

羅賓首次探訪哈利時，嚇了一跳。哈利住在一所破舊的白色護牆板屋子，大個子的他，坐在扶手椅子上，擠成一團，椅後有一個氧氣筒。哈利雙腿幾乎沒用了。屋內彌漫發霉味、尿味，遍滿灰塵，中人欲嘔。然而，羅賓去了探訪他第二次，而哈利漸漸信任羅賓會定期探望他。哈利知道羅賓不排斥他後，開始多一點談到自己和他對事物的看法，但仍甚少談到他每況愈下的健康情況或骯髒的居住環境。

有一次，哈利對羅賓說：「你是時候到地下室看看了。」不安又不情願下，羅賓走到地下室門前，小心翼翼打開門，望到一片漆黑。哈利察覺羅賓猶豫，堅持說：「下樓梯吧！」羅賓看到地下室有一部令人一見難忘的龐大舊式織布機，甚感驚訝。旁邊有一堆堆舊布和撕出來的布條。羅賓看得出神，想了一會，始終無法把眼前所見的創造力和她素來認識這個男人的骯髒和臭味連上關係。她回到樓上，茫無頭緒。

哈利叫羅賓到廚房拿一堆地毯出來。哈利從羅賓手上接過地毯，放在腳前，開始述說他的人生故事。他說，他收集沒有人要的舊衣服，也從垃圾堆拾布碎，再把這些布料織成一些新用品。所指的新用品，就是羅賓在哈利廚房找到那一疊用舊布造的地毯。哈利再把他親手造的地毯送給有需要的人。為甚麼這樣做？哈利說，因為他覺得自己就像舊衣服和爛布，猶如在垃圾堆上的生命——與朋友和家人隔絕，不能工作，甚至無法正常呼吸。哈利把他造得最精美的地毯送給羅賓。幾星期後，羅賓主持哈利的安息禮。

後來羅賓返回神學院，完成學習。在一次導修課中，羅賓和一些同工分享哈利的故事。下課後，有一個同學拍羅賓的肩頭，將她拉到一邊，說：「哈利是我叔父。」那位同學流下眼淚，因她知道自己失去了與哈利和好的機會。昔日在她心目中哈利是個社會賤民，如今她會視他為聖徒。羅賓找回哈利送給她那張珍貴的地毯，轉贈給那位同學。哈利雖然死了，但他的事奉仍在轉化他所接觸到之人的人生。羅賓向我講述這故事時，最後補充說：「我仍被他的見證感動著。」

故事開始時，羅賓的戲分搖擺不定：她蒙召在信義宗教會擔任牧職，需有良好品格、受過教育、訓練、要求自律，通常具備一些專業技能。因此，這角色具有甚高的戲分。但羅賓只是個卑微的實習神學生，相比起教區其他同工而言，她戲分低。羅賓接受前去探訪哈利的職責，乍看來，就證實了她的戲分低：這個不討好的任務，難免會由同工團隊中戲分最低的來應付。羅賓定期探訪哈利後，引起其他同工的好奇心，戲分因而逐漸提高。哈利起初戲分很低——但羅賓收了哈利織造的破布地毯，等如成了哈利的學生，向他學習。羅賓，身為實習神學生兼哈利的學生，回到神學院成了老師，向哈利的姪女表明上帝國在甚麼地方可以真正找到。這故事之所以這麼感人，主要是由於故事從頭到尾有多次極不尋常的戲分逆轉（status reversal），也由於當中每段關係也顛覆了對當事人戲分的預期，亦由於戲分角色不斷受到顛覆、不停轉化。

類似的要素也在舊約的敘事中發揮作用。舉例說，約瑟的故事一開始便有張力——他在雅各眾子中年齡幾乎最小，卻是雅各寵幸之妻拉結所生的長子，又獲得父親雅各送的禮物。他向諸位哥哥講述自己夢見的事，這舉動似乎意味過分高的戲分。這樣高的戲分，引致衝突。約瑟之後面對第二次戲分上的張力，身為低微的奴隸，卻抗拒主人妻子的連番追求。他再次成了低微的囚犯，但再次只有他才有能力為尊貴的法老王解夢。約瑟向諸位哥哥表明身分的那一幕，印證源於原先衝突的地位逆轉。同樣，參孫的故事也是先被宣告為戲分高而後被顛覆，結局更見諷刺：參孫瞎了眼、成了階下囚、被嘲弄、被放逐，但他做到比在他輝煌的日子更大的事。西西拉敗在底波拉和巴拉手下後，被雅億拿帳棚的木釘刺穿頭顱，士師記的旁白指為大快人心，但不在於殺人暴行，而在於戲分的逆轉：以色列最強的敵人，竟被一個沒一兵一卒的女子擊倒。路得的故事敘述一個戲分極低的人由於忠誠、決斷，加上用巧計，而變成大衛王的祖先。以上情節，慣常的地位角色結合起選擇演出的地位角色，促使故事中的人物起到曲折變化，戲分高的變得無能，戲分低的顛覆成功。

戲分和空間

想要了解戲分，第一階段是確認戲分的交換是任何人際關係固有的。第二階段是看出人們是藉語言運用和表情動作來選擇扮演戲分高或戲分低。第三階段是承認「高」或「低」不涉及道德定調（moral designations）、甚至不是量度相對權力的高低：「高」或「低」不過是一路走來的兩種不同策略。第四階段是開始享受在肯定或顛覆慣常人際關係時所展示的戲分互動的動態變化。最後的第五方面，是要察覺空間運用的重要。

集體層面的空間互動的典型例子，是沙灘。有一組人坐在沙灘上，另一組來到的人，通常會坐在一定距離之外。假如他們坐得很接近第一組人，就不得不選擇表示友好（會導致他們緊張不安）抑或不表示友好（會導致第一組人緊張不安）。愈是多人來到，「接近」的定義愈是收窄。個人層面而言，確立個人空間不是靠距離，而是靠身體姿勢——面向自己組員、舉頭望天，或用書本遮面。上教會的人，對於崇拜開始前教會是怎樣坐滿人的，相當熟悉這類動態變化。參與崇拜的人傾向分散坐在各處，藉此作出不少宣示戲分的聲明。有別於沙灘的是，出席崇拜通常是習以為常的事，坐位的選擇也通常依照慣例。所以，人們會選用某種戲分來對待通常坐在該處的人，在這場合除外：例如在周末長假期，教會座位實際上有一半空置的現象很常見，「因為慣常坐在該處的人不在」，但來的人仍然因應其他人通常坐的位置而入坐。另一個典型例子（今次涉及個人）是一條又長又窄的行人路。兩個陌生人沿相反方向走近對方，由誰讓路，在二人相撞前一百碼就已作了決定。以下描述這情況發生的經過：

> 二人掃視對方，查探顯示戲分的迹象，由戲分較低的一方讓路。若二人認為彼此戲分相等，雙方都會讓開，但最靠近牆壁的位置其實才是最強的。若二人也認為自己高人一等……便會停下來，面面相覷，像跳側身舞一樣，口裏說些含糊其詞的道歉說話……。我記得曾在一間商店門前遇過這情況：當時有一個男人見我擋路，抓住我雙臂，輕輕將我移開。至今我仍為此惱怒。有一類老人家不願讓路，仍留戀著昔日的戲分，就會貼著牆壁而行，「漠視」任何靠近的人。[7]

戲分的這五方面對教會都有重要含義，亦深入影響教會如何理解自身的倫理任務及教會和廣大社會的關係。

戲分和教會

第一方面是確認戲分交換是每一段人際關係固有的，個人和羣體層面同樣如是。地方教會生活的政治，就像任何組織的運作一樣，充滿著戲分互動。想一想約下次開會日期的情景：有人拿出一本小記事簿，另有一人拿出一本大記事簿。有人拿出電子記事簿，開機需時。第四個人不帶記事簿，靠辦公室的祕書打點一切。第五個人沒有記事簿，因他認為憑記憶就能記住這類打斷他生活常規的特別活動。第六個人遺下了記事簿在家。有人建議了幾個下次開會的日期。有人說那幾天都不行，因他預約了去看牙醫和學駕駛。另有一人下月整個月在外國。第三個人說要問問拍擋的意見。第四個人說可於建議的日期出席，但要遲到一小時。第五個人說他任何時間也能出席，彈性十足。第六個人說她必須要走了，但叫大家只管定個日期，她會盡量配合，再通知大家。終於，要確定下次開會的日期了。誰人缺席無關重要？誰人缺席事關重大？

上述情況是組織運作、尤其是地方教會生活普遍會經驗到的。這突顯出的是，人每一對話和會面都暗藏著戲分交換。但地方教會和其所服事的社區羣體，就兩者集體層面的關係而言，戲分的互動同樣是無處不在。教會建築物的大小、樓齡、設計，相比社區內其他建築物來說如何？教會的門常開、常關，還是上了鎖？教會的信仰和活動會用報告板向外界公開，還是祕而不宣？教會主要以甚麼途徑接觸區內人士——透過上樓拍門或派傳單（銷售員或郵購店用的方式）？透過和有共同利益的不同組織委派的代表會面（商人談生意的方式）？透過指定時間由選派的代表提供特定服務（專業人士提供專業協助的方式）？地方教會是否認為他們是為區內「全體良民」發聲，抑或教會的聲音在大多數議題上都是少數派的觀點？教會預期作帶領、參與，還是隨從？教會稱呼其領袖為牧師、傳道、同工，還是神父？教會期望其領袖在社羣中的社會地位如何？這些問題都是涉及戲分的。

由地區改為全國，也見有類似的問題：這宗派是否看自身為真理發聲（真理必勝，無須辯護），抑或是為一羣四面受敵的信徒發聲（他們的利益須要捍衛）？該宗派是否自視為政府的一部分，關注權力分佈平衡和全體人民利益？抑或他們假定自己總是要陪伴被邊緣化和受壓迫的一羣，故從不位於城堡，總是站在城門口？該宗派全國層面的運作中心位於何處，是根據甚麼大前提？這宗派如何設立領袖，怎樣看待領袖？他們希望或認定非基督徒會怎樣看待他們這些領袖？是否可贏得非基督徒的尊重，若可以，怎樣做到？還是認為非基督徒理當尊重這些領袖？這些問題都是涉及戲分的。

我相信我所說的，已足以確立我首兩個主張（戲分交換是任何人際關係固有的；個人和羣組是藉語言運用和表情動作來選擇扮演戲分高或戲分低）對教會的重要性。就對內和對外的關係，這些主張同樣適用於地區性和全國性的規模。我接下來繼續說餘下三個關於戲分的主張，由最後一個開始。

空間的運用，對於戲分交換是意義重大的，因為由距離而來的安全感一被除去，就不得不確認的協商戲分的差別。有些關於教會和世界差異的描述，會用上空間的術語。「內」「外」之類詞彙會被採用，例如見於居普良（Cyprian）的名句：「教會之外無拯救。」[8] 地域的術語，在聖經是核心的。亞伯拉罕遠行到應許之地；約瑟和他的家族遠行到埃及；摩西和以色列眾子返回應許之地；但以理和以斯帖發現自己被放逐；以斯拉和尼希米帶領百姓回歸；耶穌創建一國，但這國「不屬這世界」。教會是否看見自己處於被放逐、身在異地之中？還是，這是天父世界、是教會的家？「基督教王國」（Christendom）這觀念是否暗示著存在國界，在界線之內，教會有支配權或至少有影響力，界線之外是供宣教的領域？是的話，這界線是甚麼？教會如何在身處的當代情景的「沙灘」向外延伸？教會在「行人路」上碰到其他團體，會怎樣做——主動讓開？靠近牆壁而行？抑或「跳側身舞，口裏說些含糊其詞的道歉說話」？還是教會更像挨著牆壁而行的老人，「漠視」任何靠近的人，留戀著昔日有過的戲分？是否還始終期望對方會讓開，不質疑如此脆弱的戲分？教會直覺上擺出甚麼姿勢——戲分高演員的開放姿勢？還是預料受襲、害怕而瑟縮一團？

塞杜（Michel de Certeau）詳細論到我所稱為「戲分交換」中，空間和時間的互動。塞杜把「策略」（strategies）和「計謀」

（tactics）作出劃分：

> 我把「策略」定義為具意志和權力的主體（一種事業、一隊軍隊、一個城市、一個科學機構）一旦能與外界抽離而隨即能對各種權力關係所作出的盤算（或操縱）。這主體設定能有一個可劃定為屬於自己的地方（place）作為基地，由此據點管理主體與由目標和威脅構成的**外在性**（exteriority）（顧客或競爭者、敵人、該城市四圍的國家、研究的目標和對象等）之間的種種關係。就如在管理學所見，任何對「策略」的合理化（rationalization）首先都要把「屬於自己」的地方（即是這主體可行使權力和意志的地方）和「環境」（environment）作出劃分……這也是現代科學、政治、軍事策略的典型態度。

塞杜把如此確立「嚴格意義上的」（proper）地方、「把屬於自己和屬於別人的地方分開」，視為是「**地方戰勝時間**」（a triumph of place over time）、「憑視覺駕馭地方」。他察覺到「有某類知識是靠權力來維繫和判定的，藉以為自己提供屬於自己的地方」，並舉出自治的城市、「中立」或「獨立」的機構、從事「客觀」研究的實驗室等科學和軍事事例，作為例證。塞杜繼續說，與「策略」對立的，

> 「計謀」這種盤算活動的決定性因素，就是沒嚴格意義上的地點（locus）。沒有「外在性」的限定，為其自主性提供必要的條件。施行「計謀」的空間，是他者的空間，所以必定有一個受外在權力強加和規管的場域作其遊戲場所。這種活動沒法保持距離、處於抽離、

> 先知先覺、泰然自若的狀態……而離羣獨存。因此，這種活動沒法制定基本策略，不可視敵人整體上存在於一個清晰、可見、可被客觀化的空間。「計謀」是一些獨立展開的行動，逐次出擊。由於沒有基地可把勝利累積，沒據點可建立屬於自己的位置或計劃突襲，所以，「計謀」之成敗取決於「時機」(opportunity)。「計謀」贏到的東西，不能保存……受權力機關的監視下，「計謀」必須時刻保持警覺地利用權力機關監視中的一些交接(conjunctions)的漏洞，來暗中佔用或竊取該權力，作一些出人意外的事。「計謀」可施於最預期不到之處。「計謀」就是詭計多端的技倆。

簡言之，「計謀是弱者的藝術」。最關鍵的分別，就是「策略」試圖把時間關係變成空間關係，寄望靠確立地方來抵抗時間的侵蝕；反之，「計謀」靠的是有技能地運用時間，像是靠速戰速決、或靠時間上配合、或靠適當干預、或靠拖延時間。塞杜也提出，策略是靠文法，計謀則是靠用修辭藝術去顛覆那以策略支配人的力量。[9]

La perruque(裝假髮)的法國傳統，可說明「計謀」是甚麼。*La perruque*之計，就是假裝為雇主工作，但實際上在做自己的事——用辦公室的電腦寫學校的文章；一面履行職務尋找新客戶，一面瀏覽互聯網為自己搜尋假日航班資料；用木匠的車牀造一張小桌子供自己客廳用。這不是竊取公物，因沒有具價值的物資被盜。這不是曠工缺勤，因員工仍在正式履行職務。那工人

> 實際上把工廠的時間(而非物品，因那工人只是用些殘餘物料)轉用來做些自由、具創意、不為獲利而作

> 的事……滲入員工所服侍的機構組織因而是巧妙的社交、取巧、道德抗爭的方式：「**禮物**」（gift）（期望會得回報的慷慨行為）的經濟觀、「**耍花招**」（tricks）（藝術家的作戰行動）的美學觀、**不屈不撓**（千方百計不依據既有秩序所具有的法律、意義或命定的地位）的倫理觀。[10]

隱藏的劇本

由空間的運用，說到對慣常的人際關係的肯定和顛覆，就令人想到斯科特（James C. Scott）的著作。斯科特主張，政治不只關係到公開宣示的管治和公開發動的革命，更意義重大的是關乎到屬下團體「變相、低調、沒宣示」的抗爭。[11] 啞忍和革命的兩極之間，存在大量「政治外的政治活動」（infrapolitics）。斯科特把「公開的劇本」和「隱藏的劇本」劃分，跟塞杜筆下的「策略」和「計謀」以及約翰士敦（Johnstone）的戲分高低的觀念，異曲同工。公開的劇本，就是「管治精英意欲外界怎樣看他們而作的**自我**描繪」。[12] 這是

> 被複雜而系統化的方式管治的社會從屬階層被要求公開演練：工人要作給老闆看，租客或佃農要作給地主看，農奴要作給領主看，奴隸要作給主人看，賤民要作給貴族看，被征服的民族要作給勝利的民族看。除一些罕見而意義重大的例外情況，社會從屬階層（出於慎思、恐懼或想博歡心）會被改造成迎合有權勢者的期望……支配者總是無法徹底控制舞台，但他們通常可以為所欲為。短期而言，從屬階層作出或多或少可信的演練，唸出支配者要他們唸的台詞，擺出支配

者想他們擺的姿態，對他們是有利的。[13]

如上文對戲分的討論所見，這裏的重點是說：只看公開的劇本表面上講的，根本不是故事的全部。人人遵命、一呼百應的情況，可能不過是「計謀」，是顛覆造反的第一步。反之，必須看的，是隱藏的劇本，

> 構成這劇本的，是舞台後的對話、小動作和踐行，那些言行或肯定、或抵觸、或扭曲見於公開劇本的內容……隱藏的劇本是寫給另一羣觀眾，受到有別於公開劇本所受的權力約束……因權力的實況而不能發動正面攻擊時，政治鬥爭便採取這些形式……累積千千萬萬這類反抗的「微小」行動，會構成極大的經濟和政治影響。大規模的暗中竊取公物和佔用公地，能重組對資產的控制。佃農大規模的避稅，造成了可威脅國家的撥款危機。昔日農奴或佃農大規模逃避服兵役，促使了法國大革命前不只一個舊政權被推翻。在適合的條件下，微小行動累積起來，就如落在陡峭山坡的雪花，足以引發雪崩。[14]

就如約翰士敦認為人與人每個互動也涉及戲分交換，斯科特認為公開劇本和隱藏劇本兩者的協議和互動也埋藏著政治。就如約翰士敦認為必須記得戲分的高和低不等於表示道德上認同或否定的定調，斯科特也認為必須留意「權力關係不是這麼直截了當，以致人在權力滿佈的處境脈絡中所說的一定假、在舞台後所說的一定真；但也不可過分簡單化，把舞台前形容為是必然的領域、舞台後則是自由的領域」。[15]重點是，戲分是權力的一個重要構成，並正如「現編」素來

之所以令人入迷，在於其對慣常的人際關係既肯定又顛覆，照樣，政治中慣常的人際關係經常實現而為支配者和（至少看似）從屬者的關係。

戲分作為道德的範疇

餘下還有一個關於戲分的主張要加以解説，就是「高」或「低」並不涉及道德定調，甚至不是用來測量相對權力的高低：「高」或「低」不過是走自己路向的不同策略。就這幾個關於戲分的主張而言，這個主張似乎是受過神學思維訓練的人覺得最難以掌握的。情況如此，不無理由。福音書最意義重大的戲劇性張力（dramatic tension）之一，在於耶穌既是僕人、奴僕，以及被釘十架的被遺棄者，但祂又是彌賽亞、主、上帝的兒子。一方面，風和海也聽命於祂；另一方面，祂雖救了別人，卻不能救自己。四福音感人至深的一刻，莫過於見到這兩種描繪交錯重疊。前往凱撒利亞腓立比的路上，彼得認出祂是基督，同一位基督便立即宣布祂將會被殺。[16] 當耶穌看見祂朋友拉撒路的墳墓，雖有能力使他復活，還是哭了。[17] 耶穌在伯大尼被膏，祂指出那個尊榮祂彌賽亞身分的女人膏祂，是為預想到祂被埋葬而行的，實在出人意料。[18] 耶穌在最後晚餐取水、拿出毛巾，最後說：「我是你們的主，你們的夫子，尚且洗你們的腳，你們也當彼此洗腳。」[19] 在十架上，耶穌受盡凌辱而死那一刻，百夫長宣告：「這人真是上帝的兒子！」[20] 保羅以一首基督榮耀頌來概述他有過的戲分逆轉：

> 你們當以基督耶穌的心為心：
> 他本有上帝的形像，

不以自己與上帝同等為強奪的；
反倒虛己，
取了奴僕的形像，
成為人的樣式；
既有人的樣子，就自己卑微，
存心順服，以至於死，
且死在十字架上。

所以上帝將他升為至高，
又賜給他那超乎萬名之上的名，
叫一切在天上的、地上的和地底下的，
因耶穌的名無不屈膝，
無不口稱「耶穌基督為主」，
使榮耀歸與父上帝。[21]

新約對戲分的含義並不清晰；但肯定反對為戲分高而戲分高：「你們中間，誰願為大，就必作你們的用人；在你們中間，誰願為首，就必作眾人的僕人。」[22] 但這節沒明確反對作首領和為大等的戲分高角色。與此同時，門徒要是被迫接受戲分低的環境，倒要以戲分高的姿態來慶祝：

倒要歡喜；因為你們是與基督一同受苦，使你們在他榮耀顯現的時候，也可以歡喜快樂。你們若為基督的名受辱罵，便是有福的；因為上帝榮耀的靈常住在你們身上……若為作基督徒受苦，卻不要羞恥，倒要因這名歸榮耀給上帝。[23]

這種貫穿基督一生的張力，必須同樣貫穿門徒心中。以

「現編」的術語來説，門徒不應想當然認為作基督徒等於低戲分，因為從以上例子可見，人是完全有可能以戲分高的姿態演出僕人的角色。門徒也不應以為跟隨耶穌意味他們自動獲得戲分高，因為新約不斷提醒基督徒上帝使驕傲的人降卑，也講到受苦是怎樣伴隨相信的。反之，門徒必須學像耶穌一樣，作一個戲分演員的專家。作門徒，對於戲分，無論是高或低，都總要存疑，拿之來開玩笑，對之顛覆。因為新約關涉的全是戲分，但新約的信息是：在上帝的統治底下，戲分決不是靜止不動的。

7
「接戲」和「砸戲」
Accepting and Blocking

說「好的」

「有些人喜歡說『好』，有求必應；有些人喜歡說『不』，來者必拒。說『好』的人所得的回報，是屢有奇遇；說『不』的人所得的回報，是得保安全。」[1] 有一羣人決意尋找方法說「好」，現編便會開始出現。一般導致羣體寧願說「不」的原因，主要有三：認為說「好」不可能，或不恰當，或有危險。

現編似乎不安全，因現編的人需要運用無意識。對現編的恐懼，多半是源於對無意識的恐懼，擔心無意識的想法和慾望大都是有罪的。這樣的恐懼，意味著「將來」和「自我」(尤其是羣體中的自我)是危險的。玩一個叫「每人一字」(或譯「一次一字」；Word at a Time)的現編的說故事遊戲，可以說明這種對接觸無意識的恐懼感。

遊戲參加者繞成一圈坐下，由第一個人說出故事的第一個字，旁邊的人立即接上第二個字，下一個人再接上第三個字，如是者一人一字，以最快速度說完整個故事。為保持速度，副詞（adverb）之類不得濫用，免得有人用拖字訣。經驗不足的遊戲者總是想控制故事發展，但這樣只會適得其反，使故事爛尾。每個加字的人心中都有一個初步的故事，因而對接下用甚麼字總有些想法；但每次也必須立時把這些想法拋諸腦後，否則便會思想癱瘓、啞口無言。玩遊戲的人要是放鬆心情，不怕「直白顯然」（obvious），保持高度警覺，想到甚麼便説甚麼，那麼，他們便會發現那故事好像變得有自己的生命一樣、「受某種外在的力量」牽引著似的。[2]

經驗不足的遊戲者覺得現編不可能做到，因他們直覺上把大部分時間用來力避危險。大家正在講的故事，隨時有可能變得淫猥、瘋癲或沒創意，這些都是代表危險的東西。所以，人總是有種令人難以抵擋的試探、要把故事「封殺」。要把那個故事「封殺」，被動的做法是叫「停」或閉口不言；先發制人的做法，則是試圖控制故事的未來發展、或堅持賣弄聰明或原創、或每逢故事的進展可能構成危險就硬生生把故事中斷。

正因如此，基督徒羣體在踐行中形塑習慣和直覺（本書第五章描述的），乃是現編的第一階段。一個羣體，若害怕潛伏於無意識的危險，一旦到了要面對未知的將來，就會癱瘓。一個羣體要是信任他們所承傳的踐行，容讓這些踐行塑造意識，那它面對未知時就會有信心得多。

第五章劃分了兩種想像：頭一種是創意的想像，需要付出努力和發揮原創。另一種是踐行的想像，純粹只需在新環境中依舊習慣而行——即「直白顯然」的能力。大多數基督教倫理觀把將來看成難題。「將來」成難題，就如玩「每人一字／一次一字」是個難題。玩「每人一字／一次一字」成難題，因為這類遊戲要不是危險，就是不可能。覺得危險，對應於義務論的倫理觀（deontological ethics）。這是個危險的遊戲、將來是危險的，因為到了某階段幾乎肯定必會有人行為「失當」。覺得不可能，則相應於後果論的倫理觀（consequential ethics）。這是個不可能的遊戲，將來是不可能的，因為幾乎肯定人必無法控制故事，讓它發展正確。

這兩種慣常的倫理觀對「將來」（以及「每人一字／一次一字」遊戲）的誤解，就是認定「將來」必會出現一些情景，挑戰他們的創意想像。將要下一些決定，卻沒可用的資源，計窮力盡。「每人一字／一次一字」的遊戲說明為何這是誤解。靠自己創作、想憑自己的原創意念去塑造世界的人，會搞垮這遊戲。反之，玩這遊戲的人要發揮踐行性的想像。遊戲途中——下決定的時刻——沒時間靠賴聰明或追求原創。遊戲者須要信任自己的品格——所指的品格，是在遊戲開始前已形塑的。

這處也值得正視一種可能揮之不去的感覺：覺得「每人一字／一次一字」遊戲不妥當，與其面對遊戲的危險和困難，不如不玩也罷。畢竟，有些人寧願凡事說「不」，獲得的回報是得保安全。但是，才幹的比喻（太二十五 14 ～ 30）警告不可因遊戲看似困難或危險而考慮退出。比喻中領了一個他連得（talent，或譯作才幹）的第三個僕人，說：「主啊，我知道你是個嚴苛的人⋯⋯所以我害怕，就出去把你一他連得埋藏在土裏。」（編按：新漢語譯本二十五章 25 節的翻譯）主人對他印象不好。主人已給了那僕人需用的一切，但他把才幹埋沒，顯出沒信心。這比喻的重點是在少許的事上見可靠，才受託管理很多的事。同樣，「每人一字／一次一字」之類的遊戲，對基督徒作門徒是小試牛刀，看看是否預備好接受前面更大的考驗。

「每人一字／一次一字」只是個簡單遊戲，但足以闡明要使故事得以延續所必需的各種技能。使故事延續下去，或會危險，但不一定很困難。使故事延續下去，關鍵是要記住這故事不是屬於門徒自己的。這故事不僅只是**他們**的故事，原創性已在故事中：故事中的種種關鍵元素，都已經演練。教會演練無論有多差勁，都不足以搞垮整個故事。所以，發揮創意想像旨在把基督徒形塑成為一羣有勇氣使故事延續下去的人，即使看來存在危險或隨時可能揭露他們令人不舒服的一面，仍使故事延續下去。要是相信上帝有至高主權，就可以肯定不管基督徒是否參與其中，這故事都**必會**繼續發展。不過，每個基督徒也蒙召要參與這故事，並要不惜一切代價、自受洗/浸那一刻開始，把這故事體現出來。

現編的術語

有三個專門術語，有助探究「說『好的』」是甚麼意思。第一個術語是「交戲」(offer)，即是為對方提供演戲機會。演員無論做甚麼也可被視作交戲，可以是說一段話，做一個面部表情、姿勢或動作——甚至默不作聲，靜止不動也算是。這些元素都可看成是邀請做對手戲，因而可當成是「交戲」。這樣說，「每人一字/一次一字」的遊戲中，每個說的字都是回應別人的「交戲」，而即時又變成是向別人「交戲」。「交戲」本身不必分好壞，關鍵是你如何招架。

第二個術語是「接戲」(accept)。演員作出的回應若能保住那構成「交戲」行動的大前提，就算是「接戲」。想像有一個小孩子在遊樂場把兩隻手指放在一起，指著另一個小孩，再咔嗒一聲合上另一隻手指，說：「呯！你死了。」這就是「交戲」，於是另一個小孩有機會做對手戲。如果那孩子預備好「接戲」，照慣例便會發出一下斷氣的嘶叫聲、捲成一團跌在地上，這樣便可保住第一個孩子「交戲」的大前提。

第二個孩子要這樣「接戲」，就要有玩「每人一字／一次一字」必需具備的遊戲技能。第二個孩子必須願意並能夠把腦海中有過主動控制敘事結果的念頭通通消除，也要抵抗想以被動方式拒絕（像是說「我不玩了」）的傾向。

第三個術語是「砸戲」（block）。再想像第一個小孩扮開槍，說「呯！你死了」。要「砸戲」最簡單是說「我不玩了」，但還有一些較巧妙的「砸戲」方式。若果第二個小孩以主動方式拒絕「接戲」，不肯倒下，反而站著說「呯，是**你**死，不是我死」，這樣做也算是「砸戲」。「砸戲」摧毀對方的大前提，阻止行動進一步發展。這樣做看起來好笑，卻把故事封殺了。使出「砸戲」，是因演員覺得故事發展得太危險或太難延續，以致不知所措。「接戲」，便是把將來看為機會；「砸戲」，便是把將來當成難題。一旦「砸戲」，各式各樣的可能性便全被扼殺。再想像第一個小孩開槍，說「呯！你死了」，這次第二個孩子「接戲」。現下，第二個孩子開始以死後生命的狀態作探險，也許扮成鬼魂或天使向第一個孩子顯現。但這樣之所以可能，在於原先的死亡的交戲先被接受。現下這故事真的能繼續發展：第一個開槍的小孩可能因而認識到一些天使，並和其中一位天使相戀，而為了與天使成眷屬，他必須選擇要不要死，諸如此類。

致力要永不「砸戲」、逢戲必「接」，會是怎樣的？身邊的人都致力踐行逢戲必接，又會是怎樣的？這個羣體的互動，看來像是能心靈感應似的。一切看來像早已安排。完全沒有意外、打岔等情況。一切發生的事，都成了交戲，都有人接戲。

任何事也肯接戲的演員，看似神乎奇技；現編最不可思議莫過於此：你突然接觸到一羣毫無束縛的人，似

> 乎可發揮無限的想像……。生活沉悶的人通常認為自己人生只是碰巧單調乏味。現實上，人們其實多少可以透過自己有意識的「砸戲」和「多產」(yielding)，來選擇有甚麼事會發生在自己身上。[3]

阿拉斯加兩個獵人的故事，或可說明「逢戲必接」(accept all offers)指的是甚麼意思。從前有兩個獵人，整個冬天都在阿拉斯加一所小屋中渡過。二人同意由其中一人負責煮食，直到另一人覺得食物太難吃，才由另一人接手去煮。其中一人煮了多日，煮得厭煩，對方卻從不抱怨。於是他決定煮些當真糟透的東西。他用駝鹿糞做了個餡餅。另一人坐在餡餅前，吃了一口。有一刻，那人幾乎想吐，然後卻說：「駝鹿糞餡餅！但不錯！」於是第一個人只好繼續煮食。[4]

這故事有趣之處，在於普遍認為無論煮食工作的戲分被看成是高是低也好，但煮食的人應是掌握權力的。但結果證明，第二個獵人能「逢戲必接」、連駝鹿糞餡餅也能吃得津津有味，因而獲得他求之不得的權力。

有一個有助訓練人「接戲」的遊戲，叫「全組說好」(Group-Yes)。玩遊戲的小組沒有領袖，遊戲者要對每一個建議也說「好」。若他們不能真心興致勃勃的說「好」，就要退出遊戲，靜靜坐在一旁。對這遊戲的反思，非常有助明白「逢戲必接」的樂趣和抗拒：

> 我想提醒大家，這遊戲是要調查全組人有何想望，參加遊戲的人必須誠實，遊戲提供的回饋才準確。有些極度樂於與人合作但「聰明」的學生，每次也搞垮遊戲。這些人想團結全組，但其「聰明」的建議和別人步伐不一，自己突然變得孤立。這個頗令人震驚的結

> 果，使這些人學會「直白顯然」、而非「聰明」……。玩「全組說好」遊戲而感到激動，使學生能察覺到自己習慣的互動方式是多麼負面。[5]

人們認知到踐行「逢戲必接」能有甚麼結果，激動興奮過後，通常會覺得焦慮。這份焦慮，是源於衡量世間深不見底的邪惡，因而預計著有一定範圍的情況是非「砸戲」不可的。把「砸戲」看成是可能而必要的。雖然迫不得已——這種看法背後帶有一些認定，須要仔細分析。這些認定關乎到暴力和權力。

關於「砸戲」的一些疑問

「砸戲」看似是最簡單的方法保持清白——不捲入任何危險或不當的事。但上文討論才幹的比喻，可見情況遠不止如此。「接戲」是個透過承認、鼓勵、遷就別人而建立羣體的踐行，明白到參與者都要彼此依靠，它需要與人分享空間，並意味要就著怎樣做下去而繼續對話；需要與人分享時間，並只認定能使別人獲益的結果。這不是計較誰勝誰負的競賽。

「砸戲」摧毀對方，不肯與人分享空間和時間，拒絕能使全體獲益的結局，想當然認定存在競爭，因而引發衝突，容不下兩個贏家，通常悉數是輸家。「砸戲」至少巧妙地，有時更明顯地，氣勢凌人。「砸戲」視暴力為必然。教會何時被引誘「砸戲」，正是上帝呼召教會否定自己、背起十架、跟隨基督之時。因為後者的回應方式（十字架）是基督與邪惡的決戰，而祂「砸戲」的試探至少和教會所受的試探同樣強烈。

因此，「砸戲」可以是被動或主動的選擇：即一是選擇自我封閉、不被世界玷污，或一是選擇拿起武器。這些都是涉及神學的抉擇。選擇以被動方式「砸戲」，即是否定上帝創造的世界是美好的，亦表示不肯投入基督徒作門徒的複雜實況，也顯示出否認一切受造物已藉基督復活得救贖，透露著絕望。這是忘記了不是入口的污穢人，而是出口的污穢人。這種看法的人可以在自己親手打造的天堂中活出豐盛人生，並且認定天堂有牆有鎖，還設置路障。

以主動方式「砸戲」，即是選擇暴力。這選擇，其實是對上帝的和教會的能力作了一些重大的認定。其對上帝作出的認定，是上帝還未採取行動，基督仍未藉祂的生、死、復活而決定性地擊敗邪惡。於是，教會行事就如處於神劇第二幕的以色列，等待上帝裂天而降的同時、要不擇手段捍衛自己的家國。有時教會行事又猶如身處第五幕，視施行審判為己任、震懾列國為己責。

主動「砸戲」對於教會的認定，是以為教會有能力憑暴力阻擋（只要他們選擇抵擋）他們視為邪惡的事。這近乎是沒可能做到的，但即使教會有這樣的能力，這樣做可取嗎？教會要獲得這樣的能力，就不得不對如此力量的擁有者屈就，其中很可能牽涉向對方許諾做一些惡事，也許跟無力作戰同樣令人難以接受。為阻擋（blocking）一惡，代價很可能是接受（accepting）另一惡。凡動刀的，必死在刀下。這情況說明，「交戲」和「砸戲」的問題背後牽涉到戲分的問題。有些人認定教會是戲分高的組織，故可選用不同方案應付某種既定的「交戲」。但實情大概是教會只能在較可取或較不可取的方式之間選擇「接戲」。

用暴力「砸戲」的另一個認定，是認為若不**做些事**去確保將來發展正確、將來就必定出錯。立志要「接戲」，開啟一個大得多的時間視角。對於在神劇第四幕演出的教會而言，「砸戲」不會帶來永久的安全，「接戲」也不會招致決定性的損害。歷史上有一系列另類的選擇方案，可作為例子，說明這較長遠的觀點。把北美洲被歐洲殖民化，跟南美洲被侵略，對比一下吧。在北美，當地土著選擇「砸戲」，寧可開戰，必敗無疑的形勢下頑抗，被徹底擊潰。結果，今天北美土著的文化被貶抑、一蹶不振。南美土著的做法頗不一樣，他們大體上接受被侵略。除少數例外情況，他們沒能力自衞、也不想反抗，很快便被西班牙人和葡萄牙人征服。但今天南美土著的情況和北面較好戰的鄰邦相比，迥然不同。南美的宗教和社會極具南美土著的文化色彩，教徒數目和人口上，土著也佔極大比重。倘若南美的土著當年選擇「砸戲」，現況可會比現在更好？[6]

教會和邪惡正面交鋒時要問：「最壞的情況可以發生甚麼事？」要是思考過後，教會能夠找到答案，便要再問第二個問題：「那情況發生的話，又如何？」第二個問題旨在解除因糾纏於最壞情況而導致的思想癱瘓。第二個問題要提醒我們，這故事並不屬於教會，甚至也不屬於壓迫教會的人——這故事是屬於上帝的。要是這樣想，便有可能在思想上擺脫最壞情況，甚至可能想像接受如此情況（編按：接戲）。於是最壞情況對教會的威嚇能力便會減輕。有時，甚至清楚見到教會為拼命逃避最壞情況而導致的現狀，比最壞情況更不妙。很多中世紀基督徒認為最糟糕莫過於被伊斯蘭教徒佔領了耶路撒冷和中東的聖地，但發生於十字軍（拼命嘗試「砸戲」）的大多數事情，豈不比表面上的最壞情況還要慘不忍睹？

「然後」（and）這字，是學習「接戲」的關鍵。這個小字構成意義重大的陳述。這個小字顯示句子未完成，故事未結束，即使邪惡至極的事已發生，還有下文。這個小字隨即把有人想要以「砸戲」來應付的「交戲」，轉移到一個令人可以「接戲」的更為寬大的處境脈絡之中。如果人敢睜眼看擺在面前的威嚇，説「然後⋯⋯又如何？」威嚇的程度便已大減。

以色列被擄到外邦和初期教會受逼害的芸芸故事，都可作為例子説明能接受（編按：接戲）最壞情況的羣體具有的革命力量。這些故事講到這些忠誠的無權無勢、無能為力的朝聖者和被擄之民，雖無能力抵抗壓迫他們的人，但卻不靠暴力而得伸冤平反。這些人接受被扔在火窰和獅子坑，如此一來，用這類壞事施行恐嚇的人，其力量便被解除。這些人能向壓迫者説「然後⋯⋯又如何？」因他們知道自己死去不表示上帝的故事告終。教會要是能同樣以「然後⋯⋯又如何？」面對世界的威嚇，便會獲得不可思議的道德力量。這種力量，比教會有時以為必須擁有的任何實質力量或武力，要強大得多。如此「接戲」之勇氣，是從上主而來的。因為，基督的能力見於祂接受死亡（編按：接戲），甚至死在十字架上；祂能做到，因祂相信有「然後」。祂相信祂的死亡不是故事的結束：而其身死，證明確如此。教會何時説「然後⋯⋯又如何？」何時便忠信地效法基督。教會要這樣忠信地效法基督，才有能力面對世界的恐嚇而不被嚇倒。

創世記前幾章講到上帝想和受造物建立恆久的相交團契。人的墮落，挫了上帝一把。而該隱和亞伯的故事展示了社羣/社會墮落的各種層面。洪水是上帝的「砸戲」：上帝為回應人類可悲的失敗，對祂的「交戲」未能「接戲」，而作出可怕的反應。但洪水過後的天虹，代表上帝承諾永不再如此徹底「砸戲」、永不殲滅祂創造的世界。上帝要另闢新徑化解受造物的諸多失敗，於是開創出舊約的敍事。這約帶來的結果，最終極的例子見於新約的受難敍事。耶穌被描繪成無權無勢、沒條件對猶太權力機關和羅馬人那不可能的和不公義的「交戲」作出「砸戲」。耶穌在控告祂的人面前默不作聲。祂被出賣、被交給有權勢的人、等待。但耶穌顯明即使這樣脆弱、處於無法「砸戲」的狀況，也可以是終極的忠信方式。祂所做的，是對提摩太前書四章 4 至 5 節最重要的見證：「凡上帝所造的物都是好的，若感謝著領受，就沒有一樣可棄的，都因上帝的道和人的祈求成為聖潔了。」

從屬羣組

再談回斯科特的著作，有助對「砸戲」和「接戲」作出更細緻的論述。斯科特講到從屬羣組（subordinate groups）四種不同的政治論述。[7] 第一種完全發生於公共論述。這種政治論述訴諸統治階層聲稱擁護的一些原則，據此游說統治者認可他們的合法要求。以這方式，美國南方的奴隸爭取到園地、較佳的食物、外出到教會的自由。第二種相反的論述方式，是隱藏的劇本。「在台後，從屬羣組不受有權勢者的恫嚇監視下，聚集大唱反調的政治文化使有可能存在。奴隸在相對安全的住處，可開口洩恨、出言報復、堅持己見，這些話是在主人主母面前通常要勒住不說的。」第三個論述領域，介乎公共和私人之間：

> 這是一種靠裔裝和匿名進行的政治方式，在眾目睽睽底下進行，但設計成雙重含義或隱瞞行動者身分。謠言、閒話、民間故事、笑話、歌曲、儀式、暗號、委婉語……都切合這描述。舉例說，想一想布里兔（Brer Rabbit）的奴隸故事和類似的講求智取的故事。某層面看，這些只是天真無邪的動物故事；但另一層面看，這些故事似乎是表揚弱者的報復精神和巧計智勝強者。[8]

> 最驚人的方式是，整個人工佈景也可被架築起來，以保護另一個實況不被發現。舉例説，昔日老撾（Laos）成為法國殖民地之時，法國官員會定期視察老撾山區的村落，要求村長和地方官員出面和法方交涉。老撾人的對策，是成立了一班虛假也沒有地方影響力的名人，接見殖民地的官員。這門面功夫的背後，村內有德望的人繼續打點地方事務，包括指點地方官員的演練。[9]

第四種並且是「最具爆炸性」的政治方式，就是公然挑釁和違抗的時刻。這不僅是翲難從命，更是「公然宣示的拒絕」，象徵向對方宣戰。斯科特指出以被動方式逃避和主動對抗的重要分別：「正如不唱國歌，有別於在奏國歌人人站起來時公然坐著。」[10] 斯科特指到一九八九年十二月二十一日壽西斯古（Nicolae Ceaucescu）在羅馬尼亞首都號召的公眾集會，當時羣眾公然發嘘聲、大聲嘲諷，揭露這個羅馬尼亞領袖的勢弱和無能。幾天後，壽西斯古被處決死亡。

> 事實上，「違抗上級」（insubordination）這字頗適用於形容這事，因為每一次違命都不僅是在一幅象徵的牆上鑿一道缺口而已，更必然引人疑問這種從屬方式所含的所有其他行動。不肯向主人鞠躬的農奴，為何要繼續進貢農作物和勞動？……只須一次眾目睽睽下成功違抗上級……足可拆穿看似全無異議的表面假象，於是以可被眼見的方式令人想起深層次的權力關係。[11]

斯科特提出的第一種論述方式（宣傳活動的模式）或會令人覺得是反抗，但由於是以對手同意的條件為前提，所以不算是（用現編的行話）「砸戲」：這倒是進取式的「接戲」。第二種論述方式（私人形構隱藏的劇本）較明顯是「砸戲」，但大多無甚力度。這種反抗，雖然否定領導權力設定的前提，但除非有連串類似的行動裏應外合，否則實質上改變不了甚麼，不過是好鬥方式的「接戲」。第四種進路顯然是「砸戲」，不需要原創和技能，只需有勇氣把隱藏的劇本當眾公開，煽動公然對抗。斯科特主張第三種把意義粉飾的論述最有影響力，我完全同意。本書接下兩章我要更詳盡探討的，正是這種介乎「砸戲」和「接戲」的晦暗地帶。

「砸戲」看似忠信的能屈能伸。但「砸戲」等於埋沒才幹、把他連得銀子埋在山邊，可以預見的是第三個僕人所受的懲罰；並且這樣做等於阻擋時間那不可避免的潮水，下場只會如十一世紀英皇克努特（King Canute）一樣：相傳他坐在海邊，命令潮水不得湧過來。我已據理指出「砸戲」對教會而言，既不可取、亦不必要、也是不可能辦到的。

但「接戲」是惟一的選擇嗎？學習怎樣「接戲」，明白為何和如何能避免「砸戲」，固然重要。但「接戲」不是惟一的選擇。我建議的進路是，需要一些透過「接戲」學到的技能，但並不到此為止。教會不手執兵器對抗邪惡，不等於只有向邪惡投降。教會不是乾脆接受邪惡的故事；教會有自身的故事。邪惡未開始前，教會的故事已開始；邪惡結束後，教會的故事還未結束。我們將會看見，教會的故事並非接受邪惡（accept evil），而是「超度接受」/「凡事接納」（overaccept，譯按：「超度」含「超過限度」及「消去罪業」兩個意思）邪惡。

8
對「既予」存疑
Questioning Givens

「砸戲」和罪

我在上一章邀請讀者想像一下養成凡「交戲」均「接戲」(accepting all offers)會是怎樣的——解除想「砸戲」的衝動，享受「逢戲必接」的自由。這一章暫時不談全書整體上的論點，而會評估一些由「逢戲必接」引發的本能反應；通常是十分強烈的反應，認為「逢戲必接」既沒可能的、也是錯誤的、或兩者皆是。下一章會探討**怎樣**做到「逢戲必接」，但我想先在這一章細究一下「交戲」的「戲」實質上是甚麼，以及爭議到底應把「交戲」視為「既予」(givens)還是視之為「禮物」(gifts)的一些對立進路。

「逢戲必接」的態度，可視為有如進到未墮落前的生命狀態。這意義下，罪就是拒絕把故事延續、不肯「接戲」，即是把內心封閉不接受恩典。

約翰．米爾班克(John Milbank)透過莎士比亞一本較後期劇本的敍事，以類似的字眼描寫到罪：

> 《冬天的故事》(*The Winter's Tale*)之中,西西里國王萊昂特斯(Leontes)和波西米亞國王波利克塞尼斯(Polixenes)似乎都渡過天真無邪的童年,猶如置身於時間之外。在該劇的早段,波利克塞尼斯把他和萊昂特斯遇見女人(二人各自將娶過門的妻子)——即時間進程中「他者」(the other)的來臨——解釋成是墮落的時刻。但是,埃爾米奧娜(Hermione,萊昂特斯的妻子)反而仍看婚姻是屬於天真無邪的境界,把女人的到來看成恩典自身的事件(貫穿全劇也保留著這兩者的關聯)(第一幕第二場)。這一段很諷刺,因按照劇本的上下文,墮落還未來到,並且墮落不是由於萊昂特斯作了第一件錯事,而是涉及到萊昂特斯第一次起疑心,懷疑埃爾米奧娜與人通姦……。萊昂特斯誤解了埃爾米奧娜對波利克塞尼斯友愛的表示,因而違背了對別人私隱必需的信任。按這解釋,「原罪」(original sin)就是對罪的想像,把未知數解讀成是威脅或毒害的源頭,而非潛能或禮物。[1]

萊昂特斯和波利克塞尼斯這兩位年輕友伴,人生中曾有一段時間「逢戲必接」,把遇上的一切視為是善意的禮物。萊昂特斯對他妻子向朋友付出(offer)的無邪友愛起了疑心,罪便進入這故事。萊昂特斯一旦開始「砸戲」,便把「逢戲必接」本可帶來的無限可能,轉化為恐懼和猜疑的監牢。米爾班克再說下去:「所以,這種對原罪的解讀,其所涵蘊的是原初蒙福不是由於『做好事』,而是因處於道德運氣好(good moral luck),或領受恩典的狀態。」[2] 重點再次是放在接收、「接戲」、使故事延續、抵抗「砸戲」試探的能力。

這樣理解倫理學幾乎無可避免會引發明顯的驚怖感,並對天真得該責備的人通常愈來愈起疑心。人們說，實情是世界不多有慷慨的人將善意的禮物送給人，反而到處也是惡意的騙子和無形的惡勢力施以惡毒的威嚇。立志「逢戲必接」，等於很快給人操縱、遭惡待、失去身分、甚至遭鏟除。按這種清醒的估計，倫理學不在於接收禮物，而在於與既予交涉。這些「既予」，一般視為構成倫理辯論的邊界。這些東西就如一些互相競爭的超級大國，各據一方，霸佔著地球上大片土地，威脅凡接近其國界之人的安危。基督教倫理觀，則躋身於這些互相角逐的「既予」所盤踞的領域之間，地盤隨時不保。這些「既予」各自對人類和受造物的存在加諸種種限制——使人振振有詞，提出充分理由「砸戲」或至少對任何「交戲」的機會起疑心。

視倫理學為不同「既予」的互相衝撞

舉例說，時間是一種限制，死亡是個「既予」。人的知識和人的思想都有限，所以，人的無知是「既予」。空間和人的身體都有限制，故此，人的自由也有限制。美好是有限制的，所以罪和邪惡是「既予」。這些「既予」加起來，有時被理解成自然律。悲劇故事講的，往往是一些傲慢的人試圖無視這些「既予」，落得悲慘命途。

有些人認為真正的既予是人類被置於時間之內這事實。以時間為「既予」，是布特曼（Rudolf Bultmann）那類存在主義者必會探討的。「自我」（self）與其周圍人的和非人的處境互動，也和自己的身體和心靈交流；這互動是怎樣發生的？這問題始終未有定論，容許重新商議。本真的理解（authentic understanding），或是自由，使自我對每個新情景（及那情景可能帶來的盼望和威脅——以上一章採用的術語來說，那些都是「交戲」）保持開放。若有人在自然界或社會的表面「既予」中迷失了自己，那他便失去回應新情景的能力，變得執著於過去——因而落在非本真的狀態。布特曼把這種非本真的生存方式等同墮落：人人也經驗到如此的墮落，這實況是源於主體沒能力或不願意應付時間的流逝。

另一些人認為，真正的「既予」要追溯到人類如何被坐落於空間。把體現（embodiment）作為「既予」，其特點，就是要跟「自我」作為自然界一部分而來的種種限制作出鬥爭。辯論的內容，多半圍繞究竟（1）體現的「自我」是被上帝創造成與生俱來要與上帝建立關係；還是（2）上帝以無法預測的恩典臨到人的「自我」。在這兩種看法下，主體跟自然界的關係總是個威脅，因為「自我」總會傾向想倒退回非道德行為，鄙視價值和責任的知識。人們往往傾向把自然的生命從精神的生命割裂開來，視前者比後者處於更危險的境地。但總體上這類看法認為人的身體又脆弱又渺小。

另一些人認為對人的主體構成威脅的，不在主體之外（不在時間或空間），而在主體之內：這是把罪視為「既予」。主體有既予和有限的遺傳，有既予的自然、文化和養育。主體必然置於「自然」（nature）與「自由」（freedom）的兩極之間——為肉慾快感而輕視自由，以及為自尊感而忽略自然。上帝使主體有能力平衡各樣有限之物互不相讓的主張，而信仰（faith）能把「自我」從否定其自身實在（reality）的這部分或那部分解救出來。這種進路傾向把罪看作規範，把美好視為是「不可能的可能性」（impossible possibility）——即是絕無僅有的瑰寶。[3]

尼布爾（Reinhold Niebuhr）這名字已被等同於把基督教倫理觀視為是互不相讓的「既予」互相衝撞的看法。[4] 尼布爾認為教會一直持著要使人變得完美的論調，帶著這遠大的理想，但對於政治領域卻看得甚為悲觀，他為此覺得惋惜。基督教為堅持完美，就引致理想和現實形成了無益的張力。尼布爾接著把某種近乎斯多亞派（Stoic）對自然律的理解加入基督教倫理，想以此挽救基督教倫理觀。斯多亞派認為存在一種絕對精神的理想，這就是不斷設法把秩序帶給混沌而有限的世界。尼布爾採取這種悲觀的角度來看自然和有限，認定最初的世界並不完美而需要人類著手逐步補救。

約翰．米爾班克指出尼布爾在這裏確定了幾個影響重大的認定：

> 尼布爾……出奇坦白的，表示他認為基督教要有社會上的影響力，就必須附加斯多亞派的自然律。但作出這種讓步，豈不是等於允許異教思想融入？奧古斯丁在《上帝之城》（*Civitas Dei*）似乎便是印證這點：他把異教的德性和基督教的德性作比較，異教的德性（像尼布爾的倫理觀）純粹實施「破壞程度的限制」，認為**太初已存在正邪衝突**（original conflict），是理當如此的；基督教的德性則能夠根除邪惡的源頭，因其認定**太初一切受造美好**（original created goodness）**是理當如此的**。[5]

侯活士（Stanley Hauerwas）強調尼布爾使用斯多亞派的思想，非但無助他真正闡明基督教務實論（Christian realism），更恐怕使他根本稱不上是基督教神學家。在尼布爾手上，神學變成倫理學，倫理學變成用來維持斯多亞式的自由主義社會秩序：

> 對尼布爾來說，上帝只是個名字，不過用來道出人需

> 要相信眾生終有越過混亂達至終極的合一，並在今生獲得秩序的可能……。「因信稱義」被抽離基督論的脈絡，變成一種用來籠統地叫人謙虛的真理，為使基督徒成為自由派玩的寬容遊戲中的好好先生（或譯作「可靠玩家」）……。（尼布爾變成）這樣的一個神學家，他筆下的是一個被馴服的上帝，這樣的上帝頂多只能撫慰中產階級不安的良心。[6]

如果「基督教務實論」幾乎稱不上是「基督教」，「務實論」一字又是否實至名歸？米爾班克舉出幾個尼布爾那時代的實例，揶揄那種把美蘇冷戰（Cold War）邏輯上諸多的「荒謬」奉作金科玉律的務實論。米爾班克指出當時美蘇雙方也囤積了數目驚人的核武、如此基本敵對的形勢中，承諾「不先用核武」是沒意義的。這類的承諾，隨時可毀於積累的猜疑或計算風險後為爭奪全球優勢而作的行動。

米爾班克訴諸於與本書第四章概述類似的戲劇，認為基督教對歷史要有一種不同的解讀。基督徒或許有時會和其他人一樣看待歷史實在，但他們不會把這些過程看成是終局或定命——即「既予」。米爾班克舉例表明基督教怎樣揭示了世俗歷史一些大事決不是出於自然和既予的：他引述奧古斯丁的論證，指古羅馬聲稱用來管束亂世的公義，事實上靠的是「自由人脅迫奴隸、羅馬人脅迫異鄉人的專制高壓權力」。尼布爾式的務實論最根本的錯誤，在於認定世上存在「某種中立的『實在』」，可供基督徒提出他們的真知灼見。相反，米爾班克堅持說：「世上沒有獨立存在的『真實世界』可供測試基督徒的確信（convictions），因為這些確信是對這世界為何物最後的和最基本的**見解**。」[7]

聖經與「既予」的倫理觀

把世界認定為各種互相競逐的「既予」的劇場正是聖經由始至終給予(offer)的挑戰。就以把時間當成「既予」為例,耶穌很多比喻正是針對聽眾這類認定——使人無法堅信單以某一無可爭議的方式來理解世界,並出人意料而驚訝的,邀請聽眾活在一個非常不同的時間實在之中。

不饒恕人之僕的比喻,動搖一些被認為是不能更改和普遍接受的(accepted)界線。[8] 有一個王想和其奴僕結清帳目,其中一個奴僕欠了他天文數字的巨款,王憐恤他,免了他全數債項。但那奴僕不憐恤一個相比起來只欠他很少數目的同僚,將那人下監。王聽見那奴僕這麼苛刻,便化憐憫為嚴懲。這比喻要質疑的,就是認定出生和死亡是時間的「既予」。相反,那罪人發覺蒙了驚人赦免的那刻,以及那罪人面對審判的可怖事實的那刻,才是這比喻描述的界線所在。上帝的憐憫和公義,比出生和死亡的表面既予更意義重大。這意味到存在一種和先前所見不同的實在、一種對「既予」的不同理解。

葡萄園工人的比喻,同樣也攪亂任何想把既予的時間和上帝的時間連上關係的嘗試。[9] 有一個地主一早出去聘請工人收割葡萄園,同意按慣常金額發日薪。之後,陸續有幾次、甚至在很晚的時候,地主都出去聘請更多工人。黃昏時分,各人見自己都獲得金額相同的薪酬,工作了一整天的人憤憤不平,不滿地主這樣慷慨。但這比喻並不同情這些人。那些工人認定上帝可以賞賜給一些人多於其他人(經濟的「既予」)。相比之下,這比喻是基於上帝足用的禮物多而又多。要是人人已足夠有餘,為何還想要比別人得賞賜更多?

轉到把空間當成「既予」,以色列的歷史有多不勝數的故事，講到上帝子民種種局限通通阻擋不到上帝入侵實在的潛力。這類記述中至為諷刺和幽默的，肯定少不了撒馬利亞四個痲瘋病人的故事。[10] 亞述軍隊對以色列北國施壓極重，導致饑荒，驅使人們採取極端措施。以利沙應許食物和大麥的價格會在二十四小時內暴跌。以色列王信任的一位軍長聽見以利沙的話，心生懷疑，以利沙便警告他，指他將目睹這巨變——但從中得不到好處。有四個被逐出城外、已一無所有的痲瘋病人，選擇投奔亞述軍。這四人發現亞述軍誤以為他們是一隊大軍而退了兵。這四個痲瘋病人見自己走運，又驚又喜，在敵營到處劫掠，卻忽然大感過意不去，於是回撒馬利亞通告消息。一經查探，以色列王意識到局勢峯迴路轉。正如以利沙先前預言一樣，食物價格下跌。已被圍城日久的百姓，湧出城門，把在城門口的那軍長踐踏死了，於是他真的沒從這神蹟中得好處。這故事顛覆了一些預計之內的「既予」，而那軍長的下場象徵著實在的界線被推翻至甚麼程度。百姓沒信心、那四個痲瘋病人被隔離又動機摻雜、亞述軍隊佔有壓倒性優勢，這些不利因素，通通都被這新而實在的力量掃除。沒有甚麼東西是「既予」的。

至於把罪當成「既予」，沒有另一個故事比列祖約瑟和他十個哥哥的故事更加質疑這個約束。約瑟吹噓他夢中揭示的命途後，他的哥哥便企圖鏟除他。經過連番曲折離奇的遭遇後，約瑟發現自己真的成為主宰他們命途的人。他身為法老的宰相，有權決定他的哥哥是生是死：由得他們在家餓死，還是定居在埃及。最後約瑟向哥哥透露他是親弟。雅各對約瑟的約束力失去後，眾哥哥懼怕約瑟報復的心情有增無減。約瑟說出與哥哥和好的話，成為這故事最重要的洞見。約瑟看出上帝不曾受他哥哥犯的罪所限——甚至用他們的罪作為施恩的途徑。約瑟向哥哥說：「上帝差我在你們以先來，為要給你們存留餘種在世上，又要大施拯救，保全你們的生命。這樣看來，差我到這裏來的不是你們，乃是上帝；他又使我如法老的父，作他全家的主，並埃及全地的宰相。」他後來再補充：「從前你們的意思是要害我，但上帝的意思原是好的，要保全許多人的性命，成就今日的光景。」[11] 人犯罪的「既予」不再對一切可能性構成界限，反而是按著上帝的護佑被轉化過來。

「既予」與禮物

從上所見，「既予」的看法是成問題並可疑的。為提供另一個可供選擇的建設性方案，我再說回米爾班克的著作。倫理學總要被看成是調和一些互不相讓的「既予」的過程嗎？米爾班克徹頭徹尾抨擊以這方式思考這學科。他寫的一份具權威的文章之中，舉出「既予」思維框架的五大支柱，堅稱這些正是跟基督教道德觀相反的。[12] 那五大支柱是：反應（reaction）、犧牲（sacrifice）、與死亡勾結、資源不足、普遍性（generality）。米爾班克提出五個神學上的相反，分別是禮物、犧牲的結束、復活、資源充裕、信心。他把資源不足和資源充裕作比較，尤其有說明作用。他這樣描寫那種視資源不足的倫理觀：

> 因為人生苦短，生命遲早用盡，所以我們必須投資、必須買保險。倫理學⋯⋯是銀行，是有如性關係中的妒嫉，是為別人緣故犧牲自我的實現，是保險公司、抵押合約和股票交易。由於恐怕沒有足夠的世界或時間，我們堅持屬於自己的身分、真理、空間，否定屬於別人的這些東西——因而總是將別人不勇於為自己

發聲（coyness）看成是他們的錯。[13]

米爾班克指出，馬丁路德認為偷竊的試探源於人總是害怕將來不夠己用。所以，「人慷慨，是因信靠上帝，深信將來總會夠用。相反，人貪婪和焦慮，是因為不信靠上帝。」[14]如果倫理學的特點在於資源不足，甚至受到「與死亡勾結」更多的塑造。米爾班克認為這兩者是息息相關的：

> 〔道德律〕認定和要求死亡存在，因為道德律總是看「死」為「生」之敵，而不是看到這是一段從「生」到「死」而再到「生」的路程；為此緣故，道德律設法求生拒死，築起一個幻象的封閉空間，以抵抗時間的蹂躪。能阻止死亡、減慢死亡、保人不死的，就是德性，但從基督教的角度來看，死亡也是解藥和解脱……。所以，……面對死亡事實的既予，人最佳莫如成為有德性的人，即是不殺生、不使人受苦、做醫生或消防員等。[15]

米爾班克來到要展示和協調福音的五個正面標記時，他界認（identifies）他論據的核心，就是禮物的看法如何有助了解十字架那一刻：

> 在死亡支配下，我們只能通過犧牲來看禮物，但真正的犧牲（其中十字架的犧牲是最大的）之所以被看出是真正的犧牲，只因那是持續的喜樂的非反應的給予（joyful, non-reactive giving），是惟有藉加快死亡，才可繼續給予，不管所給予的禮物會被死亡抵銷。我們認為受過訓練的人、有不隱世德性的人、斯

> 巴達（Sparta）或高登斯頓（Gordonstoun）那類把危險當遊戲的人，面對危險，必是游刃有餘的。但如盧梭（Rousseau）所指，這類人必慣於想像驚險的事，總會想像出可以把多勇猛的人也會嚇唬的危險情況。而且，這類人常身處險境，必使他慣了和危險妥協、和敵人談判。相反，天真無邪的人不曉得別的、只懂得愛，便會從最小的危險、最輕微令人想到死亡的迹象中看到絕對的傷害、完全的空無和沒意義，並且因為他已認識到某些東西絕對是先於一切恐懼的，他現在不會停止去愛，倒會繼續無懼去愛、欣然接受死亡。（所以，托爾金〔Tolkein〕在《魔戒》的英雄世界中加入「哈比人」〔hobbits〕這一舉，是非常意義深邃、極具基督教色彩的。）由於只有上帝才沒經歷過邪惡、沒在任何方面受過苦，所以，只有上帝在世上行事一無所懼、是首位在世上行善的。[16]

這樣，米爾班克拆解了他所稱的道德（以及我所稱為的「既予」的倫理觀）——這樣的道德，只是殘酷實在之中那些時刻橫行霸道與偶而互相競爭的超級強權之間所達成的靠不住的協議。米爾班克總結時提到馬丁路德的有信心的人和奧古斯丁的有信心的敬拜。

> 有信心的人相信資源是充裕的，並不偷竊，也不需要靠說謊來保護自己。有信心的人……現編而做出每次也不完全相同的善事（goodwork），而這些善事每件也有同等的價值——因為每一樣美善（good）也是絕對的，凡稱得上美善的都必歸入完全、無限的美善而沒例外。對馬丁路德而言，美善的基督徒不過是存有／

> 本性上的藝術家，信靠那造出萬物的完美創造者……只有天上的異象和盼望才可使地上的人於社會和政治層面上成為公義——試問我們為何竟另作他想？[17]

從我的論點漸漸可見的，是「既予」(倫理學通常以此為基礎)和「禮物」(我建議倫理學應以此為基礎)的區別。進一步說下去之前，很重要的是看出「禮物」和「既予」這些字在歐陸哲學(Continental philosophy)的當代論爭中的角色。[18] 這樣的討論在當下看來離題，因為我對「禮物」和「既予」的理解稍為有別於這些辯論中怎樣使用這兩個看法。但是為了掌握整個脈絡，這樣離題在所難免。

這個討論，始於一九二〇年代人類學對交換禮物進行的研究。[19] 莫斯(Marcel Mauss)的著名研究，激發了一連串持續至今的人類學、社會學，以及其後哲學和神學的研究。莫斯觀察一些特殊的文化，注意到一些其實以自身經濟利益為基礎的強制交易，怎樣由於極度的包裝和社會的瞞騙，以致看似是出於自願、不計利益、自發的。莫斯迷上交換禮物的踐行對想像的影響，因而探究這類交易在這些社會中怎樣締造和維繫人與人的關係。這個研究，對以送禮物為基礎的經濟體系的特性作了非常正面的評估。這類社會在一個禮尚往來的圈子中踐行向人付出，藉重新分配財富來維持社會凝聚力；過程中產生了某種精神上的連結，令人有足夠有餘的感覺，而更鞏固人際關係——跟以物易物或用金錢買賣的經濟體系，形成對比。

如此給禮物賦予精神意義，開拓了途徑給哲學和神學進行分析。貝爾克(Russell Belk)嘗試定義和描述何為「完美的禮物」(perfect gift)。這樣的禮物是自發送出、帶著愛、以慶祝為目的。送禮物的人作了極大犧牲，單單希望收取禮物的人喜悅；那禮物獨一無二地適合收取禮物的人；收取禮物的人會感驚喜。[20] 霍納（Robyn Horner）把近年種種對禮物的理解，歸納成兩個條件：

> 一個條件是那禮物是免費而自由送出的（free），表達於不要求回報、要作出犧牲、那禮物必需不只是日常必需品。另一個條件是那禮物是現有的（present，譯按：此字也有禮物的意思），這涉及到那禮物要能被認出是禮物，並引發給予及接收（giving and receiving）（或接受）。免費而自由送出和當下現有，就是按我們所知禮物的兩大條件。[21]

對禮物最影響深遠的哲學和神學處理，來自德里達（Jacques Derrida）和馬希翁（Jean-Luc Marion）。上文所見莫斯和米爾班克指到那種足夠有餘（surplus）、飽和與過剩（saturaton and excess）的意義，深深將馬希翁迷住，所以他對「禮物」的角色有十分正面的評估。相反，德里達認為「禮物」幾乎是不可能的——是個無解的死角／困惑（aporia），或是違反任何指涉架構而不能被解決的難題。霍納重新提到她對「禮物」的有用定義，指出何以德里達認為「禮物」幾乎是沒可能的：他認為「禮物」不是免費而自由送出的，只是出於責任、回贈、給人甜頭或締造和好；或是，「禮物」不是當下現有的，被弄錯當成商品、價值或身分地位象徵。德里達看來，「禮物」必然捲入互相回饋禮物的循環——因而不再算是禮物。[22]

我對「禮物」和「既予」的處理，跟馬希翁和德里達的辯論不直接相關，原因有二：這二人的論爭是以某種現象學（phenomenology）的理解為基礎，現象學是二十世紀中葉與胡塞爾（Husserl）和海德格（Heidegger）有關聯的哲學運動。這運動致力為存有論（ontology）確立新基礎：思考被給予「意識」的是甚麼，以及是如何被給予的——同時承襲康德（Kant）的做法，從對話中排除形而上學的臆測。馬希翁嘗試在現象學這傳統中為啟示（revelation）找個位置，反之德里達則抱懷疑得多的態度。我關注的既不是形而上學也不是存有論，而是倫理學。我不是叫讀者先要深究這些哲學論據，以掌握「禮物」的看法。我純粹是對把事物當成「既予」的做法經常與自然律和基督教務實論連上關係，從而在基督教倫理思考中被當成理當如此（「既予」！）的情況，抱有疑問。我的處理不直接相關的另一個原因，在於當代歐陸哲學辯論的神學論據埋藏著人可否將上帝理解成是（純粹）禮物的問題。我不會作出這主張，亦不要求作這類臆測，所以不在此詳加探討馬希翁和德里達的著作。我倒是要把上帝看成「既予」。我要據理主張的，是由上帝來取代基督教倫理觀中通常留給時間、死亡、罪、身體限制等慣常界線的位置。換言之，我認為，上帝的界線才是惟一的界線。與此同時，基督教倫理觀慣常將上帝看成「禮物」、「花紅」（這樣的上帝也許予人幫助，但肯定只是次要的邊緣腳色）——但其實這被視為禮物的位置，倒應由那些常見而揮之不去的所謂「既予」來取代。這樣，以前看似是「既予」的慣常界線，變成「禮物」；看似是「禮物」的上帝，則變成「既予」。

格林（Garrett Green）在這點上提供有用的見解：他把「如……般」（as）的生活方式和「恍如……而已」（as if）的生活方式作對比。[23] 格林指出「恍如……而已」的生活方式意味著和（「既予」）事實有違的反其道而行。相比之下，「如……般」的生活方式則不承認有「既予」，把被普遍接受（accepted）（即是既予）的「如……般」的假面具揭穿，再把新的「如……般」當成「是」(is)。這即是欣然接受後現代主義對「既予定義」的拒絕，以及認為每個彼此競爭的「如……般」現下都必須被論證或演練出來。格林承認在後現代的處境之中，不可能再純粹「生活」，但這不表示人只可活在虛構的幻想(「恍如……而已」的生活方式)。取而代之的是，格林提出「如……般」生活的觀念，透過踐行把自己的確信的效用表明出來。

布魯格曼(Walter Brueggemann)所見略同，把基督教的福音視為是「抗衡『如……般』之生活」(counter-"as")。他引述安德烈．布林克(André Brink)的小說《改變的呼聲》(*A Change of Voices*)，以闡明一種新的「如……般」具有的革命力量。那小說講到一羣南非的奴隸聽說不列顛即將入侵，使他們重獲自由，由於預計將得解放，奴隸起來造反，殺了奴役他們的人。布魯格曼也欣賞大衞．布萊恩(David Bryant)把格林的「看『如……般』」(see "as")改為「接受『如……般』」(take "as")。「接受『如……般』」意味著比純粹接收要為主動得多的一個過程。[24]

我建議基督徒羣體要把曾被視為「既予」的東西看成「禮物」，這看法很大程度上相當於布萊恩(以及布魯格曼)的「接受『如……般』」的觀念——但我所提議的踐行是更為影響深遠的。「接受『如……般』」意味選擇(接受或放棄〔to take or to leave〕)，但基督徒羣體極少有這選擇，這點也是我關心的。基督徒羣體要有方法應付種種威脅要將他們壓倒的力量和議題——要有方法把他們本來難逃的命運(fate)，變成是他們的命途(destiny)。本書下一章將寫到這方面。

只有一個「既予」

來到結論，再強調一下「既予」和「禮物」的分別，對讀者或有幫助。想像的任務，一是為改變或挑戰世上被認定是必然的事，二是為抵抗暗指基督徒羣體接收的不是「禮物」而是「既予」的任何說法。按後者的想法，世間存在的就只是「既予」，而信徒羣體若想在真實世界存留，就只須適應那些「既予」；按這想法，「禮物」很大程度上僅是人自己選擇理解成「禮物」的東西。對基督徒務實論者而言，基督教倫理觀的要務便是要適應這些在當代世界壓倒一切的「既予」（客觀的物質原因和生存限制）。倫理學，變成是在諸多爭相角逐的「既予」之間作權衡。由於「既予性」（giveness）所強調的，是給予者（giver），因此，倫理學主要是由那些佔有最佳位置控制大部分給予的人（即有權有勢的人）的角度來考量。因而有人認為，要是基督徒爭取到權力位置，就可正面的影響到既予。

相比之下，我正在建議的是，只有一個「既予」，就是上帝的故事，即神劇、又是教會的敍事：其他一切都有潛力成為「禮物」。所以，問題不在為自己爭取權力位置。倫理學主要不是關於怎樣給予。只有上帝才是真正的給予者；上帝怎樣對待祂子民的故事，才是確切的「既予」。從事倫理學的人處於**接收者**的位置，致力尋找方法接受一些以「既予」的方式呈現、但實際上不可能是「既予」的事物，因為「既予」只有一個——那就是，聖經的敍事及教會的傳統。另外，需要作辨識的，倒是如何接收上帝多而又多的禮物，而不是分配世界有限的既予。我在本書第六章講述的故事中，哈利的姪女從前一直只將叔叔視為「既予」。透過羅賓的導修課，她才首次把叔叔及其情況和其信仰看成是「禮物」。因此，我在此描述的過程可視為三重的：一、看出大多數被視為「既予」的東西其實都是「禮物」；二、明白「禮物」的關鍵不是其本身的價值或用途，而是接收的人怎樣回應和接受禮物；三、接收禮物所用的方式，要成為那個上帝怎樣對待祂子民而仍在持續的故事的一部分。就是這樣，透過置於一個更偉大的故事之內，命運（既予）被轉化而成上帝的命途（禮物）。

9
整合「禮物」
Incorporating Gifts

重新構想一些難題

很多人覺得聖誕節是個令人極度焦慮的節日，主要由於要為節日做大量預備功夫，以致衍生聖誕節日本身很少能證明是合理的期望。但總有人喜愛聖誕節——只想到拆禮物、吃大餐的情景，就令人興奮。但對另一些人來說，聖誕節完全是為履行責任：預備禮物、招待客人。想聖誕節變得很聖誕節，需要兩種截然不同的能量，一種是收禮物的能量，另一種是計劃創作禮物的能量。不過，要是聖誕聚會中有人收到一份絕非他們期待已久的禮物，關鍵時刻便來到：這樣的禮物會掀起怎樣的情緒？覺得好笑？——送禮的人怎麼這般不解別人心事呢；焦急不安？——徬徨著怎能假裝感激對方；深感疑慮？——苦思著到底送禮的人想得到怎樣的感謝或回饋禮物；覺得憤怒？——豈會這般不用腦的浪費金錢、看錯別人性格。禮物不適當，是誰之過？禮物很快被丟進車房或收入閣樓，是送禮物者之過嗎？還是，不能為收到的禮物找個用處（哪怕是和送禮物者原意迥異的用法），是收禮物者之過？我的立場是：給禮物找用處是收禮物者的責任，而送禮物者沒責任保證禮物必定適當，並且教會多會發現自己的角色是收取而不是送出禮物。

我在早前的一章主張：如果教會忠心地現編，那麼目標應是做到「逢戲必接」（accept all offers）。但顯然不是所有的交戲都是美好的，事實上有些交戲是惡意的，所以「逢戲必接」，似乎是惹人存疑的計謀（tactic）。成問題的是：人怎可能不「砸戲」（blocking）而不失正誠（integrity）？我已指出，「砸戲」是暗藏侵略性、破壞別人空間的，並且或也須靠用一定程度尚未掌有、欲求的勢力。但不分青紅皂白的「接戲」，至少可以謂之天真幼稚。我想提議第三種計謀，稱為「超度接受」/「凡事接納」（overaccepting）。

現編的演員就算立志「逢戲必接」，但仍會覺得有些人交的「戲」確是比較難「接」的。演員接受「現編」的訓練能有所突破，取決於受訓者意識到他們的演練不是講求效率的直線方法：把 A 點和 B 點盡可能用最短路線連結起來。反之，有趣的多半是迂迴。這個看法完全改變了人對何為「出錯」的理解。有一位經驗老到的導演如此說：「出錯的事，被重新評估為是通往新方向的機會……。之所以是正確，更多是決定於**態度**、不在於做的是甚麼、卻在於如何去做，在於是否預備好跟來到的『玩遊』（play；譯按：也有演戲的意思）。」[1]這處的關鍵字是「玩遊」，「玩遊」這字描述到演員如釋重負，得免為戲劇「正確地結局」（come out right）而負責任的情況。演員不再必須迫使故事達致一些限定了的可能結果，於是可以開始樂在故事其中，不用主導劇情發展。這種情況，就是教會被給予機會，發現自己置身於神劇的第四幕，正是我在本書前面講到的。教會不必再認定自己必須確保故事「正確地結局」。結局，是上帝將在第五幕處理的。所以，教會可以自由地「玩遊」（或譯演出）。

現編的人一旦建立了「接戲」的基本技能，便學到如何在這類難題衍生時游刃有餘、樂在其中。難題之出現，對現編的人來說，提供了劇情發展和探索的種種機會。要學習把難題看成機會。有一種教導人這種能力的遊戲，叫「幻燈片演講」（Lantern Lecture）。[2]

遊戲的玩法是：甲乙二人，甲扮演探險家，向擁戴他的羣眾播放講述他冒險經歷的幻燈片。乙扮成幻燈片。二人輪流「交戲」，輪流「接戲」：

> 甲：這張幻燈片中，我在攀登安弟斯山脈（Andes），正躲避一隻老鷹……。
>
> 乙：（扮出正在攀山和躲避老鷹的姿勢。然後擺出一個新的姿勢。）
>
> 甲：我在這位置，被飛鷹抓到半空……接著，飛鷹在半空放開我。
>
> 乙：（作出反應，再擺出一個新姿態。）
>
> 甲：我在這處抓住一條樹枝不放，但仍繼續跌入山谷……

玩這遊戲的拍擋，只要不試圖智勝對方、只純粹享受順著難題而來的發展機會，這遊戲便會玩得愉快得多。由此可見，「精簡」（simplicity）其實是一種巧妙的「砸戲」方式。嘗試把故事中和達到目標的相關資料悉數刪去的做法，是種管理策略（strategy），而任何策略最終也要靠用武力。用計謀的人，沒能力避開迂迴，於是學會享受這些過程，學會視之為故事的重要情節——學會為這些迂迴說「感謝」。用計謀的人學會視這迂迴為禮物，並在過程中學到怎樣「玩遊」。

送禮物

由此順勢談談一個玩法簡單、但意義極大的遊戲，足以闡明現編對基督教倫理觀的啟發力量。這遊戲叫「送禮物」(Presents)，[3] 兩個人玩，甲遊戲者要想出一份禮物送給乙，假扮把那份禮物送給他。乙遊戲者要猜猜禮物是甚麼，並相稱地使用那禮物。然後，兩個遊戲者交換角色，乙假扮送一份禮物給甲，如此類推。

玩這遊戲，當然可能因為很難猜中禮物是甚麼而教人煩惱；遊戲雙方也可能感到洩氣，因為大家爭相假扮送出愈來愈古怪的禮物，教對方愈來愈茫無頭緒。雙方似乎在競賽，彼此也感到這氣氛。怎能改變這局面？和玩「幻燈片演講」一樣，這遊戲的成功祕訣是注重彼此合作、而非彼此競賽。關鍵不在想出一些有趣的東西送給人，而在集中思考怎能以最有趣的方式運用對方**送了**(given)的禮物。如果甲伸出雙手像拿出一盒禮物，乙對於可能收到的一系列禮物，都樂於接收：「別人送甚麼給你，你也歡喜。也許你把那東西上上發條，放在地上走來走去；也許你把那東西放在手上，任由它飛去追逐鳥兒；也許你穿上那東西，變成一隻大猩猩。」[4] 這樣來玩這遊戲的話，令人透不過氣的競賽感便全消，變得大快人心，釋放活力。

遊戲上的改變可能很簡單，但玩家思想上的變化卻極大。現在所有的「交戲」(offers)，卻是潛在的「禮物」。遊戲的重擔如落在送禮物那一方，送禮物的人便要有能力決定未來的想像。「禮物」要是被詮釋錯誤，會引起極大挫敗感。(記得在聖誕節拆開「不合適」的禮物喚起的感受嗎？)相比之下，重點若放在收禮物那一方，想像便用於合作、適應、發展劇情。

我以下想提議的是：這個送禮物遊戲的圖畫，足以對基督教倫理觀的思考產生革命。按一般描述，倫理學總被理解為是關乎選擇何時說「好」、何時說「不」。但這「送禮物」遊戲表明，倫理學包含的不僅是說「好」說「不」而已。乙遊戲者收到甲遊戲者送的禮物，其實有三個選項：第一個選項，乙可說：「不，我不收這份禮物。」這樣說話，即是斬釘截鐵的「砸戲」。短期內，說「不」似乎可明哲保身，這做法教人聯想到一世紀巴勒斯坦的愛色尼派（Essene）的進路。歷代也有基督教團體對來自廣大社會的禮物說「不」、拒絕部分或謝絕全部。教外人看來，今時今日的阿曼派（Amish）便是抱這種立場。有很多東西，都不時被指為是廣大教會應要說「不」的，包括：奴隸制度和殺人（有時包括）、核武和胚胎研究（經常包括）、墮胎和安樂死（或包括）、賭博、煙草及酒精飲品（有時包括）等。大多數教會也承認沒有可能對自身文化全盤否定，否則就是形同否定上帝的創造是美好的，亦等於向社會宣戰。

那麼，乙還可以怎樣做？第二個選項，乙可以說：「這禮物**是甚麼**（is）呢？有甚麼**用途**（for）呢？**想要**（supposed）我怎樣用呢？」我已在上文講到，這送禮物遊戲經常是被人這樣玩的；在基督教倫理中也經常是這般玩法。乙接受那禮物，但不知道那禮物是甚麼東西。乙由於不能確定禮物的本質而形成的困局，相當於「困局倫理觀」（quandary ethics）視為焦點的作決定之時刻。正如在遊戲中乙的禮物是被甲給予的，照樣，作決定之時的情勢也是被別人給予的，而作決定的人必須權衡這些因素來作決定。正如送禮物遊戲，這樣玩會教人洩氣，照樣，作決定也如是，而以作決定為中心的倫理觀也往往令人甚為作難。人們時常認定每一個情況也**存在**正確應做的事，這類思考方式，通常是以自然律為基礎。自然律的討論，傾向認定每樣東西也是為著某目的而被造的，只要順著其正確的用途來使用，便一切皆好。乙的立場是：很想知道這禮物有甚麼**用途**。

還有第三個選擇。乙可以說：「我想要怎樣去**接收**這禮物呢？」這就是我以上寫到玩「送禮物」遊戲所見的改變。問題不是：**想要**這禮物是甚麼，而是：這禮物**能夠**是甚麼。不要問：「這禮物有甚麼**用途**？」更不要問：「這是一份好禮物嗎？」倒要問：「怎樣以忠信的方式理解或運用這禮物？我們怎樣接收禮物，說明我們是怎樣的人和想成為怎樣的人？這禮物在上帝的國裏能夠變成（或已變成）甚麼？」倫理議題更多的不是關於「禮物」本身，而是關乎在上帝怎樣對待祂子民的故事中，看見這禮物適合放入哪個位置，並且這適合是怎樣發生的。

「超度接受」

這做法稱為「超度接受」（overaccept）。[5]「超度接受」是根據一個更大的故事來接戲（accepting）。對「接戲」的恐懼，是害怕受到所接受的禮物支配，而失去身分和品格的完整。對「砸戲」的恐懼，是恐怕變得與世隔絕，而喪失與外界的關聯和人性。「超度接受」是主動的接戲方式，可使人既保存身分、又維持與外界的關聯。這種「接戲」方式令人不失主動，並且通常涉及到戲分（status）的改變。

一九九五年，威爾斯王妃戴安娜（Diana）接受電視節目訪問，主持問她有否想過會做英女皇。戴安娜的回答，膾炙人口，她說：「我會做人民心中的女皇。」這樣回答，既沒對她令人尷尬的難堪狀況「砸戲」，倒是「超度接受」失去女皇資格而來的難過，將自己置於另一個她看來意義重大得多的敍事之中。同樣，在戴安娜的喪禮中，其弟致辭，同樣精彩，說「她不需要王室的名銜」以表示賞識戴安娜本質的高貴和優雅，及其對國民生活的貢獻——因而沒對她離婚後的地位改變「砸戲」，倒是再次暗示那比僅置身於王室更意義重大的地位脈絡。《光豬六壯士》(*The Full Monty*)電影中六個煤礦工人因被解僱而失去尊嚴，但他們「超度接受」自己的景況，搖身一變成為脫衣舞男。羅賓的朋友哈利不對自己健康差和生活環境欠佳「砸戲」，反而透過把垃圾變成有用和美麗的東西來「超度接受」自己的不利因素。講到「超度接受」的劇目，也許最廣為人知的，就是蒙特派森劇團(Monty Python)的短篇喜劇〈四個約克郡人〉(Four Yorkshiremen)。劇中四人把酒話舊，各人不斷鬥「扮清高」，輪流數說自己兒時窮苦生活的故事，每次也被對方用「你算幸運」這四字來「超度接受」了。

真人真事的例子，或有助闡明「超度接受」的計謀。這故事由一個鋼琴家所講：有一次，他在演奏會上正要開始彈奏，觀眾席傳來尖叫聲。有一個小女孩從座位走了出來，在音樂廳內跑來跑去。那位鋼琴家想集中精神，於是離開鋼琴，退到一旁。那小女孩竟跑上梯級，上到台上，坐在鋼琴椅子，胡亂彈奏起來，發出刺耳琴聲。聽眾大為震驚，屏息無聲，場面尷尬。那位鋼琴家回到鋼琴旁邊，坐在還在彈琴的小女孩背後，傾前身子，只把左右手放在小女孩的左右手外面的琴鍵，即興彈奏起來，但沒擾亂那小女孩的彈奏，倒是順著其不協和的琴音，交織出一首即興的旋律。把那小女孩趕出去，等於「砸戲」；由得那孩子彈奏下去，只是逆來順受的「接戲」；在那小女孩身邊交織一首美妙旋律，即是接收她為「禮物」，這就是「超度接受」。[6]

十七世紀靈修作家多馬．特拉赫恩（Thomas Traherne）用本書這處所指的「超度接受」作為他觀看世界的關鍵設計。由於特拉赫恩以這樣沒限制的眼光來看受造宇宙的不同向度、各樣可能性、存在目的以及萬物終極的和諧，以致他總是能選擇一個具挑戰性的起始點，然後透過置之於一個大得教人眼花繚亂的脈絡之中，轉化那起始點。特拉赫恩以下的例子，開始時講到一個男子由於太看重一個已心有所屬的女子，覺得心煩意亂。那人沒對自己的感受「砸戲」，但也沒感情用事的「接戲」，倒是把他心中那些感受投放入一個偉大又美好得多的故事，從而把試探變成復興、把威脅化為成長契機：

> 我們極愛某受造物的完美和美麗時，並不會愛那受造物太多，而愛其他東西太少……假設有一個具好奇心又美麗的女子，有些人在她身上看見天堂之美，但若說這些人愛得太多，未免自負。我敢說那受造物還有一萬個優點是他們還未看見的……。這些人或愛她，但不會愛上帝更多：愛人也不那般多，天和地更比不上。我們應對所有事都付出十足的生命、鬥志和精力，使我們處於一個位置……以致沒有人能因愛別人愛得太多而有危險，以致每一個人恰如其分地愛上帝。[7]

據說 R. S. 多馬斯（R. S. Thomas）寫了一首詩，講到一位牧師看到自己教區多麼荒涼、蕭條、無望，便對上帝說：「你給我的，就是這些嗎？一堆石頭？」他凝視這片沒甚前景之地，停下來，盤算著地方不足和資源缺乏的問題。有很多理由「砸戲」，推動「接戲」的動力很少。但是，那牧師找到方法「超度接受」。他最後拿定主意：「嗯，我必須建造一個石院子。」

另一個關於「超度接受」的遊戲，叫「今天是星期二」（It's Tuesday）。遊戲者會「超度接受」對方一些無聊愚笨的說話，以產生最大果效，例如：

甲：今天是星期二。

乙：啊……不可能是星期二……那吉卜賽老人預言今天是我死期！（慘死前說）幫我餵金魚啊。

甲：啊，他從來只是關心金魚……五十年來，我供應螞蟻蛋給他，他連一毛錢也不留給我。我要寫信給媽媽。

乙：（復甦過來）你媽媽！你是說，米莉還在生？（以及諸如此類）[8]

參與者在這遊戲中講的話，好像很無謂，但過程中發生的事情卻十分重要。「超度接受」為熟習聖經故事的基督徒羣體，開啟一種完全不用暴力的回應方式。基督徒羣體面對周遭社會向他們提供的「交戲」，會根據一個由創世延續至終末的故事（一個宏大得多的故事）來「超度接受」。這方法很大程度上相當於米爾班克（John Milbank）所講基督教能「在敍事上超出」（outnarrate）一切世俗的敍事。他敍述一個由創世延續至終末的「宏大故事」。基督教故事的關鍵在於「把先驗上的差異（transcendental difference）理解成和平（peace）」，這是基於把三一（Trinity）理解為社羣的、體現出「和而不同」。所以，受造的天地萬物是和平的；與此同時，拯救（即「萬物的更新復興」）和終末（eschaton）一同描繪出「和而不同的社羣性」。任何牽涉暴力的「交戲」（借用現編的術語），根據這個更大的故事來看，總是「由次等意志策動入侵這個可能存在（在上帝看來卻是真實存在）的無限秩序」。[9] 這樣，米爾班克表示，連最不能接受的「交戲」——即暴力——也能根據這個更大的故事來將之「超度接受」。[10]

教會或個別基督徒接到大多是「無聊」的「交戲」，就像上述遊戲者甲的第一句話。但有不少「交戲」也足以構成挑戰、威脅、刻不容緩：「教派主義消極者」（sectarian passivist）的回應方式是「砸戲」，而「負責任的務實主義者」（responsible realist）則是全盤接受、照單全收。為尋找第三條出路，就來到「超度接受」。「超度接受」是把上一個遊戲者的說話放入一個遠超乎他同伴可能想像的脈絡背景中。基督徒羣體正是這樣處理來自廣大社會的「交戲」，就是以終末的視角（這視角，比焦急的參與者想像得到的還要廣大）來看教會的傳統和故事，從而「超度接受」。慣常的倫理觀由於切望為全人類（everyone）確立不分何時（all times）何地（everywhere）皆正確的原則，所以對於基督教故事獨一無二的主張，加以貶低。其認定是：基督徒必須接受當代世界的「既予」，要基於這些既予作決定。相比之下，我提議基督徒要發揮想像看出造物界和文化的種種「禮物」怎樣融入那上帝如何對待這世界的故事之中，既予的是：最根本的決定已經作出了，就是上帝已在基督裏為人類和造物界所下的決定。羅雲．威廉斯（Rowan Williams）論到山上寶訓的時候，以類似字句寫到由「砸戲」變成「超度接受」的過程：

> 基督徒有多卓越，很大程度上取決於我們怎樣面對自己的無權無勢或一無所有……。我被人弄傷，可能有方法得到賠償；我有能力討回公道（可以眼還眼，可告上法庭等）。但我也有身為信徒的自由去修改與人

> 交往的條件：我可拒絕視報復為爭取平等，而選擇正面展示出上帝不去報仇或捍衛利益的主權自由。換言之，我既可試圖封閉自己的脆弱，亦可加以善用來彰顯上帝的性情。讀山上寶訓，若只是想從中找出某種鼓吹對外在權柄消極順從的倫理或我們時代構想那種講求抵抗與解放的倫理，只會失望而回。[11]

「超度接受」是效法上帝的統治方式，因上帝沒對祂所造的天地萬物「砸戲」：祂沒扔掉原先的材料。自從挪亞之後，上帝不肯再消滅祂造了的東西。但上帝也並非純粹接受當下景況的造物界，倒是「超度接受」祂創造的一切。整個漫長的聖經敘事，都可看成是一個講到「超度接受」的長篇故事。先知耶利米描述他下到一個陶匠的家，見到陶匠在轉盤上工作。陶匠做壞了手上的陶器，但並非扔掉或接受其破爛便算，而是重新加工做成另一個器皿。上主對耶利米說，祂（上主）也能像陶匠對待陶器一樣對待以色列家。[12]再用另一幅熟悉的圖畫：上主是個出色畫家，見到油畫被撕破、弄壞了，但與其摒棄那幅油畫，祂反趁機將之變成立體畫，畫布上的破口變成上帝破碎的心，讓祂所救贖的子民進入其中。舊約整體上的敘事形貌，實在是「超度接受」的精心傑作，尤其是如果接受照舊約的歷史形成過程是以被擄到巴比倫的經驗為最意義深刻的重點，就更見如此。上帝的子民極度失望下，創世的故事和以色列的敘事使他們置身於比當時慘淡景況要偉大又廣大得多的敘事脈絡之中。在此，祂是創造天地的上主，曾救以色列離開為奴之地；這位上帝如今當然也可以看顧已經被擄的以色列，甚至可以使用這流離異邦的經歷，教導以色列和別國認識上帝的性情和旨意。照樣，新約講到上帝看祂所造的天地萬物仍能變成甚麼模樣，講到上帝怎樣整合(incorporate)一切受造之物進入祂的國：就是透過揀選、道成肉身、受難、復活，並差派聖靈，上帝顯明祂的性情、說明祂是怎樣的上帝。基督徒要效法上帝的性情，到一個地步，像上帝那樣「超度接受」造物界和文化的種種「禮物」。[13]

耶穌和「超度接受」

福音書作者敘述的是一個關於「超度接受」的長篇故事。透過天使報喜訊和耶穌降生，上帝「超度接受」人的生命：上帝沒摒棄祂的子民，也沒純粹接受他們便算，倒是成為猶太人來到他們中間。如果福音的故事始於上帝在耶穌裏「超度接受」生命，那麼這故事也終結於上帝在耶穌裏「超度接受」死亡：耶穌沒逃避十字架，十字架亦非故事的終結。藉著復活，上帝表明即便是像上帝的兒子被處死這種最糟糕的交戲」，也可被「超度接受」——連死亡和死亡帶來的一切惡果，也可成為故事的一部分。

在這兩個重要時刻之間，發生了連串很多不同向度的「超度接受」，其中最具決定性的或許是受試探的那段敘事，因為那裏最是明確講到「交戲」、邪惡和涉及身分的議題。馬太和路加筆下的耶穌受試探的敘述，尤其能夠例示「超度接受」。[14] 耶穌似乎是說「不」：不把石頭變成麵包，不從聖殿頂跳下來，不統治世上列國。隨著福音書的劇情開展，逐漸可見與其說是那三個試探被壓抑，不如說是配合到一個大得多的故事，這是一個規模龐大得多的「好」(Yes)的故事，而其中最驚人的元素就是道成肉身和復活。

頭一個試探，即「吩咐這些石頭變成食物」(太四 3)，就是欲求不必靠上帝的恩典而得到想要的食物，再無後顧之憂——這是以色列向來夢寐以求的。耶穌當然對這樣的花招說「不」，但他對食物說「好」，對之「超度接受」，說「這是我的身體，為你們捨（擘開）的（譯按：林前十一 24）」和「我就是生命的糧，到我這裏來的，必定不餓」（約六 35）。第二個試探——由聖殿頂跳下來，知道會有天使托住祂——按侯活士（Hauerwas）的註解，這慾望是想做祭司中最出眾的祭司——去迫使上帝出手接受這不能拒絕的祭品。但貫穿福音書的整個故事，耶穌都不隨己意而行，而是隨父上帝的心意而行。復活，就是父上帝完全認同耶穌一生乃是上帝國的顯現。耶穌對聖殿說「好」，但不是用之作為高台跳水的跳板，而是作為新的聖殿、即祂的身體、也是教會。最後一個試探，和權力（power，或譯作能力）有關。「你若俯伏拜我，我就把這一切都賜給你。」（太四 9）耶穌向「權力」說好，但上帝的權力是謙卑和軟弱的能力。耶穌向「和平」說好，但只能藉敬拜永活上帝而有和平。耶穌藉升天在父上帝右手邊掌權，並在祂那愛能力的復活中戰勝死亡，來「超度接受」這試探。耶穌向「天下萬國」說好，因祂是掛在木頭上掌權的王，上帝的國是在十字架上加冕的。就是這樣，魔鬼的試探被逐一揭穿：其提供的世界比上帝國揭示的世界遠為細小，其述說的故事比上帝國透露的故事遠為狹隘。

只須概述耶穌的事奉生涯，已足見其中連串的事件和際遇，跟我對「超度接受」的描述吻合。耶穌事奉生平的記述，見於不同文體類別：神蹟、教導、爭論、象徵性行動。約翰福音的第一個神蹟：把水變酒，是「道成肉身」的以至「超度接受」的典範故事。耶穌沒對水「砸戲」，不從無造有變酒；祂沒對母親「砸戲」而說賓客有水渴便應滿足。耶穌接受水的平凡和六個水缸的不完全（「七」才完美），將之「超度接受」，變成大量美酒。

馬太福音的第一段教導：山上寶訓，照樣表明耶穌如何

「超度接受」摩西的律法。耶穌六次提及「你們聽過曾有話說」(太五21、27、〔31〕、33、38、43)——每次提到這句話,門徒和讀者也屏住呼吸看耶穌會否廢掉(「砸戲」)妥拉,抑或是順服地認可(「接戲」)。但每次耶穌也用「只是我告訴你們」這句話來「超度接受」猶太人的律法,指出重點不在殺人,而在恨人;不在通姦,而在淫念;不在不公道離婚,而在離婚本身;不在起假誓,而在起誓;不在適度報復,而在非暴力;不在愛鄰舍,而在愛敵人。這六次每一次都十足體現出「超度接受」,尤甚是第五次:「有人打你的右臉,連左臉也轉過來由他打;有人想要告你,要拿你的裏衣,連外衣也由他拿去;有人強逼你走一里路,你就同他走二里。」[15] 走第二里路,是「超度接受」的模範踐行。[16]

耶穌所講幾個和農耕有關的比喻,引人作出較為深層的解讀,其中「超度接受」是重點所在。斯科特(James C. Scott)用「隱藏的劇本」(hidden transcript)這字來指從屬羣眾用以偽裝和掩飾的語言,做出表面上遵命與和應的演練,同時暗裏巧妙地推翻有權支配他們的人。圖爾(David Toole)跟隨邁爾斯(Ched Myers)對馬可福音的解讀,認為這種「隱藏劇本」的樣式也在耶穌那幾個和農耕有關的比喻中運作。撒種之人的比喻的處境,是撒種的人欠了地主數量龐大的農產物,在經濟上永遠無望有保障。撒種之人的比喻沒有敍述要默然順受或用暴力推翻這樣的壓迫,而是敍述撒種者有多得驚人的豐盛收穫,不但交出所欠地主的農產,更償清欠債,餘額還足以買了那塊地,得以脱貧。這比喻顯明天國「超度接受」人的壓榨。同樣,要是根據以西結書十七章的背景來解讀芥菜種的比喻,這比喻描寫的是以色列小民活在羅馬這株巨大香柏樹蔭下的關係。再次沒有武裝抗爭,亦不是被動順從。這比喻講述天國如何「超度接受」暴虐壓迫的關係。克羅森(Crossan)指出，芥菜類植物畢竟就像雜草，不受控制地生長在人們不想要有的地方。因此，耶穌便是這樣來推行祂的革命——不是靠「接戲」或「砸戲」，而是靠穀物獲得驚人豐收、靠惱人的雜草不受控地蔓延。[17]

四福音記錄幾個爭論，説到有些人或羣組想當眾刁難耶穌，或想請祂對一些事作裁決。凱撒錢幣之爭，就是一個典型例子。法利賽派的人派出自己的門徒連同希律黨的人一同去見耶穌，説：「向凱撒交税，合律法麼？」但耶穌引導他們説出錢幣上有凱撒的肖像和名號之後，便回答説：「那麼，凱撒的東西歸給凱撒，上帝的東西歸給上帝。」[18] 耶穌「超度接受」那錢幣，並在過程中揭露效忠誰才是真正的議題。有一個通姦時被捉拿的女人被帶到耶穌跟前要祂定奪的故事，一般被收入約翰福音。故事中，法利賽派的人都贊成要用石頭打死那女人，但耶穌説「你們中間誰是沒有罪的，誰就可以先拿石頭打她」，邀請眾人回應。對於法利賽派的那要求，耶穌既不「砸戲」也不「接戲」，倒是「超度接受」用石頭處死人的做法。[19] 耶穌在伯大尼受膏遭人批評之際，祂讚揚那無名女子所行的美事，是預告著祂將被埋葬。祂沒否認那筆錢本可送給窮人，但祂説「常有窮人和你們在一起，只要你們願意，隨時都可以向他們行善，可是你們不常有我」，[20] 以「超度接受」窮人。耶穌再次並非「砸戲」或「接戲」，而是指出議題真正之癥結。耶穌自己的門徒帶著不解難題來找祂，祂也是以類似方式應對。雅各和約翰想在榮耀裏坐在耶穌右手邊和左手邊，耶穌既沒接受二人的要求，但也不否定榮耀及為大的觀念——祂沒「砸戲」，反而是轉化他們怎樣去看為大：「你們中間無論誰要為大，就要作你們的僕役；你們中間無論誰要為首，就要作大家的僕人。即使是人子，也不是來受人的服侍，反而是要服侍人，還要捨去自己的生命，作許多人的贖價。」[21] 耶穌藉著「超度接受」西庇太兩個兒子的請求，既正視他們的慾望，又將之調教至較恰當的目標。耶穌和敍利亞腓尼基族婦人相遇的故事，表明除耶穌外，也有人踐行「超度接受」，甚至令耶穌震撼不已；這諷刺得令人稱奇的故事，圓滿結束這一系列類近的記述。「那婦人求耶穌把女兒身上的鬼趕出去。耶穌對她說：『先讓孩子吃飽。拿孩子的餅丟給狗吃，是不公平的。』但婦人回答說：『主啊，不過連桌子底下的狗，也吃到孩子掉下來的碎餅。』」[22] 那婦人透過「超度接受」狗，激動耶穌治好她女兒。她忠實效法了耶穌所踐行的。

耶穌的事奉，尤其在事奉初期和尾段，帶有象徵性行動的特徵，體現同一種樣式的「超度接受」。開首的是祂的洗/浸禮。約旦河是約書亞進入應許之地的入口，約翰在約旦河施洗/浸，明顯象徵為一個新國度作預備。曠野象徵奴役與自由之間的地方，耶穌先走進曠野再到約旦河，便把以色列的故事包含在祂自己的故事之內。耶穌允許約翰為祂施洗/浸，即表示贊同約翰版本的以色列故事——意味革命性的事即將發生。不過，耶穌這幾個謙卑的行動，被他受洗/浸後立即發生的幾個事件轉化了。天立即打開，以色列期盼上帝作出行動，終於如願；聖靈降臨，令人想到洪水後上帝怒氣止息；天上有聲音說話，表示同意故事的焦點如今落在耶穌身上。耶穌不否定以色列的召命，亦不否定施洗約翰的職事：祂「超度接受」這兩者，轉化這兩者所指涉的意思。

耶穌進而呼召門徒，揀選十二人，如同以色列的十二支派，以呼應妥拉。馬可筆下的耶穌在山上呼召門徒，於是祂所立的新約有如在西乃山所立的約。耶穌揀選一羣新的領袖，頗像上帝昔日揀選摩西和亞倫。祂在形塑一個「被擄流亡下的政府」——應驗和成全以色列，有別於祭司、文士、希律黨及羅馬的權力。而耶穌為祂幾個重要的副手起新的名字——改名為彼得，以及改名為雷霆之子。門徒是品流複雜的組合，包括漁夫、稅吏、還有將來出賣耶穌的人——正是耶穌要繼承的以色列的縮影。就這些方面上，耶穌都把十二支派的傳統置於某種終末脈絡之中，以「超度接受」這傳統。天國，透過這十二門徒而來到。

耶穌在耶路撒冷最後一星期所作那些象徵性的行動，又再見得突出。那星期始於耶穌騎驢進入耶路撒冷，此舉或是祂事奉生涯的關鍵時刻：祂接近耶路撒冷，就是猶太人敬拜的中心區、羅馬權力的所在地。祂從橄欖山下來，按撒迦利亞書十四章所應許，上帝將來會在這地方與列國爭戰並復興以色列。根據《馬加比一書》（1 Maccabees）第十三章所記，西門馬加比（Simon Maccabeus）曾在主前二世紀以這方式進入耶路撒冷。按約瑟夫（Josephus）筆述，刺客黨領袖米拿現（Sicarius leader Menahem）亦曾如此入城。由亞歷山大數到拿破崙等偉大領袖所鍾愛的戰馬，就是野性難馴，只容馬術精湛的長勝將軍騎乘的駿馬，在哪兒呢？在此不見。取而代之的，是一匹驢。耶穌選上農耕用的牲畜，不要戰爭兵器：不要拖拉機，不要坦克。祂「超度接受」權力、受擁戴以及作王的意念：祂作王不靠馬的力量，而是憑著驢子般的謙卑。祂沒對羣眾想擁戴祂「砸戲」，但也不接受他們的君王觀：祂「超度接受」而成為奴僕君王。

按對觀福音的敍述次序，劇情發展來到聖殿。耶穌趕出全部正在聖殿作買賣的人，又推倒兌換錢幣和賣鴿子之人的桌子。這個象徵性行動是數一數二最難詮釋的，尤其是因福音書作者對此意義似乎有不同理解。這舉動看來像「砸戲」——對聖殿「砸戲」，或至少是對聖殿制度壓迫那些耶穌最記在心上的人（窮人、不潔淨的人、女人等）的方式「砸戲」。[23] 但看似是「砸戲」，或像受試探的敍述所見一樣，其實是「超度接受」的方式。這裏的關鍵，是耶穌的戲分：祂並不處身於一個位置上，可以**實質上**毀滅聖殿或終結聖殿腐敗的踐行：除非祂處身這種處境，「砸戲」才言之成理。這事件的根本意義，在於戲分位的逆轉、對聖殿的再定義：由這個時候開始，凡是關於耶穌身上發生的敍述，便象徵或甚至應驗凡論到聖殿將變得如何的敍述。聖殿被置於一個更大的故事之中——而在馬可筆下兩個故事是以同一條線索相連起來，追溯至耶穌論到綁起壯漢的一段話：「況且，誰都不能進壯漢的家，搶劫他的財物；一定要先把那個壯漢綁起來，才能搶劫他的家。」[24] 這段話本是論到撒但，但這裏證明也適用於聖殿，後來對於耶穌自己的身體也屬實。[25] 把兌換錢幣之人的桌子推翻，是以象徵性行動表明聖殿只是上帝的故事（以耶穌為故事的中心）的一部分，斷非反過來：上帝是聖殿故事的一部分。耶穌在此與其說是對聖殿「砸戲」，不如說是要「在敍事上超出」它。

在耶穌芸芸體現「超度接受」踐行的象徵性行動之中，最自我意識強烈的，也許是最後晚餐。「超度接受」在貫穿整個最後晚餐的敍述發揮著作用。耶穌「超度接受」逾越節的傳統：匆忙吃用來保命的無酵餅，變成自己的身體；那杯變成新約的血。出埃及的整個傳統——獲救脫離奴役並與上帝立約——如今在耶穌身上體現。因其死亡而使上帝逾越以色列的那羔羊呢？沒言明之下，耶穌就是那羔羊——這教人想起亞伯拉罕所說的話：「上帝必自己預備作燔祭的羊羔，我兒。」[26] 極諷刺的是，耶穌「超度接受」潔淨的傳統，沒否定人必須得潔淨，但堅持必須藉血——祂的血——才能得潔淨。在這過程中，祂「超度接受」自己的死。最後晚餐的儀式，成了預期（anticipate）祂將在祂的國吃的下一餐。祂的死得到接受，為使那更大的故事，就是以色列被轉化把生命帶給世界的故事，變得可能。正如耶穌藉道成肉身「超度接受」人的生命，祂在最後晚餐藉預期十字架而「超度接受」人的死亡。

兩個故事

我會以兩個故事結束這一章。這兩個故事整合我講解「現編」至此所包含的全部特性：習慣、戲分、對「既予」存疑，以及「超度接受」。第一個故事的主角叫湯姆。湯姆四歲時，被診斷患有自閉症。醫生不客氣對他母親說：「你只可把他當成一條狗般養大。」醫生是想強調需有清晰指示和界線，也要約束這小孩動輒感到挫敗的脾性。家人明白湯姆將是個難題，但母親很用心塑造湯姆的品格。儘管旁人有很多悲觀預言，湯姆找到人生中可一展所長的地方。他彈鋼琴，也唱歌，長大後唱男低音。他熱中音樂到一個地步，連聽莫札特的協奏曲也聽得出神。湯姆喜愛依照慣常程序做事，而母親死前為他安排了在當地一間療養院定期作義工，做些雜務和打理花園。湯姆四十六歲時突然過世。

湯姆的安息禮上，照慣例為他的親兄弟、家人及較疏遠的親屬留了幾排座位。留給家人和遠房親戚的這些座位，大都空置。那些親戚向來覺得難以和湯姆結交；他們都知道醫生形容他是狗的那段話；他們很想假裝真認識他：他們和他保持距離。但那幾排空座位後面，整個座堂坐無虛席。隨著悼念儀式進行，講出一個接一個的故事，說明了滿座的原因。有一位女士說她初信後，首六個月沒唱過詩歌，只單單望著湯姆在詩班獻唱的面容：湯姆唱得極度入神——那女士想唱得像他一樣。很多人也覺得假如是他們的安息禮，教會一定沒那麼忙碌。湯姆一出生，就面對一些可怕而且壓迫人的「既予」—— 被當成狗的既予。但由於父母親給他潛移默化養成的習慣，他學會把正確的事看成理當如此。他戲分低微本是不爭的事實，直到死後，他的安息禮才充分顯明上帝如何揀選世上的愚昧人和弱者來使智慧人和強者羞愧。湯姆的人生被揭露為一個「超度接受」的故事 —— 故事結尾講到，湯姆不只吃到從主人桌子上掉下來的食物碎，更是永遠得以同享整個筵席。

另一個故事的出處是麥克米蘭（Ian MacMillan）所寫的《黑暗的軌迹》（*Orbit of Darkness*）。[27] 一九四一年七月底一個炎熱的下午，於奧斯威辛（Auschwitz）的納粹集中營，副司令官聚集全部囚犯，列隊點名，發現有一個囚犯逃走了。副司令官挑出十個囚犯來處罰，要把他們活生生餓死，以儆效尤。前九人被帶走，排第十的那人抗議起來。這時候，羣眾中有一個人起來自願代替排第十的那人，他的「交戲」獲批准。

自動請纓的人原來是個天主教神父。在囚室中，神父帶領另外九人一同唱詩祈禱。不住的歌聲，激發了集中營其他囚犯，也使一些守衛焦躁不安。集中營到處有人流傳，說那神父慣常把配給他的食物送給人，而被守衛重重鞭打也不縮一下。日子一天一天過去，陸續有人餓死，來抬走死屍的守衛受不了那神父的目光。其他囚犯發覺守衛懼怕那神父。到第十日，那些守衛開始懇求司令官分派別的崗位給他們。囚犯紛紛效法神父，將自己的食物分給最有需要的人。神父犧牲自己，此舉激發了其他人要在這場首要的鬥爭中佔上風。第十四日，有一個守衛撞入電網自殺死了。司令官下令：任何囚犯，提起那神父的名字、幫助別人或送食物給人，就要被打死。次日，神父被人注射毒針殺害。但不安的情緒有增無減，而故事最後令人感到那個集中營不再一樣了。

這個故事是關於習慣的：因神父養成了祈禱、唱詩、不自私的習慣，被訓練成把正確的事視為理當如此，才使他有能力作見證。他的習慣是昔日藉著崇拜形塑的，而可以在集中營裏展示出來。「那神父像耶穌一樣，先去加利利，才去耶路撒冷。」[28] 這個故事是關於戲分的：那幾個被餓死之人的無能，跟守衛的日益無能，交相映襯，是這段敍事主要的變化動力。這故事很重要，講的是對「既予」存疑，因為在故事一開始，全部「既予」都對囚犯不利，但各個所謂「既予」漸次被逐一拆解。當然，這也根本上是以基督徒方式「超度接受」的敍事。對那十個人來說，死亡迫在眼前，並且是慢慢受折磨至死。但其中一人像基督一樣，志願將自己投進人人拼命想要逃避的局面。他既沒「接戲」也沒「砸戲」——他「超度接受」，主動選擇死亡。一旦他作了這抉擇，死亡便不再像向來那般具威嚇力量。至少，對囚犯來說不再如此。對於守衛，則是另一回事。神父的死亡是「超度接受」的死亡，跟自殺守衛的死亡（「砸戲」失敗的生動例子）構成對比。這故事講到的，是一個神父怎樣把死亡融入一個宏大得多的敍事，在其中找到適合的位置。故事開始時，集中營的守衛自以為文化上高人一等，而囚犯思忖的只是毒氣室傳出的煙。但到了故事的結尾，情況完全倒轉過來。

10

「重新整合」遺棄了的

Reincorporating the Lost

把教會歷史比作一條路

本書探討「現編」這題目至此，都在主張基督教倫理觀是關於學習把正確的事視為理當如此。以故事的脈絡來看待人生，是常見的做法：某個情景或發展只要和故事的性質吻合，便會被視為理當如此。基督教是根據一個特殊的故事來看待實在（reality），我已在第四章以五幕戲劇闡述那故事的闊大向度，涵蓋創世—以色列—耶穌—教會—至終末。基督徒人生的關鍵，在於要徹底了解甚麼是適合神劇之第四幕的生活方式，並且身體力行。教會犯的許多或絕大部分錯誤，皆源於誤解了教會正置身於劇中那一幕。教會不是被召去開創（第一幕）或結束（第五幕）這故事。彌賽亞已來了（第三幕），教會的角色是去跟隨基督的腳蹤（第四幕），行事不要好像上帝的圓滿（fillness）還未被啟示那般（第二幕）。所以，教會只有一個簡單任務，就是在這故事變得令人不安或具威脅、以致誘人「砸戲」把故事封殺的試探頻頻臨到之時，務要使這故事延續下去。由於基督徒的故事比其他呈現的小故事更有深度和廣度，故此基督徒可根據自身這更偉大的故事來「超度接受」(overaccept)來自世界交出(offers)的任何東西。與其用暴力(迴避發揮想像的過程)封殺故事，以致在第四幕中坐立不安，教會倒要透過察驗這些世界交出的東西在五幕劇的脈絡中能有甚麼意義，藉以應對這些對教會的整全性(integrity)構成威脅的東西。

有兩個問題是反覆出現的：問題一，有甚麼資源可供教會採用來「超度接受」? 換言之，如何把基督徒覺得自己屬於一個更偉大故事的這種感覺，化成「超度接受」的踐行？問題二，教會如何處理當代世界的邪惡和教會歷史中的邪惡？換言之，教會如何接受一些尤其邪惡的「交戲」? 而對於教會昔日不時接受邪惡、又對美好的事物「砸戲」——這是事實——教會如何接受這事實？

回答這兩個問題，我會由建築一條道路說起。我想請你把教會歷史想像成是一條道路，由過去一直延至將來。在郊區建築道路，硬生生挖掘、開鑿後，路邊兩旁通常留下大量碎石。環保人士近年已就這類頗為難看的工程表示抗議。打另一個較不呈線性的類比，我們可把教會歷史比作一個雕像，雕塑家不斷加工、不斷削出一些小塊，於是產生一大堆被棄置的石膏碎或大理石碎。近幾個世代在教會內外的解放運動發生的，就是被遺棄的大理石碎發出的呼聲、被挪移的土地感到的劇痛。雖然教會逐漸以為歷史是由勝利者所寫，但馬利亞的《尊主頌》(Magnificat)的信仰宣告上帝站在輸家(loser)那一邊。而教會歷史中的輸家，往往在社會上也同樣是輸家。輸的人多數是女人、經驗過被北大西洋白人主宰的民族，以及有各式各樣身體殘疾的人。過去三十年來引人注目的解放神學(liberation theology)，聲言這些輸的人才是上帝的故事的中心——或以我一直所用的術語來說，這些人才是體現出神劇第四幕的特色。當代教會中贏家和輸家的分別，用一個簡單的測試便可辨明：輸家渴望第五幕來臨，屆時上帝將恢復祂公義的統治；贏家則有太多不想失去，為享受現今的榮華，想在上帝使第四幕落幕之前預先獲得通知。

過去三十年來，教會中的解放運動帶來之啟示，就是：為築路而被棄一旁的泥土，至少和那條路一樣是屬於神劇第四幕的一部分；被雕塑家拋棄的大理石碎，至少和雕像一樣同是屬於第四幕的一部分。如今，無論是窮人或富翁，也遠為容易明白到沒人聽他們發聲的輸家，至少跟寫下歷史的贏家一樣，同是屬於神劇第四幕的一員。法國靈修作家查理．佩吉（Charles Péguy）寫到人死後站在上帝寶座前的經驗，問了一個可怕的問題：「如果我們中間只有一部分人來到上帝面前，但遺落了其他人，上帝會怎樣說呢？」[1] 這裏所指的「其他人」，就是為修築我們的人生大路而遭我們摒棄的那些人——就是為雕琢我們的偉大傳記而遭削掉的那些小石子。

馬太福音二十五章是個重要的比喻，講到最後審判以及綿羊和山羊被分開。這比喻向教會表明，教會得救與否正正繫於那些「其他人」。教會有或沒有付出（offer）給饑餓的人、口渴的人、無家可歸的人、赤身露體的人、患病的人、囚犯，就等於有或沒有或付出給耶穌。為何這些「其他人」對於審判神劇第四幕教會的踐行如此重要呢？因為這些人是第五幕的面孔。教會必須習慣窮人的面孔，因為教會將在第五幕的寶座上看見他們。第五幕來到時，哈拿之歌和馬利亞的《尊主頌》蘊含的應許將實現，世上的哀傷變成歡欣起舞。如果教會想成為第五幕的一員，就必須被在第四幕中登場但成了第五幕的諸位主角塑造和形塑。教會藉著與窮人、被排斥的人、被棄置的「泥土」和「碎石塊」同工和同行（working with and being with），並在某些情況下親自成為窮人，便是忠信地跟隨第三幕和期盼第五幕。教會在第四幕愈是靠近窮人，便愈是預備好將在第五幕迎見上帝。

重溫一下狄更斯（Charles Dickens）寫的小說，或有助我們想像第五幕是由第四幕被棄置的材料組成，到底是指甚麼意思。其小說《塊肉餘生記》（*David Copperfield*）的英雄，一生遇到各式各樣的奇人，有些配角只出場一次，便消失於敘事中。將近全書結尾，諸位小配角逐一再次現身。假如讀者不能憑書頁的重量得知讀到哪裏，但是單憑讀到先前出現過的角色逐一再次登場，便可意會已近尾聲。教會的情況也是這樣。只要有一天，教會內坐滿的，是在勝利者名冊上被刪去名字的人；教會靠近的，是一無所有、第四幕突然告終亦全沒損失的人，那麼我們便知道教會靠近天國，第五幕快要來臨。我小時候很喜歡一套電視卡通片集叫《本先生》（*Mr. Benn*）。本先生每星期也會走進一間店子，店主會打開一扇門，讓他通往一次新的歷險。每次故事到尾聲，就像變法術一樣，店主會現身，打開另一扇門，把本先生帶回平常世界。窮人之於教會，就如那店主之於本先生。窮人往往遭到渴求屬靈歷險的人嫌棄；但原來窮人站在通往上帝的故事的下一階段之門口。

耶穌餵飽五千人的故事，足以澄清神劇第二幕、第三幕、第四幕、第五幕的各自特點。第二幕，以色列所付上最大的努力，可見之於那五餅二魚。乃是耶穌，在第三幕以祂恩典的豐足轉化人本性的貧乏。在第四幕，門徒的角色是確保人人夠吃，並收集吃剩的食物，即是餵飽一幕那些被棄置的元素。第五幕的新耶路撒冷，能見之於那十二籃子剩餘的食物，就是照以色列十二支派的模式復興的上帝國。

向小孩子講過故事的人，必見過小孩子為掩飾內心對傳統講故事格式的鍾愛，而偶然流露出那種空洞、茫茫然的表情。講故事的人要是漏掉一大堆情節或故事未完便結束，深感不忿的孩子，一定窮追不捨、胡鬧一番。就算是一邊說一邊創作的故事，情況也如是。小孩子怎麼知道故事已到或未到結局？想像一下，有人在戰場捱過艱苦又漫長的一天，乘坐太空船離開金星；誰知太空船和一隻巨型阿米巴變形蟲相撞，那人變成阿米巴變形蟲體內的細胞。到這裏敘事包含的只是不同種類的資料，雖有趣但未能令人滿意。不過，假如故事發展成那阿米巴變形蟲自我分裂、並重新創造出整個宇宙，那人發現自己變成了一個新的金星，過程中吞噬先前那艘太空船，結束一切戰事，這就出現一個故事了。小孩子能聽出這是故事的結局，因為敘事重新帶出了敘事開始時被棄置的元素。向小孩子現編說故事的祕訣，不在於構思聰明或原創的角色原創的場景，而在於把被棄置的故事元素記在心上、到適當時候重新提出來。同樣，為基督教的故事作「現編」，關鍵不是聰明或原創，而是要非常熟悉故事中被棄置的元素、到重要關頭取而用之。

聖勞倫斯（St. Laurence）的故事，或足以說明這一點。勞倫斯是三世紀羅馬教會的執事，當時羅馬皇帝德西烏斯（Decius）迫害基督徒。羅馬的地方官員下令，要求勞倫斯把教會的財產全數拿出。對於這極具威脅的要求，勞倫斯的回應完美體現出「超度接受」和「重新整合」（reincorporation）。他沒抗命；倒是「接戲」。他請求有兩天寬限，用時間安排其「超度接受」的佈局。勞倫斯思考甚麼才是教會真正的財富，而習慣使然，著他回溯故事中被忽略的部分。第三天，勞倫斯邀請地方官員到教會，教會內坐滿窮人、跛子、孤兒、寡婦。勞倫斯指著面前這些一無所有的人，說：「他們就是教會的財富。」勞倫斯「超度接受」了財富的觀念，並且「重新整合」故事中被棄置的元素。他所做的，是對天國的完美體現；但對羅馬帝國而言這卻隱若敵國，勞倫斯被穿在烤肉叉上燒死。[2]

重新整合

由此帶出「劇場現編」這操練的最後一個踐行，稱為「重新整合」。故事不僅是由連串事件接連發生所組成的。那些串連發生的，沒理由要在任何一個位置停下來不再進行。故事不是只靠自由聯繫，故事需要「重新整合」。[3]「重新整合」顯示故事已到尾聲。故事早前的元素一旦開始被重新整合，便會浮現某種格局，令人能有完滿的感覺。以終末的角度來看的基督教倫理觀，總是深刻意識到故事的結局，以及那結局如何「重新整合」一些（甚至全部）敘事早前的元素。使結局與另一項敘事事件區分開來的，正是「重新整合」。

記憶是「重新整合」的關鍵要素。相比起原創性，記憶遠為影響重大。「現編」的踐行者，不必由零開始創造將來，倒是要回應過去，把過去的事「重新整合」來組成一個故事。舉一個遊戲為例，以闡明這一點；遊戲中，遊戲者甲提供一些自由聯繫但不串連的資料，遊戲者乙要設法把資料串連：

> 遊戲者甲：冬天一個寒冷的晚上，狼羣在樹林中吼叫。
> 演奏會上，鋼琴家整理好衣袖，彈奏起來。
> 有一個老太太正在鏟起她門前的積雪⋯⋯
> 遊戲者乙：⋯⋯老太太聽到鋼琴聲，便開始以驚人的速度鏟雪。她一抵達演奏廳，便大聲說：「那鋼琴家是我兒子！」窗子外有狼羣出現。那鋼琴家跳上鋼琴上，厚毛從他衣服下長出來，明顯可見。[4]

基督徒羣體處身的位置更為類似遊戲者乙，多於類似遊戲者甲。基督徒羣體無法決定被給予的「禮物」(gifts)是甚麼：他們必須運用確信的技能，把「命運」(fate)或「既予」(giveness)般不串連的禮物，轉化成故事的「命途」(destiny)，和那被給予的故事相符。他們要做到這點，不是靠改變主題或拒絕繼續(此二舉，形同用暴力對待逐漸顯露的敍事)。這種視角把造物界中所有事件皆看成是給予敍事種種可能，需要憑著由福音培養出來的技能，將之「重新整合」。所以，「現編」成功的關鍵不在原創，而在記憶。故事中愈是容易遭人遺忘的元素，使之「重新整合」便愈是大快人心。同樣，有人被教會的故事排斥得愈深，將那人「重新整合」進入故事便愈意義重大。就如耶穌對法利賽人西門指出，那用自己的頭髮給耶穌洗腳的女人的悔改，比起西門悔改來得更意義重大。

有一位研究劇場現編的作者，用了一個非常具啟發性的說法，以強調「現編」所必需的種種技能首先並非源自得到靈感(或作決定)的一瞬間。反之，「將來」是由「過去」組成的：

> 現編者必須像個倒轉頭向前走的人，眼看著走過的地方，注意力不放在將來的事。這人的故事可能將他帶到任何地方，但他仍必須透過回憶並「重新整合」一些被擱置了的事件，使其故事取得「平衡」、輪廓得以成形。[5]

這位作者所指的倒轉頭向前走，是個極為重要又意義豐富的圖畫。那樣走路的人，其人生惟一的「既予」就是他正在向後望著的——就是他自身所屬的傳統。聖勞倫斯沒注視他因「超度接受」官員的命令而使得教會所要冒上的風險；

他當時立在危急關頭，指導著他的，是教會過去已經形塑的習慣和委身。教會生活的惟一「既予」，只有是信徒於洗／浸禮時進入的那故事。這看法和後果論的倫理觀（consequential ethics）模式，有明顯差別。以衡量後果作基礎的倫理，大概會目不轉睛注視在看似的「將來」實況。這種倫理觀解決倫理困局的方法，不必然要十分意識到「過去」——甚至刻意設計成使作倫理決定的施行者（agent）擺脫這類思慮。能否形塑「將來」，往往被認為取決於能否控制「現在」；相反，現編者把注意力放在昔日被擱置、現已時機成熟去「重新整合」的元素。受困時，現編者回望，後果論者則前瞻。可是，後果論者講述的故事太過短淺：後果論者活在只有一幕的戲劇中，沒有意識到第五幕——按後果論者所理解的「將來」，講述不了最終一切問題怎樣得到解決。

為免聖勞倫斯的故事也許令人覺得太遙遠（或太敬虔），憶述一個現代人經驗到的事例也是應該的。以下的故事，是由我的朋友馬爾科慕（Malcolm）告訴給我的。馬爾科慕是個牧師，其教區開發了一個幫助青少年罪犯改過自新的事工。那事工包括營運一間傢具資源中心，回收一些破爛的舊傢具，修復至可再用的程度，再送給低收入或被重新配置房屋的人士。馬爾科慕在這事工中認識了一個十五歲少年保羅；保羅曾吸毒，為賺錢自用，習得破門入屋爆竊的技術。

馬爾科慕又認識了一位女士，叫克莉絲特兒。克莉絲特兒有毒癮，和她的幼女住在鎮內一間屋子，晚上女兒睡後，便帶男人回家過夜，賺錢買毒品。馬爾科慕來到家訪，才發現克莉絲特兒家中從樓上到樓下連一件傢具也沒有——只有一張牀褥，是用來招呼嫖客的。其他傢具都賣掉了，錢都花在打扮上。馬爾科慕為克莉絲特兒好處著想，認為傢具資源中心可以提供大量傢具給她。

送貨那天，保羅和馬爾科慕把貨車裝滿傢具：桌子、椅子、廚櫃、五斗櫃、衣櫃，夾縫間放滿送給小女孩的玩具、遊戲、圖書。二人到了克莉絲特兒的屋子敲門，但沒人應門。克莉絲特兒和小女孩都不在。發生了甚麼事？兩母女搬家了嗎？被警察帶走了？死了？是否病了？還是正在工作？抑或覺得送傢具給她是羞辱？實在茫無頭緒。二人無法接受把傢具送回到中心，保羅想到一個辦法：「我提議，不如乾脆把全部東西都放進屋裏 —— 她入屋時一定喜出望外！」馬爾科慕想了一會，才明白保羅想說甚麼。「你是說，破門入屋？」他一說，立時想到區區一把門鎖根本難不了保羅。二人隨即入了屋，把貨車上的傢具都拿出來，玩具擺滿一地。

這時，克莉絲特兒回到家中，見門打開了，甚是震驚、恐懼，跑進屋子裏。她見到馬爾科慕，大哭起來。「我可向妳解釋……」馬爾科慕說，但他立時察覺到剛才克莉絲特兒因害怕而流出的眼淚，變成喜極而泣。她的小女兒有玩具了，數量多得不知怎樣處置才好。克莉絲特兒自己有舒服的椅子，也有吃飯、談天、休息的地方。見她歡喜，馬爾科慕興奮不已。這時馬爾科慕望向保羅，見他也在哭泣，是為另一個原因而哭。保羅以前從未試過令人快樂。他懂得怎樣破門入屋 —— 也不知曾多少次有人對他說，他那樣做使幾多人傷心欲絕。當下他又再破門入屋，闖入某人的人生，但首次化為喜劇而不是悲劇，是盼望而不是絕望。保羅的新生開始了。

這個故事是關於「重新整合」的。保羅和克莉絲特兒都是遭到慣常的人生劇本刪去戲分的人。故事的關鍵時刻，就是保羅意識到他十多歲時鑽研的破門技術，可用來做好事。這些技能被「重新整合」進入故事的時候，這就是線索，表示保羅自己並接著克莉絲特兒及她女兒也要被「重新整合」，最後塑造一個新羣體。像個倒轉頭向前走的演員，馬爾科慕以及一股比他強大的力量，找到方法「重新整合」遺棄了的材料——先是傢具、接著是人——並在過程中遇見天國。

大故事和小故事

上述這類奇妙的發現過程，啟發人以新的眼光來解讀聖經的敍事。約瑟的故事最明顯可見是關於戲分的故事：約瑟本是戲分最低的弟弟，卻變得戲分又高又傲慢，和十個哥哥敵對，被賣到埃及為奴。他在戲分低微的監獄中，由於有能力替有權有勢力卻需人幫助的法老解夢，而變得戲分高。那時，他的戲分高得連他戲分低的哥哥也不認得他。這故事也是關於把「既予」轉化成「禮物」，把「命運」變成「命途」。敵對、妒嫉、為奴、下監、饑荒——這些既予元素都被「重新整合」進入拯救與護佑的故事中，如在本書第九章已探討過的。但這故事也是講到「重新整合」。雅各全家要消災解困，關鍵在於「重新整合」一個很早之前被摒棄而失落的元素（即約瑟）。真正的受害者雅各，最終去到埃及，看見上帝以不可思議的方式拯救了祂的子民後，故事便告圓滿。雅各自己是過來人、完全清楚兄弟對敵的代價和後果，就使故事結局更見諷刺、更叫人滿意。

「重新整合」是四福音常見的主題。如果耶穌呼召十二門徒，即是把失散了的以色列十二支派重新招聚，那麼，祂服事被社羣／社會排斥的人，便是要聚合收納（ingathering）那些流亡被逐的。以這方式，耶穌把以賽亞書第二章的預言（預言列國將湧進錫安，都在上主的家中找到席位）和利未記第二十五章的命令（受壓迫的人將得自由，往後日子他們若被迫賣身為奴，到了禧年，他們和所生的兒女都可重獲自由)結合起來。最常用來描繪天國的，是大筵席的場面；耶穌事奉生涯中發生衝突最多的場合，是飯桌。「重新整合」是透過進食的動作來踐行，無論是敵是友，也是透過吃東西的動作而明白到「重新整合」的意義。餵飽五千人，如本書第四章已指出的，是「重新整合」故事的範例。在這故事中，門徒必須確保沒有一點食物被浪費，裝滿了十二籃子，此舉是「重新整合」的式樣和應許——描繪出藉著耶穌的事工以及門徒的使命，使以色列得到復興。

福音書中最生動傳神地寫到「重新整合」的，也許是兩個門徒在前往以馬忤斯的路上遇見耶穌的故事。那兩個門徒向陌生人耶穌講到故事中的種種「既予」，以悲劇收場。耶穌「重新整合」聖經中每個被忽視的片段，以致悉數被遺忘的人物角色，在路加筆下的故事結尾都再次出場。耶穌以其特別的擘餅方式「重新整合」了最後晚餐後，那兩個門徒便發覺自己心裏火熱，把整個經歷「重新整合」起來。最後那兩個門徒趕快回到耶路撒冷，知會其他門徒，「重新整合」他們。

是時候重溫一開始提出的兩個問題。第一個問題，關乎教會中可供「現編」的資源。答案是：教會有充裕的資源面對各種可能發生的情況；教會可以在自身故事先前種種被摒棄的元素中，找到那些資源。教會歷史，就是以具體行動來身教的神學——好的榜樣像是聖勞倫斯、聖法蘭西斯(St. Francis)，壞的鑑戒像是異端裁判所(Inquisition)、十字軍(Crusades)、猶太人遭大屠殺(Holocaust)等。教會要取得這些資源，就要保持活躍的記憶力去憶述好人和壞人的故事，尤其要回想沒寫下自身歷史的人(即輸家)的故事。勞倫斯這類「現編」的高手，只不過是「重新整合」被摒棄的故事元素。要做到這點，人必須投入一個認識並且活出這故事的羣體。記住過去的罪惡，和記念聖徒是同樣重要的。

第二個問題涉及邪惡。我自始一直主張：教會要是自以為只能對邪惡「砸戲」，此舉其實是違背基督的榜樣，不保證成功，又迴避了發揮想像的過程，也往往使教會勾結一些本來連站在教會旁邊也沒資格的強權勢力。邪惡發出挑戰，可以是使用一個與神劇抗衡的故事帶來威脅，也可以是徹底否定有任何故事存在。舉例說，希特勒（Adolf Hitler）講到一個長達千年的德意志帝國（與神劇抗衡的故事），但較不高尚的納粹黨員折磨猶太人，則靠主張即使有生還者試圖憶述當時的慘劇，也沒有人會相信他們（否定有任何故事）。[6] 教會應對這兩種令人不快的「交戲」的回應，是去講述一個宏大得多的故事，並把教會的想像延至基督教故事的全部層面並擴大至宇宙的範圍。

意識到那更大的故事可以如何影響基督徒的直覺，另一個有助說明的例子，或可見於重提一個經典難題：有一個暴徒拔出手槍，威脅要殺死你身邊一位所愛的人。似乎只有兩個選項：（1）悲劇——他殺了你朋友，或（2）殉道——沒殺你朋友，但殺了你。但其實還有（極少被考慮的）其他選擇，包括（3）你動之以情使那人放下武器，或分散其注意力，或給他一些東西（例如金錢）討饒，或（4）上帝的護佑臨到，例如透過香蕉皮或停電。（5）試圖殺死那暴徒——這選擇又如何？在只有一幕的戲劇中，這是個可行的選擇。但訴諸於一個更大的故事、一個有五幕的戲劇呢？這就響起警號了。假如你所愛的那人是信徒，他或她已預備好迎見造物主。假如那暴徒絕對不是信徒，殺了他，他便沒機會悔改信主。所以，尤達（John Howard Yoder）如此說：「為使一個想最終進入天國的人只是暫時留在外邊，我會即時將一個我在世要拯救的人送下地獄。」[7] 那更大的故事重新定義何為成功失敗、何為輸贏。基督徒的演練(performance),只要跟隨神劇第三幕和期盼第五幕,便是忠信;若要負起全責解決一切衝突、當成只有一幕的戲劇般,反倒不忠。第五幕的應許,就是被棄置的人將被「重新整合」——甚至要等到被摒棄的人全都被「重新整合」後,這故事才會結束;但卻沒有這樣的應許給那摒棄人的人。[8]

較大的故事對較小的故事所作的,就是把「既予」轉化為「禮物」、把「命運」轉化為「命途」。講求遵循道德做人的悲劇,就是人似乎受「既予」限制了可以如何回應的範圍。致力要根據較大的故事來「超度接受」,並具有把被摒棄的故事元素「重新整合」的直覺,就把芸芸「既予」通通轉化為「禮物」。認識到只有福音的大故事才是惟一的「既予」,並且承認那要來的第五幕將解決教會全部未能「超度接受」的局面、恢復教會全部未能「重新整合」的元素,便能把盲目的命運轉化為神聖的命途。

總結而言,我現已概括列出了把劇場現編和基督教倫理觀作類比的各個方面。這個類比是源於認識到教會存在於一個五幕戲劇中的第四幕,至關重要的事件已經發生,因而教會的角色最主要只是使這故事得以持續,而非負責控制故事的發展以保證得出正確的結果。然後更清楚可見,基督徒做大多數事情也是出於習慣和直覺,而基督教倫理觀更多是關於養成好習慣、過於作出良好決定。形塑品格有不同方式,但崇拜是供體現良好習慣的明確處境。下一階段,就是認識到戲分的功用和重要,並察覺到戲分的交互影響不過是用來達成自己意願的不同計謀(tactics)及策略(strategies)。以「接戲」和「砸戲」的角度詮釋人類一切的活動和身體語言,就引申出「超度接受」的做法,教會以「超度接受」來接收世界的給予,就是透過把所接收的通通放進一個大得超乎世人能想像的故事之中，從而把挑戰和要求看成是「禮物」而不是「既予」。最後的階段是要看出可供將來使用的資源是存在於過去被棄置的元素之中，而教會要「重新整合」被奪去和無分於第四幕成果的人和生活方式，來為第五幕作預備。教會回顧其自身處境的歷史（較小的故事）和上帝護佑的歷史（較大的故事），看有沒有「被遺棄了」但已適合「重新整合」的元素，再透過學效第五幕的式樣（這是指，以基督的「既予」去「重新整合」造物界的各樣「禮物」），而預期第五幕。

因「現編」而得贖的家庭

我最後要講的故事，發生在幾年前，故事主人翁叫比爾。比爾畢業後，在他居住的城鎮，有三條出路：下礦坑工作，製造飛機渦輪，或學製造戰艦。比爾選了當造船業學徒，希望成為終身職業。他順利進升，轉為在辦公室工作，負責訂購造船的零件。他結了婚，有妻有女，有車有屋。諸事順遂。但有一天，他連同幾乎全公司所有人一同失業了。比爾的妻子在郵局做兼職，非常能幹，於是轉了做全職，比爾則負責煮食、家居清潔等。禍不單行，他們發覺不得不賣掉屋子。比爾動手裝修屋子，吸引買家。他付出的，吃力不討好。他每天擔驚受怕：怕他非常能幹的妻子，更怕她傷人於無形的冷言冷語；妻子身心疲倦時，說話更尤其尖銳。兩個女兒目睹家中氣氛日益緊張。這家人決定維持慶祝復活節，復活節前一週開始預備心靈；但到了慶祝受難節那天，全家人受折磨的情景已若隱若現。

到受難節翌日，終於爆發。比爾的妻子放工回家，想匆忙吃些茶點，便去參加復活節前夕的守夜崇拜。但她嗅到油漆的味道，停下腳步。比爾站在樓梯上，梯子無意中撞穿了天花板，油漆罐打翻了，油漆一滴一滴流到樓梯的地毯上。比爾的妻子尖叫道：「你有甚麼用？你找不到工作，你不懂煮食，不能保持家居整潔——手裏拿著油漆掃子，便毀了全屋！你真沒用，沒有希望的了。」大嚷之後，一片寂靜，更是駭人；每一個字，比爾都照單全收了。但他十一歲的女兒相當早熟，出口干預。她望向樓梯上的父親，再回頭望向母親，只說：「他是個好爸爸。」

用這六個字，比爾的女兒把正確的事視為理當如此：她明白自己是小孩子，沒責任控制事情發展以保證結果；對母親所說的話，她沒「砸戲」；但她對母親認定的「既予」提出疑問；再「超度接受」母親所說的話，並且把故事中被遺忘了的元素「重新整合」——確實屬於神劇最後一幕的那些元素。六個字，包含了「現編」的六個階段。女兒說的單單六個字，感動了母親謙卑悔改。當天晚上，這位母親流著眼淚向我述說這故事。

第三部

收成

11
人性的邪惡：一個威嚇就範的交戲

A Threatening Offer: Human Evil

這一章和下一章會考慮一些帶威脅的「交戲」（offer）。有些威脅性的交戲，似乎是來自受造秩序的缺陷，像是殘障和疾病，下一章會探討這些方面。這一章要針對的，是人類心靈（heart and soul）上的缺陷。致力要在上帝的故事的亮光底下來「現編」的羣體，怎樣應付制度的壓迫？對很多人來說，基督教倫理觀中最迫切的議題也許是：信徒羣體要如何應付罪？尤其所指的罪以暴力、壓制、甚至可能導致徹底毀滅的面目出現？

研究基督教倫理觀的芸芸作者，已經用了不少篇幅，討論應否或在甚麼情況下才可拿起武器對抗壓迫人的政體。由於這類情況有點類似戰爭，因此不時有人提出近似正義之戰（just war）的論點，像是正當權柄（legitimate authority）、最後才用的手段、動機正確等。但假如機會渺茫或根本無望獲勝，那又如何？假如壓迫者佔盡地利人和、勝券在握，「砸戲」（block）根本沒用？假如壓迫廣泛而劇烈，但仍被官方否認，那又怎樣？

這樣的情況，正是卡瓦諾（William Cavanaugh）在他的《酷刑與聖餐》（*Torture and Eucharist*）描述的處境。[1] 卡瓦諾寫到智利和當地羅馬天主教會於一九七三至一九九〇年間、受奧古斯圖 · 皮諾切特將軍（General Augusto Pinochet）獨裁統治的局面。一九七〇年，信奉馬克思主義的薩爾瓦多 · 阿連德（Salvador Allende）獲百分之三十六票數，當選為智利總統。政府實施全面左翼改革，包括把私營公司和銀行國有化、充公土地、調控貨品價格和工資變成對工人有利。政治被兩極化，全國近乎大亂。一九七三年九月十三日，軍政府掌握大權，聲稱要結束黨派紛爭、以不帶政治色彩的民族精神團結全國。人口失蹤、施酷刑、殺人等事情，幾乎立時紛起。被有組織清算的受害者，包括舊政府支持者、工黨領袖、教會的行動分子，以及參與民間組織的人士。很多被認為和行動分子稍有牽連的人，也遭同一厄運。新政府站穩陣腳後，這類迫害的強度雖然減弱，但是這恐怖統治仍持續了十七年。

「接戲」與「砸戲」

智利進行內部清算，凡被視為敵對這政權的人，只得一個殘酷選項：匿藏家裏、保持低調，以及因而冒著被警察上門帶走「被失蹤」的危險；或偷渡出國，但可能更快遭殃。即一是選擇被動就範，一是選擇主動潛逃。連神職人員也不能幸免：首四個月內，百多個神職人員被迫離開智利。[2]

至於羅馬天主教內一些較資深的公眾人物，要作的抉擇有點不一樣。不遲於一九七三年九月，連最為贊成改革的主教在內，再沒有任何一個主教支持阿連德的政府。[3] 主教團認為自身職責是要確保延續。主教團對智利的願景，竟和皮諾切特獨裁統治的目標不謀而合。「兩者都聲稱想把社會衝突融入一個沒必然糾爭（essential strife）的整體。教會嘗試以奧祕的聖餐（mystical communion）超越黨派鬥爭來團結智利人；軍人政府則想徹底消滅黨派政治。」[4] 所以，有幾位主教覺得有責任支持新政府。

事實上當時只有極少人對執掌大權的人發動暴力抗爭；但是對皮諾切特的政權來說，卡瓦諾指出，缺乏反抗者的局面是成問題的。政變後一個月，皮諾切特委派了一位將軍於全國搜查反抗勢力：該將軍每到一個軍事基地，便導致幾十人被處決。新政府需要暴力和抗爭，才能營造一種氣氛，使新政府的政策看似正當合法，只有國家才是救世主。教會的高層人物太注重推動智利團結統一，以致他們以為自己和新政府有共同關注，把教會和國家看成是民族遺產的左右護法。高層人物認為酷刑和處決「並非這政制本質上固有的，只是反常情況，只要訴諸於智利統治層的基督徒良知便能矯正過來。」[5] 所以，主教團幾乎全都寧可和政府私下對話，不作公開譴責——儘管他們想保護的那些人持相反的看法。[6] 舉例說，主教團從沒呼籲民眾憑良心不要服兵役。

要等到一九七六年，主教團才開始清晰表達「在祕密警察橫行、叫人恐懼的國家架構下，打壓基本自由，踐踏基本人權，壓制人民」之制度是與人民為敵的。[7] 最終於一九七七年，主教團堅決表示教會的社會角色和皮諾切特的政體互相衝突。他們說，教會透過開辦免費飯堂（或譯作施食站）、合作社、工作坊，並援助無力自保和受迫害者，使人得見拯救。教會「沒將自身只局限於『宗教』領域。宗教領域的定義，不時是由那些有意把教會從其他領域中剔除的人任意判定的……。教會知道有人想利用他們：道成肉身，必然內含這風險。但教會明白離場和沉默，同樣意味著類似於說話和在場的危險。」[8] 一九八〇年五月，主教團飽受傳媒對他們和對基督徒羣體的抨擊之後，並目睹了人民慘受酷刑折磨的惡果，終於發表了一份文獻，題為〈我就是你正在迫害的耶穌〉（I Am Jesus, Whom You Are Persecuting），立場從標題呼之欲出、一望而知。

智利的大多數人民，用「現編」的術語來說，甚少或根本沒有選擇「接戲」（accepting）還是「砸戲」的餘地。對這新政權「砸戲」，幾乎肯定等於要受酷刑虐待，極可能被折磨至死。相比起來，教會的領袖確實可以有所選擇，但他們在重要的早期階段認定他們有責任「接戲」，而「砸戲」則有違他們支持智利團結統一的職責。

對「既予」存疑

為何用了這麼長的時間？神職人員和信徒被殘殺之際，主教團竟能饒恕這個制定又策動大規模濫用私刑的政體？卡瓦諾詳細提供兩個解釋，一個解釋是本於當時普遍理解的教會的社會角色，另一個解釋是本於對酷刑的真正性質理解不足。

卡瓦諾提綱挈領，講到當時普遍理解的教會的社會角色，以及那樣理解造成的後果，概述如下：

> 官方天主教的教會論，由於教會撤退到公民社會中的「宗教」地帶，而助長了產生一個任意而為的權力自主的政治領域。要進入政界的，是平信徒的任務：平信徒要按照從教會中學到的「價值觀」去行事，以個人身分進入政界，在具體的政策中體現那些價值觀。不幸的是，可見證的教會，被如此分散成個人而變得像消

> 失似般，就和軍政府濫用私刑和蒸發人口造成的影響如出一轍……。官方天主教會〔未預備好〕招架軍政府這種策略，因為實際上，其教會論已經使教會失去了其作為社會團體的存在形式。[9]

智利的主教團的教會論，於五十年前的歐洲教會中已見到大概雛型。五十年前，即第一次世界大戰和第二次世界大戰發生期間，歐洲政壇動盪，教會面對廣泛的反教權運動，要選擇是否為保障自身利益而支持一些政黨，抑或選擇徹底撤出政界。庇護十一世（Pius XI）於一九二二年成為教宗，採取教會撤出政界的做法，不支持任何政黨，致力從宗教和道德層面團結天主教徒。他最重要的公開行動，就是發起「天主教行動組」（Catholic Action），那是由神職人員監督的一個平信徒運動，矢志透過把天主教的價值觀和天主教徒滲入公民社會的不同機構，去處理當時的社會問題。「庇護十一世展望出現一羣委身的平信徒部隊，由主教團領導下，把福音帶到日常生活的世界，為基督再贏得社會。」[10]

庇護十一世認為屬靈和俗世是不同的領域。神職人員的任務是自然之上的；他們要幫助平信徒形塑以基督為本的良知，藉著平信徒努力，以間接的途徑把福音傳到世界。每個真天主教徒便是這樣成為了服從的愛國者和傑出的忠心公民的模範。這種意識形態，塑造了六〇年代至八〇年代服事智利的那一代羅馬天主教領袖。其理論基礎，是源於法國天主教哲學家雅克・馬里坦（Jacques Maritain）的新基督教王國教會論（New Christendom ecclesiology）。馬里坦認為新約最重要的經文，就是耶穌教導人要把屬於凱撒的物歸凱撒，把屬於上帝的物歸上帝。以這種方式，耶穌肯定俗世的自主性，同時肯定屬靈更高一等。從政治上來說，這即是意味教會支配著內在、奧祕的領域，而人的身體則交給國家。馬里坦矢志建立「新基督教王國」(New Christendom)，那是一種更正確的新基督教文化，雖獨立於教會，但彌漫著基督教精神。

卡瓦諾解釋馬里坦的教會論如何為智利的迫害提供了空間：「馬里坦固然可宣告只有上帝才真正擁有主權、國家沒有。可是，一旦教會被個人化，並且其作為基督在世的身體消失了，那麼剩下來扮演上帝的，就只有國家。國家本身要是成了捍衛人權的機關，而很諷刺的，人權便受到國家安全問題所束縛。」[11] 把重點放在身體的奧祕性質，就導致教會變得「不可見」。這問題的癥結在於把兩個平面區分、把俗世從屬靈切割開來——如此的二元分割，是本於把身體和靈魂區分這個更加根本的錯誤。卡瓦諾肯定這個問題從頭到尾也關涉到對政治下的定義，不要以君士坦丁式(Constantinian)的緬懷過去為基礎，而是要以神學角度理解何為身體，來作為對政治下定義的基礎。

> 如果我們明白身體和靈魂是合而為一的，便必須明白真正構成風險的，不是身體力量與靈魂力量之爭，而是不同形式互相競爭的身體—靈魂的操練，有以暴力方式的，有以和平方式的。基督徒必須明白，國家對身體的控制，其實同是對靈魂的控制。教會必不可把自身的操練資源——守聖餐、懺悔、德性、慈惠工作、殉道——看成只關係到靈魂(靈魂再不知怎的，「活化」身體的「真實世界」)，倒要把那些操練看成是關乎身體—靈魂的，在世界產生可見的行動、踐行、習慣。因為教會是真正的社羣/社會身體，所以必須向國家不單討回身體更討回靈魂，並設立一種真正像基督樣式的操練——這種能力是以憐憫與殉道、受苦

與復和為基礎，不是借助光復基督教王國而來。[12]

要正確理解酷刑，成問題的同樣是身體。一九七三年十一月，智利國家情報局（Dirección de Inteligencia Nacional），簡稱 DINA（後來改名為 Centro Nacional de Informaciones，簡稱 CNI）開始實施恐怖手段的科層政治（bureaucracy of terror）。以下農民工會人員講述的這一段，很有代表性：「他們將我們四人放進一個只有桌子大小的密室。黑暗中，我們整天聽到尖叫聲，整夜聽到哭聲。我想像中的地獄就是這樣⋯⋯。守衛會在水池發出水聲，巡邏囚房時便會說快要殺掉某某或閹割某某。」[13] 動機似乎是盤問，為查出答案而用殘暴手段，看來是合理的。但事實是，用酷刑逼供的人已經知道答案。酷刑不是借助施加痛苦來尋求真相，而是為了國家統一口徑。[14]

卡瓦諾認為，對於施酷刑的種種倫理判斷，往往只流於譴責其為罪惡，要求制止；一言蔽之，就是：「施酷刑是很壞的事。」[15] 這個說法一般是以個人權益的理解為基礎，酷刑被視為侵犯個人整全性（personal integrity）。卡瓦諾認為這類看法誤解了酷刑的本質和目的：酷刑其實首要**不是**對個人身體的襲擊。被施酷刑的人承受極大身體痛楚；但施酷刑的目的是要使眾多**社羣／社會**團體（social bodies）解體。「施酷刑，不僅是對人身體的襲擊，更是要創造個體的身體（individual bodies）。」[16] 施酷刑是一個現代性常有的過程的極端版本，這是指：現代國家以法律之下人人平等的名義，廢除種種介乎國家與個人之間的社羣／社會連結；結果，中世紀的人用來界定自己身分的那類紐帶和連結，不再當道。

這絕對不是說人權等同於酷刑。這是想說，人權是其中一個因素，促使公民社會變得原子化，以保護個人的名義，把居間社羣/社會團體的權力全部轉移給國家。但倘若更為險惡的力量把社會原子化，那麼所謂國家的保護就形同虛設，就如皮諾切特政權下的智利只剩下無依無靠的個人獨自面對冷酷無情的國家。慘遭酷刑的人或其家屬申訴無門，惟一申訴的途徑是國家，但用嚴刑手段對待他們的正是國家。

卡瓦諾的論點有力表明，教會的消失(由庇護十一世和馬里坦的教會觀引致的)和身體遭施酷刑而被「消失」是相關連的。社團組織其集體組成的身體一旦變得「不可見」，就沒有身體足以保護公民抵擋國家的吞噬。所以，教會需要做的，是要再次肯定教會本身是個身體。教會回應酷刑的方法，不是發起運動爭取個體的人權，因為個體的人權的觀念暗中加強個體乞求國家憐憫的認定。反而，教會只須記得和展示出教會是個真正的身體，這身體比起個體和國家都重要，是藉洗/浸禮而加入、藉聖餐而被塑造。教會是基督的身體。

「重新整合」遺棄了的

智利天主教會最先是透過給窮人委身而漸漸重新認知教會在智利擔當的角色。智利協力推動和平委員會(The Committee of Cooperation for Peace in Chile，簡稱COPACHI)的成立，是為了處理一九七三年政變後即時引起的社會問題。這委員會逐漸發展成一個有廣泛網絡、以教區為基地的社會服務計劃。一九七五年，在諾切特將軍令下，這委員會被迫停辦。但次日，樞機主教立即成立教區教牧聯會(Vicariate of Solidarity)，把工作範圍擴大到法律組織、資訊機關、社會組織。

對於新政府的新自由主義(neoliberal)的經濟政策，教區教牧聯會應付之法，是向工會提供協助，設立家庭式手工業，幫助籌辦合作社，由合作社幫助失業人士一同另謀生計、訓練新技術、分擔日常開支的重擔。自雇人士的工場，包括修鞋和維修喉管的行業。對於政府使國家保健制度解體，教區教牧聯會應付之法是設立醫療中心，以解決基本保健需要。那些診所聘請被列入政治黑名單、找不到日常工作的醫生，並培訓當地人擔當助理護士。教區教牧聯會開設免費飯堂，為兒童和青少年供應有營養的午餐，又運作青少年中心，以這方式服事他們。這工作逐漸由提供營養，變成著重幫助人們自己種植蔬菜，又成立以團購方式買入便宜日用品的合作社。這些社會工作大多包含教育的層面，部分工作更明顯是為訓練工會領袖、提高地區組織者的能力而設。透過這些教育項目，人們學會怎樣道出該政權的罪行，並發現「惟靠彼此合作、互作肢體，才能抵抗政權對社會的控制」。[17] 教區教牧聯會記錄了皮諾切特政權成千上萬的罪行，成了抗衡政府政治宣傳的幾乎惟一的資料來源。也許，最具象徵意義的是（使人想起本書第七章哈利和羅賓的故事），縫紉和做手工藝的工場開始用舊布碎和舊材料來編織一些日常生活的情景，這些織錦畫（當地人稱之為 *arpilleras*）成了智利至為重要的一種社會抗爭方式。

由這些社會工作所刻畫出的「重新整合」（reincorporation），針織是焦點的意象。針織是「重新整合」的完美意象，因一股一股的毛線可象徵不同的故事或被厭棄的材料，也可象徵受欺壓或被原子化的人民。針織是關乎把不同的線重新結合，造出一些又美又有用的東西。這個意象適用來說明「重新整合」如何象徵教會對酷刑的回應。施酷刑和使人「被失蹤」是要破壞並試圖消滅國家和個人之間的一切社羣／社會團體。教會透過團結社羣／社會的工作項目，著手把不同社羣／社會團體重新織造起來。教會藉著建立一個新身體，藉著編織一個更新的社羣/社會結構，去回應酷刑和使人「被失蹤」的做法。教區教牧聯會的這些企劃「拒絕承認和正當化國家對身體的全權支配」。[18]

由教區教牧聯會的社會企劃所呈現出「重新整合」的另一方面，就是這些並不僅只限於天主教徒。非天主教徒和非基督徒也獲益，特別是和曾受酷刑折磨的人及失蹤者家屬一同合作的方面而言。卡瓦諾指出這種對人的款待(hospitality)是個終末的兆頭，預示著在世界復和之中上帝子民最終的被聚合收納。「所以，教會不只記念殉道的信徒，也記念其他很多遭敵擋福音的世上權勢所苦害的人。馬太福音二十五章31至46節驚人地透露：受害者就是或潛在地是基督身體的肢體，但這要到末日才被揭露。」[19] 這看法尤其適用於免費飯堂，呼應著耶穌的預言：「從東、從西、從南、從北將有人來，在上帝的國裏坐席。」(路十三29)這些飯食不僅是為舒緩基本需要而作的謙卑舉動，也像聖餐一樣是禱告，祈求基督快來審判，設立由天上筵席所代表的公義之國。[20] 根據這種終末觀，在知識論上而言這天上筵席先存於地上免費飯堂的偶發事件。因此，智利政權之不公不義，透過基督應許的實現，受到判審。

形塑習慣

《酷刑與聖餐》的核心論點，是認為基督的身體藉著恆常守聖餐的踐行，從而塑造和構成一個有能力應付酷刑的身體。我在本書第六章主張想像在倫理學中具重要意義，並提出基督徒道德上的想像是透過教會的習慣和踐行而形塑的。卡瓦諾正是這樣來理解聖餐及其在智利之重要。「聖餐遠超過只是以儀式重複過去的事，反而這是照字面理解的『重新結合』（re-member）基督的身體，是藉許多人一同有分基督的獻上，編織成基督的身體⋯⋯。如果酷刑是國家的想像，聖餐便是教會的想像。」[21] 聖餐是教會藉以對抗酷刑的首要方法，因為難題出在教會的不可見，但聖餐比起其他一切做法更能使教會成為可見。「若要人『辨識這身體』，那麼，這身體必須在此時此刻⋯⋯成為可見的。聖餐能影響基督的真正身體的可見性，所以教會要以這上帝的禮物作為想像，來抗衡國家的想像。」[22]

卡瓦諾的聖餐觀可追本溯源至奧古斯丁（Augustine）對聖餐的理解。奧古斯丁主張，人之所以能為上帝犧牲，成為獻給上帝的祭，不是因上帝需要安撫，而是由於人是屬於上帝的。人與上帝連合，是透過向世界死並與基督同復活，不去效法這世界，卻被轉化成與團契相交。

> 基督取了僕人的樣式。祂將自己當成禮物送給全人類，徹底倒空自己（*kenosis*），甚至連自己的身分也送給跟隨祂的羣體，以致他們在歷史中成了基督的真正身體，因而也取了僕人的樣式。基督徒的獻上使我們在基督的身體裏彼此聯合、又與上帝聯合，以致我們成為被獻在壇上的祭。奧古斯丁說，這便是聖餐的意義。[23]

和本書第六章再次同一精神，卡瓦諾指出聖餐是關乎行動過於說話的。當代基督徒談到聆聽、用心，或講道（牧師的情況而言），但初期教會則講到要把奧祕做出、行出或演出。把聖餐做出來（doing the Eucharist），和以其他形式做出的行動相稱。「教會自我獻上的演練（performance），就是『證據』，表明基督臨在於聖餐的餅和酒之中。教會必須獻上（offer）自己為祭，好使教會在聖餐桌獻上基督曾付出的（offered）。」[24]

為要創造和維持一個可見的又能和世界分別出來的身體，教會需有大量紀律操練（discipline）。操練是一些強化身體的踐行，使身體能抵擋種種不肯服膺基督主權的影響力。聖餐是這類紀律操練的核心，因為聖餐使基督身體可見，並且在此時此刻使人預期主再來。卡瓦諾提到三世紀居普良（Cyprian）對紀律操練的理解。信徒的身體是個戰場，上帝和拒絕其主權的勢力在其中交戰。這種爭戰尤其見於殉道；但基督徒在克制身體慾望、抵擋世界的事情上，其實每天也面對著某種形式的殉道。「基督徒的身體是教會身體的縮影，不斷受著俗世（*saeculum*）威脅。基督徒的紀律操練，有如解藥，化解世界想紀律操練身體的種種嘗試。」[25]

三世紀初希臘神學家希坡律陀（Hippolytus），其著述寫到一些稱為「使徒傳統」（apostolic tradition）的初期教會踐行，論到參與聖餐的人必須品行端正。信徒羣體會查問想加入教會的人所從事的職業。開妓院者、製造偶像者、於鬥獸場比武的鬥士、士兵、地方官長、妓女等，必須改行從良，才會被接受申請洗／浸禮。三年預備期內，申請人要表現出多番行善，洗／浸禮才會進行；所信的教義正確，是次要。同樣在聖餐中，與人和好，不僅是參與這聖禮所結的果子，更是須要做到的必要條件。與人有嫌隙的人，不得參與聖餐。馬太福音五章 23 至 26 節的教導攸關重要：來到祭壇前，等於來到上帝的審判台前；來到上帝的審判台前未與人和好，即是沒作好準備。哥林多前書十一章 27 至 32 節中，保羅警告不辨明身體的人（卡瓦諾堅持身體是指教會，不僅是指聖餐的餅）會有的下場，意味阻止罪人領受聖餐不只是為作懲罰，也是為他們本身著想。談到德西烏斯（Decius）迫害基督徒期間曾離道反教的人想重新加入／被整合到（reincorporation）教會，居普良要求他們要有一段長時間的懺悔去重新學習作門徒，重新調教信徒的身體和靈魂：遠離羅馬帝國的紀律操練，轉向基督徒身體的操練。[26]

有了這樣的理解：以聖餐為焦點去理解紀律操練，在一些眾所周知的極壞情況下，就能行使將人逐出教會的做法。由主教主持的聖餐，是整個基督身體的終末聚集（gathering）：所以，將沒有復和的肢體逐出教會，是很嚴重的事——但這做法可使來到聚會的人心思集中在紀律操練成為基督身體的一部分。

被軍人執政七年後，於一九八〇年十二月，七位主教終於下令要將負責或授權施酷刑的人，以及有能力阻止這種事卻袖手旁觀的人，逐出教會。對人施酷刑者的名單和施刑場所的地點，雖然實質上沒一個被公開，但已是有了重大突破。最後，先前一直用來支持該政權的、那種講合一和秩序的信仰語言，開始被用來強調以教會的紀律操練去抵抗肆虐的國家。對人施酷刑，被指為等於是攻擊基督的身體。「將人逐出教會是教會行使的紀律操練，使真教會成為可見的（無論效力多麼短暫和微弱），是一個另類的和平和公義的社會，在這裏是容不下酷刑的。」[27] 皮諾切特將軍從沒被指名道姓逐出教會。有很多人為這情況提出了不同解釋，主要歸因於教會論有缺陷，阻礙了主教團意識到皮諾切特所作所為造成的深遠影響。雖然將人逐出教會的紀律操練在智利只是局部得以執行，但卡瓦諾顯明了這踐行是教會對壓迫的回應所不可或缺的——用他的說法：「將人逐出教會的做法，清楚說明聖餐怎樣為教會的社羣／社會踐行提供資源。」[28]

整合禮物

卡瓦諾對受皮諾切特統治下的智利的精闢分析，當中重要的灼見，也許是把酷刑形容為是被扭曲的崇拜禮儀（liturgy）。換言之，酷刑和聖餐是競爭的踐行，爭相為身體的社羣/社會性質下定義。面對酷刑，教會的任務與其說是「砸戲」（教會並沒能力做到），不如說是要將之解釋成崇拜禮儀，並為面對這挑戰而更新自身的崇拜禮儀。

卡瓦諾主張「酷刑是一種扭曲了的崇拜禮儀，這種儀式要使社羣/社會中的身體（組織和個體）作出一個集體演練，但這演練不是出於一個真正的羣體，而是出於由彼此猜忌的個體所組成的原子化羣眾。」[29] 這裏演出的是，受害人被迫使講一些和政權同一口吻的說話，「做複述國家言論的應聲蟲」。嚴刑拷問提的問題、得的答案，都不是為了尋找或提供新資料，而是為了迫人依照施刑者的方式看實在（reality）：

> 酷刑可以看成是某種扭曲了的崇拜禮儀，因為在施酷刑時受害人的身體成了以最可畏方式顯出國家權力的儀式場地。酷刑是崇拜禮儀，或更好稱作「反崇拜禮儀」（anti-liturgy），因為施酷刑涉及到以身體和一些身體動作去踐現（enacted）一齣戲劇，國家的權力在劇中變成真實，參與演出即等同崇拜那奧祕力量。[30]

相比來說，「如奧古斯丁所見，聖餐才是真的『政治』，因為聖餐是真正的終末上帝之城（City of God）在另一個逝亡中之城眾目睽睽下的公共演練」。[31] 以這意義來理解教會與世界的關係，是很重要的。「重點不是要去政治化聖餐，而是要『聖餐化』（Eucharistize）這世界。」[32]

卡瓦諾講到塞巴斯蒂安．埃斯夫多反酷刑運動（Sebastian Acevedo Movement against Torture），來描述教會在崇拜禮儀上「超度接受」酷刑。塞巴斯蒂安．埃斯夫多是個建築工人，他兩個兒女於一九八三年十一月遭綁架。他搜索三天、一無所獲後，便用氣油潑自己，於康塞普西翁（Concepción）的大教堂外自焚。以他名字命名的塞巴斯蒂安．埃斯夫多反酷刑運動的成員，開始在一些重要地點，像是施酷刑場地、法庭、政府大樓、媒體中心外，用身體演練一些表達團結一體、表示譴責的公共儀式。他們可以有多達一百五十人從人羣中湧出，拉開橫額，派發小冊子，唱歌，以背誦方式細述行政部門的罪行和司法部門如何緘默。警察通常會包圍示威者，但有時十分鐘的禮儀已告一段落。

這些具顛覆意義的街頭禮儀，不但奪回時間（如同聖餐儀式一樣，使人預期上帝國的突然入侵），也創造出空間，於短暫的公共空間內，在其中國家和國家警察的支配地位被顛覆。只要有一羣人一同公然違抗、譏諷，就能擺脫恐懼。「將來的上帝國被帶進此時此刻，使世界的時間服膺於神聖的護佑的統治之下，並因而創造出身體是屬上帝而不屬國家的反抗空間。」[33] 與此同時，那些街頭禮儀使一些向來不為人知的施刑地點公諸於世、顯露人前，猶如把遮掩刑場的幔子一分為二。施酷刑者的名字有時會被公開，用刑方式也會指明出來。受害者變成殉道士。

由始至終這是場身體的爭奪戰。示威者的身體遭噴催淚氣體、遭毆打、被水炮射擊、被拖走。不自衛的身體，藉自身的軟弱去揭露國家的壓迫。「儀式的設計旨在使遭受酷刑的身體、國家已使之失蹤的那些身體，奇蹟似的藉示威者的身體重現人間。」[34] 痛苦，藉著超越物質的層面，而被「超度接受」。「酷刑利用痛苦難以向人言喻的特點，使受害人孤立起來。但在這裏，透過一同分擔痛苦，這種隔膜被打破。」[35] 示威者看見自己乃是握著扣上鎖鏈的手、擁抱著破碎的身體。最重要是，示威者將自己所受的苦，與受酷刑的基督視為同一。「被『失蹤』者的身體，藉著基督可見的身體之重現，而重現人間。」[36] 這種在基督裏的合一，比任何計謀（tactic）更能扭轉酷刑造成的隔閡。施行酷刑，能使受害人彼此隔絕，但沒有東西能使他們與基督所受的鞭打和釘傷所成就的連成一體相互隔絕，而藉著這所受的苦，他們成了殉道士而不是受害者。這種藉著有分於基督所受的苦而彼此合一的感覺，和聖餐所理解的有分於基督是相應的。「基督的身體之重現，正是以一個獻祭中被呈上的受苦的身體而重現；基督的身體是因其身上的傷處而成為可見。但這身體也帶著將來榮耀的印記……。我們所見證的禮儀預期著歷史的終結和身體的復活。」[37]

卡瓦諾所寫的總結，值得全文一字不漏引述。他所用的字句，把「戲分」、「習慣」、「重新整合」、「超度接受」等觀念通通結合：

> 如果酷刑本質上是個「反崇拜禮儀」，是國家用來對別的身體實現其無所不能的一齣戲劇，那麼，聖餐便是其直接而驚人的相反，因為在聖餐之中基督獻上的不是別的身體，而是祂自己的身體。權力是藉自我獻上而實現的；基督徒藉著將自己的身體和基督的獻上合一，來加入這獻上。基督徒將自己變成送給別人的禮物，如教區教牧聯會和塞巴斯蒂安．埃斯夫多反酷刑運動的踐行所闡明的。在聖餐中將自己的身體交給基督，就作出了認信（confession），但那聽見的不是國家的聲音。施酷刑者迫人認信國家的無限權力，聖餐要求認信耶穌是萬有的主，並且身體是屬祂的。[38]

12
有缺陷的造物界：一個威嚇就範的交戲

A Threatening Offer: Flawed Creation

上一章著眼於神劇中一個威脅性的交戲（offer），其中有的缺陷，在於人類心靈中的邪惡。在這一章，我探討一種截然不同的缺陷——慢性疾病和殘障等自然界的邪惡，以平衡上一章人性的邪惡。我會著眼於兩個見證，頭一個講到照顧有嚴重智障的孩子，第二個講到當事人自己身體的疼痛，並且要照顧患有慢性惡疾而日漸虛弱的孩子。如同上一章，以下探討的兩個故事沒被提煉成一個倫理「議題」；但有如上一章，本書其餘的論點都期望指出正是在這類處境中，「上帝的作為會被顯明」。[1]

形塑習慣

衞理公會（Methodist）神學家楊格（Frances Young）是伯明罕大學（Birmingham University）的教授。於其所寫的《面對面》（*Face to Face*）[2] 一書中，楊格從神學家和母親的雙重視角，講到自己和兒子阿瑟（Arthur）的人生故事。阿瑟十六歲那年，即一九八四年，他首次不用撐扶、靠自己站立了幾秒鐘後，楊格便開始寫作。因為胎盤細小的緣故，阿瑟先天腦部受損。楊格詳細寫到一種「欠缺事件的人生……如慢動作播放，遺失了時間觀念」。[3] 寫到的細節，包括腳上鑲著夾板睡覺、忍受痙攣、日常更衣、餵食、上學、遊戲、洗澡等。她繼而提出一些和悲傷、沮喪、神義論有關的問題，以及追溯她自己的事奉的召命，並探討教會和廣大社會對阿瑟這類孩子要擔當的角色。

先來看看楊格和阿瑟的故事講到甚麼是跟形塑技能有關的。她這本書一開首寫的，可說是以詳盡而非批判性且不帶感情色彩的筆觸，描述她和阿瑟的日常生活。描寫的，是不尋常處境中的尋常生活。冗長的細節，說明這故事的深入和複雜程度：其中的倫理觀，不可由在關鍵時刻下及時決定的抽離旁觀者所決定。站立、步行、睡眠、穿衣、進食、維繫家庭等——奮力將這些瑣碎事變成生活習慣，就是這故事的中心，這是楊格在第一章開宗明義指出的。藉著詳細的記述，楊格捕捉了日常行為的社羣/社會意義，正如我在本書第六章著手所做的。

我會把另一個頗為不同的故事，跟楊格和阿瑟的人生故事並列。瑪格麗特（Margaret Spufford）是專門研究十七世紀的歷史學家，她三代家人也飽受疾病煎熬。瑪格麗特寫的《慶典》（*Celebration*）一書，講述自己童年十歲時的心理創傷：目睹自己母親嚴重中風、發出怪聲，倒地不起。[4] 她差不多二十歲時，開始患上嚴重的骨骼病症，十五年後被診斷為骨質疏鬆症。她每次不能坐下超過兩小時，並不時感到劇痛。她愈來愈怕過了更年期後，病況更急轉直下。在這狀況下，她誕下一個女兒，叫布莉潔特（Bridget），但漸漸才發現布莉潔特病得多麼嚴重。布莉潔特被診斷為患有胱氨酸症

（cystinosis），這是由基因引發的新陳代謝病症，損害腎臟，而慢慢致死。布莉潔特一生重重複複的：定時捱痛（有時是劇痛），定時看醫生。與此同時，其父母要盡力於情緒上表現如常，但又本能地想保護自己孩子。每到一定時候，由於胱氨酸指數提高（因治療而引起的附帶徵狀或副作用），胰臟、甲狀腺、韌帶、髖骨、腳、視力也會受影響，並有可能惡化成痴呆症。布莉潔特的父母要天天面對這嚴峻的事實：

> 照顧一個不持續接受醫療便已死掉的孩子，並且準確預知她無論如何幾年內亦會死，卻要轉化這樣的情況，變為「正常」、美好、充滿愛的家庭生活，使全家在受著種種照顧的限制下，盡可能感覺尋常。這幾乎是不可能承受的情況。[5]

楊格的記述，和瑪格麗特的記述有三個共同點，都是和形塑習慣有關的。第一個共同點，這兩位作者都從自身的學術研究的背景來看自身的故事。二人在不同時間也想過放棄自己的召命和事業，只是被勸說，明白到這樣放棄自己不會減輕他們孩子所受的苦，反而可能失去維持家庭生活節奏和目標的一個重要元素。如是者，二人各自透過他們專攻的教父神學和十七世紀社會歷史，以及透過由從事學科研究和踐行學術交流而被迫形成的生活式樣，去講述他們怎樣與痛苦和沮喪的感覺搏鬥。二人也意識到對他們來說，學術研究和教學等用智性的德性（cerebral virtues），對於豐盛人生極為不可或缺。

第二個共同點，這兩位作者也認為在崇拜這核心的實在（reality）中為自己的人生掙扎找到位置，是理當如此的。瑪格麗特指她之所以沒像伊凡．卡拉馬助夫（Ivan Karamazov）

般「退還天國的入場券」，是歸因於她有恆常參與崇拜的習慣：

> 聖餐徹底而完全準確地體現出我所知的全部經驗，這樣的經驗，有時實在叫我近乎承受不了。但像任何完全準確的東西一樣，聖餐也帶來解脫。然後聖餐的餅和酒被放在桌上的儀式繼續，由釘十字架到轉化到復活……。
>
> 我沒退還入場券，是由於守聖餐和基督在聖餐中之獻出自己，似乎使人參透一切苦痛和死亡的事實。[6]

對楊格而言，崇拜的社羣層面最是清楚發聲的。她加入一羣社交上受剝奪（social deprivation）的基督徒他們的生活（這個羣體的缺乏，直接或間接反映著她和兒子人生中另一種的缺乏），受到他們歡迎，並在其中找到一種特別的身分感覺。她描寫到她在市中心區一所教會的崇拜中有過的一種羣體經驗、一種共同分擔脆弱的經驗：「感覺是：那羣由不同背景人士組成的會眾是一個也不能少的，人人也有可以貢獻的恩賜，連最小的肢體也有值得尊重的地方……營造出來的氣氛和深度的人際關係，是我幾乎不曾在別處遇見過的。」[7]

自從楊格看到人與人的差異在教會中得到接納，她就能帶著更新的異象（vision）去從事在智障人士醫院內的院牧工作：

> 俄利根（Origen）為證明基督教之真實而提出的其中一個論點，是說：哲學使精英變好，但基督教使各類各族、各社會階級的人都得以提升至某種「哲學的」生活方式……。正如男人需要女人、財主需要窮人、白人需要黑人，照樣，知識分子也需要頭腦簡單的

人……。教會成為橋梁，使各式各樣的人跨越彼此的嫌隙和矛盾，這便是教會。[8]

楊格以上寫到的是崇拜怎樣形塑品格，以及忠信崇拜的羣體怎樣一同學到把正確的事看成理當如此。

第三個共同點，二人都是由於把苦難和崇拜這樣結合，而被引導踏上獨特的召命。楊格蒙召到衞理公會教會中擔任受按立的職事。瑪格麗特蒙召以平信徒身分委身於聖公會本篤女修會（Anglican Benedictine Sisters）。瑪格麗特如此說：「我剩下的，只是我幾乎說不出口的馬利亞聽聞天使報訊後發出的祈禱。」[9] 這兩位作者在自身宗教傳統的習慣、踐行和紀律操練中，找到一種生活節奏，既肯定他們身為家長經驗到窘迫無助的敍事，但又對這主導的敍事發出挑戰。

「接戲」與「砸戲」

兩位作者也用了極長篇幅寫到被診斷患上慢性惡疾後真摯的自省和思想上的討價還價，並也承認這些困惑的時刻始終從未完全消失。

本書稱之為「砸戲」（blocking）的做法，以不同方式呈現。兩位作者也承認覺得死亡是個出路。瑪格麗特寫到自己和倫敦大奧德蒙街醫院（Great Ormond Street Hospital）一位母親一樣，感到良心有愧：「十八個月後，有一晚，她再忍受不了兒子的尖叫聲，受不了兒子要不斷受苦，便拿枕頭蓋住兒子的面，使他窒息。她及時鬆開那枕頭，但她永遠難忘此事，內疚揮之不去。」[10]

這是由壓力引起的「砸戲」，但有另一種形式的「砸戲」，源於不肯容忍差異——尤其是嚴重智障者和常人的差異。在講求成功和自立的文化下，智障很容易被視為是要被消除的邪惡。「我們的社會只對有成就的人感興趣；這社會欽佩有成就的傷殘人士，像是瞎眼而能考進大學的學生，或是坐輪椅的馬拉松跑手。」[11] 有時，嚴重智障的人會遭隔離，困在地理上隔涉的病院，遠離公眾視線。這另一種做法是把令人不能容忍的差異處理掉。第三種進路是認定智障人士和社會其他人沒差異 —— 透過委婉的說法，例如稱他們為「有另類能力者」(differently abled)，以混淆視聽，使人不能思想清楚任何相反的提議。這些進路都意味著無法應付差異。

更難以察覺的，是明白這孩子不會長大至以父母視為自然或通常的方式離開父母，自己生活。楊格勇於面對阿瑟人生將來可以想像到的困難時，她承認感到絕望，「我抗議抗生素成功使阿瑟這類完全沒生存理由的小童能活到成年；殺人和由他順其自然而死，道德上沒有分別嗎？阿瑟下次胸腔受細菌感染，為甚麼我不能拒絕給他治療？」[12]

這心態的相反，是楊格稱為的「我會不顧一切」綜合病徵(syndrome)，就像患了強迫症般要事情變得更好，她認為這是陷於這類處境的父母大概無法避免的。舉例說，「需要許多親戚朋友甘願付出人生全部，幫助那有殘障的小孩取得最大發展⋯⋯每天十二小時的進行」，結果常會導致家庭破裂。[13] 瑪格麗特同樣承認她要感謝過去一些人勸她即使照顧布莉潔特甚為吃力，但仍要繼續活出自己的人生，並幫助其他家庭成員活出他們的人生。

另一類的「砸戲」之出現，在於兩位作者意識到醫治是一個矛盾的看法。對楊格來說，阿瑟這類情況求醫，其實是經過掩飾的「砸戲」:

> 要是⋯⋯他受損的腦細胞都神蹟般得治好，之後如

何？腦部發展是要經過多年學習逐步形成。他錯失了二十二年的學習過程……。我感到無法想像「痊癒」對他而言是指甚麼，因為他的性格大部分是源於當下的他（as he is），連同他的一切限制。「痊癒」的他，會是另一個人。

……我相信有可能做到啟發最大潛能、刺激其他腦細胞取代已喪失的功能等。但……引人渴望出現神蹟般得醫治的希望，在我看來，既危險又殘忍，延遲了家人以積極而有效的方式接納現況。[14]

瑪格麗特對治療的想法較樂觀，只擔心例如她青少年時遭受的情感剝奪：「在我看來，治療過程非常重要一的環是要學會以包含著愛的寬容態度接受現況就是如此，即是說，雖然你害怕的種種缺陷還在……但你仍是有用的人，仍能生有所用。」[15]

更難以察覺的，是偽裝成敬虔的「砸戲」。曾有人對楊格說，能見到阿瑟的靈魂從他眼裏向外偷望。楊格對於腦部受損以致不能理解外界或和外界溝通的人，竟是靈魂發旺這想法，她覺得沒意義，亦質疑靈魂跟身體脫離的看法。「指靈魂透過眼睛偷望、並其靈魂將受今世的痛苦熬煉而突然在來生開花結果，藉此而證立（justify）（阿瑟）的現況，是完全不合情理的……。沒有這回事，沒有『完美』的阿瑟不知何故被困於受損的軀殼這回事。阿瑟是由身心靈結合的整體（a psychosomatic whole）。」[16]楊格指出，從聖經看身體復活，完全不證立這類視靈魂會脫離身體的日常觀念。

觀察到的，還有兩種「砸戲」方式。第一種是謙卑承認別人比自己的景況還要差。瑪格麗特發現這樣其實是逃避、而不是積極面對：

> 我一定是不知從何處學會某種含糊不清的「數算祝福」和「凡事向好的一面看」的想法……花了一段時間，才發現我其實是想說服自己相信沒有問題而不去繼續……未能面對自己的問題，因為對別人的難處（別人的難處，按定義，旁人只能憑空想像，並且極可能會猜錯）感內疚，幫助不了任何人……。人只能活在自己所處身的當下。[17]

最後一種「砸戲」也許是最難以察覺到的，就是笑聲。有些可以使人悟出或一睹天國的美事，竟也可能妨礙人真誠（truthfulness）：

> 我想，為自己多荒謬而發出笑聲，可徹底使人明白到自己完全無助、須依靠恩典，這是相當必要的……。強烈的荒謬感，是得力助手。

> 不過，笑聲也可能無意中變成盔甲，將人囚禁在內。悲傷有時實在需要表達出來。我們背負著太多悲傷，不敢說出來，恐怕使人厭煩……。有些人我們可以對他們坦白，覺得不必向他們遮掩自己的悲傷或焦慮，這些人是我們最珍視的。[18]

信徒羣體要「接受」（accept）嚴重智障的孩子，第一步應當如何？接納差異，就是楊格最多談及的羣體德性。殘障人士以甚麼方式被感知，本身就是一種倫理。若思考的起點是問「教會應怎樣對待殘障人士？」這已經太遲。「殘障」這字已是個包含道德看法——這字肯斷存在一個規範，符合這規範的人用這字稱呼一些差異極大的人，使不符合規範的人處於劣勢。大多數情況下構成不利因素的，不是殘障本身，而是社羣/社會的偏見。要問的，應更像是這樣的問題：「有甚麼類型的羣體，能歡迎又關心來到他們中間的他者（the other），不以『他性』（otherness）為歧視的理由？」這個羣體必需變得「能夠不帶恐懼和/或憎恨去承認他人」。[19]

諸如楊格等的真實故事，提醒基督徒養育家中嚴重智障兒童的必要和代價。但是舉凡家庭被委任養育**任何**兒童，其實都隱含著要求承認差異。有差異的人知道獲得平等（equally）待遇算不上是受到公正（justly）對待。倘若獲得平等待遇是指需要忘記自己是誰，那麼，美國黑人的經驗足以說明這個代價並不值得付出。需要的，不只是平等。「父母對弱智子女的委身……包含著一種羣體意識，比起表達平等的詞彙所能提供的更為深邃和豐富……。智障的人是一個具體的測試：社羣/社會願意容許家族遺傳的差異得以各展所長，有甚麼道德含意。」[20]

> 所以，教會的起點是一個已被視為理當如此的認定：應由父母養大自己的子女，即使父母古怪（或患病，像是瑪格麗特）或子女有差異（或患病，像是布莉潔特）——並且，教會明白基於這認定，人與人的差異在所難免。挑戰不是在於做新的決定，而是要正視種種已作出之認定所帶來的結果。

評估戲分

在親子關係，以及與「殘障」和患病有關，特別是各類精神健康問題上所涉及的語言，「戲分」(status)都是個非常重要的議題。我會提出戲分對這些議題具有重要影響的四方面。

第一方面是「這是誰的故事」這問題。瑪格麗特和楊格的講述也迴避了「誰的故事正被講述」這問題。要從所有當事人的角度來講故事，難乎其難。這個故事是講述需要的嗎？——是講述父母(或家庭)需要羣體支持？是講述孩子需要父母？是講述父母需要被需要？是講述羣體需要有品格的父母(這些父母不逃避如此養育的困難和無望)？還是，這個故事是講述學習？——孩子向父母學習怎樣生活行事？父母向孩子學習何為做父母的意義？羣體向父母子女學習甚麼是刻不容緩的議題，以及到底是否最適合交由「專家」去解決那些議題？還是，這個故事是講述所有當事人在「旅程上」發現自己需要重新評估對自己的了解？——當小孩成長而首次獲得某種對自我的理解，父母需要重新評估為何人要生孩子，羣體要重新評估他們用「成就」、「正常」、「苦難」，甚至「羣體」(舉例說，我們心中想的是甚麼羣體？)這些字意指甚麼意思。抑或，這個故事只是講述弱者和有差異者遭強者和正常人排斥並忽視？於是，小孩(若有智障)不能分得父母或羣體的好處、父母分享不到孩子的內心世界，而羣體(包括專家)永遠無法明白這些父母的哀與樂、掙扎和心得？某個重要意義而言，瑪格麗特的講述是兩個講述中較為複雜的一個，因為講到一個自身受苦的人同時擔任照顧者。[21]

瑪格麗特講到要為布莉潔特是否移植腎臟作決定，突然發覺布莉潔特已十九歲，法律上是否換腎的決定和父母無關，為此甚感震驚。這情況使這對父母陷於一個極度弔詭的戲分之中：「如果那決定和決定權是與我們無關，但日常照顧的責任卻仍是交給我們。完全無權，又幾乎要完全負責，是很糟糕的配搭。」[22] 楊格寫到一個戒除心理上想支配別人人生的相關過程。她猛然發現她之所以想控制阿瑟的人生，是源於她自己的心理需要，而不是阿瑟的需要。有這省悟後，楊格便變得較抽離，容許阿瑟更多擺脱父母那想將子女據為己有的天性。當中涉及戲分的議題，變得和本書第六章表達的那些議題差不多。基督徒羣體講的不是位於中心的人救援處於邊緣的人：這不過是有權有勢者的另一種「策略」（strategy）。基督徒的「計謀」（tactic）是去發現自己位於邊緣，和位於邊緣的人結交為友。不過，一些深層弔詭也會由此而起。

戲分的第二方面，是有需要受助的兒童對社羣／社會整體產生的微妙批判。楊格訴諸於中世紀對「聖愚者」（holy fool）的理解。威廉．蘭格倫（William Langland）於《農夫皮爾斯》（*Piers Plowman*）中指出：

> 不為明天憂慮、不向任何人叩頭的「瘋子」，乃「上帝的使徒」，社羣／社會中只有他們不腐敗。要重視他們，也要接待他們。他們向社羣／社會提供一種很特別的服務，成為對其他所有人態度的一個評價。他們使我想起一個悠久而很奇特的基督教傳統，有些人被稱為「為基督愚拙」：從前有些人會故意隱藏自己、扮成愚蠢又不負責任的乞丐，憑信而活，以之為一種苦修地作門徒的方式。[23]

楊格繼而指出阿瑟這類人不是正常人的失敗版本：阿瑟之輩，能做到其他人做不到的事。「基本的真誠、無顧忌，以及智障人士身上常見那種難以下定義的德性——返璞歸真——都是他們擁有的素質。透過教育使他們失去這些素質，説不定是罪過。這些素質可以成為他們的潛能——也是其他人徹底做不到的地方。」[24]

戲分的第三方面，是極需被照顧的兒童成為一個顯微鏡，透過這鏡頭，社會社羣/其他的人沒遮蔽地受到審判。楊格對此沒半點歉意：

> 殘障是一種審判，但顯然不是某種形式對罪的懲罰……。殘障，把應付得了這局面和應付不了這局面的人作區分，把鞏固的婚姻和脆弱的婚姻作區分，把穩定的家庭和不穩定的家庭作區分……。殘障及由此而來的痛苦和精神折磨，在今生只好咬緊牙關忍受。某意義上而言，「做」甚麼對殘障也於事無補……。但我們怎樣處理殘障這情況，對於創造真正有人性的價值和真正有人性的羣體，是攸關重要的。殘障恆常成為人之脆弱的活生生比喻，但同時又象徵著藉上帝的恩典而可以出現超越。[25]

教會面對最嚴峻審判之時——特別是頭幾個世紀受迫害的時期——往往就是教會最堅強又最忠於自己的時候。她說，教會需要「發現跟隨基督的方式：代表我們的社羣/社會和世界去把審判背負在我們自己身上……。在這煉淨和考驗的過程，恩典的神蹟會發生。在這意義上，這是我人生中親身經歷過的，以及這本書想要寫的」。[26]

戲分的第四方面，是領悟到欠缺這些最有需要被幫助的人故事便說不下去。楊格想到一個流浪漢時常造訪她，離開總是說：「太太，我常常為妳祈禱。」這事「反映一個可追溯至初期教會時代的觀點，就是：有錢人要依靠窮人才能得救」。[27]她指出「某意義上，我們都是殘障的」；同樣，「需要被羣體照顧的，不是殘障的人——而是**我們**。要向殘障的人學習，我們裏面便需要有新的心、新的靈，但……這將是我們的拯救」。[28] 後來，她補充説，「某意義上，我們正常人是富足的：我們怎樣受審判，視乎我們怎樣回應殘障者擺出的挑戰，他們向我們提供悔改的機會，所以，我們是依靠他們得救贖」。[29]

如此一來，最有需要被幫助的人從故事的邊緣移到了故事中心，再由故事中心進到如同基督的位置，匠人所棄的那塊石頭成了拯救的基石。

對「既予」存疑

瑪格麗特和楊格的講述呈現不少「既予」（givens），其中三個最為突出：

第一個「既予」，認為在啟蒙運動後的人道主義的現代世界中，大部分的苦難和邪惡已被根除。瑪格麗特回想起一位人類學家非常諷刺的評論，指「現代人在兩方面上有認知障礙：現代人不能明白慢性痛楚為何物，現代人也不再明白儀式（ritual）有何意義」。她想過向那位人類學家解釋，慢性痛楚和宗教儀式正正是她生命中兩個核心的實在——但最後決定不説也罷。取而代之的，她思考到：

> 啊，我對於自己所研究的羣體之傳統，我説得上是局內人，這其實是極大優勢，還是極大障礙呢？……不同的是，我不認為折磨我的惡事是上帝出手的懲罰，也不認為那些惡事是為表明上帝的忿怒。但我和他們一樣相信這些惡事可以成就上帝的旨意。[30]

第二個出現的「既予」，就是認為極需受助的議題，需要從當代醫學對治療疾病抱有的樂觀態度這首要的鏡片來審視。楊格對這種文化作出精闢的歸納：

> 由於科學至今看來十分成功——特別是醫學上的科學，成功治療很多人類常見的疾病，以致嬰孩死亡率大幅下跌、人均壽命延長至連一百年前也無法想像的地步——於是社羣/社會有了一個錯覺，以為人類可解決一切問題，任何問題也總有某種解決方法。就算我們未能治癒某種病狀，但仍帶著有天必能治癒的信心去繼續研究，而研究進行期間，就設計一些有效療程去改善病況。這樣做至少可維持士氣。於是，一些療程以類似科學的高言大志來包裝；那些做在病人身上的事，都是訴諸提高人類尊嚴的名義，以致把注意力轉移不去面對病情實況。[31]

可是，瑪格麗特生動而詳細寫到這個硬幣的另一面。她講到家人要付出甚麼代價去應付看似無了期的醫療程序，旨在改善病情、矯正副作用、導入新器官、測試新儀器和新療法等，永無止境：

> 我實在覺得這些療程使丈夫和我幾乎去到負荷極限，而有些時候，我當真不知自己對這些痛苦和沒把握的感覺還能忍受多久。那情況本身幾乎是無法忍受的。基本上，現代醫學使病者全家被迫站在「醫學知識的前線」，還叫他們「以這裏為家吧，組織一個美滿的家；讓你們的兒女覺得放心、安全、感到愛」。我們試過去做，但有人能成功嗎？[32]

第三個「既予」，和第二個「既予」有關連，認為照顧最有需要的受助者要以恢復「正常」為目標。「殘疾」這字意味著「偏離」了常規。在人人覺得「任何問題也應有處理方法」

的社羣/社會環境中，阿瑟等人的情況難以在任何意義上被看作自然。最流行的說法是發揮「潛能」，對於用來肯定最有需要受助的兒童只是「有差異」而並非「次一等」，這類說法算是有用。不過，實現潛能往往被看成等於恢復正常。楊格質疑這個認定：

> 自助自立（self-help）若只是被機械式反覆教導成的行為、僅是機械人般的反應，又是否真的提升尊嚴？……行為改造……豈不是一種操縱、對真實人性的否定？……真正的勝利，不是在於能彼此接待、能發現要彼此依靠、能發現使成功和死亡同樣無關重要的價值嗎？我們豈不應容許殘障的人激發大家質疑獨立自主和被社羣/社會同化的價值，從而尋求另一些轉化的形式？[33]

由此帶領我們來到「超度接受」/「凡事接納」（overaccepting）的開始。

把「禮物」整合

楊格說了一段本可以是出自本書第九章的話，她說：「拒絕接受或是難免的反應，但這不是有效的解決方法。否定存在異常可以是另一種出路，但這是欺人的幻覺。差異的實在必須以某種方式被接受，才可出現又新又具創意的結果。」[34] 上述兩種講述中有三類的「超度接受」，符合這種對又新又具創意的渴求。

其中一類「超度接受」，是把家長的掙扎看成是人類掙扎求存和人與上帝角力的一部分。引起楊格有共鳴的，是雅各在雅博渡口與神祕人摔跤的故事。雅各為那人所傷，但那人不給他祝福，他就不容那人離開。雅各發現方才和他摔跤的竟是上帝，而上帝給他起了一個新名字，叫以色列。「我只可繼續摔跤下去。我永遠會留下奮鬥與掙扎的傷痕。但我是藉著奮鬥與掙扎，見到了上帝……。我同樣堅持要得到祝福，才肯放手，而我得著了祝福。」[35] 另一種稍為不同版本的「超度接受」，是把照顧阿瑟這類孩子的角色看為矢志做「非常特別父母」，藉著這選擇了要履行的召命，這些父母將經歷到「更強的信靠、更豐厚的愛」。[36] 瑪格麗特取法於德日進（Pierre Teilhard de Chardin）的見解，也以類似角度看待承受痛苦的人：「正是這些人，以虛弱的身體承擔著不斷轉動之世界的重擔；正是他們，發現自己因著上帝公正的護佑，而為這個看似要犧牲和壓碎他們的過程中最活躍的因素。」[37]

另一種「超度接受」的方式，是領悟到這類經歷是不能被決定而必須被積極接收的。瑪格麗特引述范斯登（W. H. Vanstone）對上帝的理解，范斯登認為上帝作為偉大的造物主——藝術家，也受到藝術規律所約束。范斯登所說的，非常近似本書第十章所鋪陳的論點：

> 於藝術家瀕臨失去控制之際，我們便可見到他最大的努力：藝術家之偉大，在於總是還留一手，總是能找到新本領應付每個驚險歷程的挑戰……。有問題衍生，不是由於藝術家選「錯」了藝術表達方式，純粹只因他選擇了用某種藝術表達方式……。人必須「找方法」，透過冒險、失敗和補救失敗，使別人能夠接收……。
>
> 對藝術家的要求，是要克服無法預料的問題，把問題

> 轉變成他作品中意想不到的新豐富元素。藝術家只要面對問題，就不算失敗，擱下問題才是失敗：全部問題都沒丟棄，就證明那藝術家偉大。我們相信造物主沒丟下一個問題沒處理、沒留下一宗罪惡未救贖。[38]

瑪格麗特進一步說到她如今把「全能」(almighty) 定義為「沒有甚麼罪惡從中不可能帶出美善來」。[39] 楊格闡明上帝「克服無法預料的問題」之法，就是把問題搬到自己身上。「耶穌不是用魔術棒一揮，來把這世界的黑暗、罪惡、苦難、傷痛、邪惡一掃而空。祂進到這世界中，親自承受、擔當這一切，過程中把這一切轉化成榮耀。」[40] 瑪格麗特以類似的模式回應她自身處境帶來的痛苦：

> 我發覺不知何故的，把黑暗(指我自己身體或精神受的苦，或更糟，別人身體或精神受的苦)吸納進入我個人、我的身體及我的情感中。我們要向痛苦開放自己，但同時必須抵抗任何誘惑人贊成痛苦並不是邪惡的試探。倘若我們能夠這樣做，像吸墨紙把痛苦吸收，不以苦毒、憎恨或傷害別人的行徑把痛苦傳開——那麼，不知何故，藉某種不可思議的恩典神蹟，至少有一些黑暗可被變成光明。[41]

楊格也意識到積極接收的重要，但她的想法較為人性層面。不過，她對於接收的觀念和范斯登的觀念可互補長短：「我們社羣/社會上具優越條件的人，以為我們應向條件較不優越的人施予，但這樣很容易把施予變成與人保持著距離的施捨，或使得因行善不夠而覺得心力交瘁，或淪為是給支持者的資助。我們需要做的，是去接收……。接收別人所給予的，就是給對方更深的尊重，這樣帶給他們的益處比向他們施捨要大得多。」[42] 她講解這對阿瑟的情況來說是指甚麼，在用字上這再次呼應著本書第九章對「超度接受」的形容：

> 我認為，關鍵在於和殘障的人建立互相的關係，其最根本的層面是要意識到不是我們對殘障的人做好事，而是他們正在為我們做一些事。最終使我擺脫精神折磨的，是我發現自己不得不感謝阿瑟。說的不再是接受阿瑟，而是因他而樂，接收他所給的……。與他一起，叫我找到聖靈所結的果子：仁愛、喜樂、和平、忍耐、仁慈、良善、信實、謙卑、節制。[43]

第三類「超度接受」，是將最有需要受助的人看為重新定義整個對上帝的理解。楊格看見基督「被排斥、忽視、脆弱、暴露於人類的罪惡之下」，簡言之，就像許多殘障的人，成了代罪羔羊，就暗示這方面。她也注意到除以「潛能」之外也要以「軟弱」來重新定義人類。但想完全理解上帝在這些故事之中是如何被彰顯、教會是如何學會「超度接受」，就必需修訂正被講述的那類故事。上文我列出四個用於講述同一個故事而皆可看成故事中心的主題：需要、學習、發現之旅、邊緣化。用這四個主題來連貫整個故事，各有各的吸引力。邊緣化的主題，呼籲基督徒要關注被踐踏的弱者——但同時必須記住最需要受助的人不只是受惠者，更是基督徒羣體不可或缺的成員。發現之旅的主題，呼籲對最需要受助的人採取積極正面的進路，但或許未能公正處理涉及到的苦難。清楚地學習的地位十分重要，只是這種對人生是由上帝掌管的學習，並不局限於克瑞昂（Creon，見於索福克勒斯〔Sophocles〕的《安蒂歌妮》〔*Antigone*〕）藉受苦得智慧的悲劇高潮。

需要在此構成一個神學問題，相當於四世紀亞他那修（Athanasius）和亞流（Arius）爭議的：源於聖父、須依靠聖父的聖子，對上帝的神性（divinity）是否污點？抑或，從自我溝通之愛（self-communicating love）的角度來看，這是神性的圓滿模樣？上帝的裏頭一定存在一個極（pole），是能接收、能依靠、能有需要的。

因此，像上帝一樣，嚴重智障的人向教會顯明人本質上是需要受助的；嚴重智障的人「如先知般提醒世人，人本性真的注定需要上帝並因而需要彼此」。最重要的是，

> 學習了解、陪伴、照顧智障人士，這個挑戰等同學習認識上帝、與上帝同在並愛上帝。上帝的面貌是智障人士的面貌；上帝的身體是智障人士的身體；上帝的本性是智障人士的本性。基督徒必須學習敬拜的上帝，不是能力自足的上帝（有自己便足夠的上帝，不需要其他人），反而我們的上帝需要有一羣子民，需要聖子。本性或能力上的絕對，不是我們藉基督十字架認識的上帝之所為。[44]

楊格承認她和阿瑟的經歷使她置身於和上帝面對面的位置——所以那本書的書名叫《面對面》（*Face to Face*）。瑪格麗特寫的書，書名頗為震撼，神蹟似的，叫《慶祝》（*Celebration*）。

「重新整合」遺棄了的

「重新整合」（reincorporation）是一種向後望的練習：旨

在尋回傳統中遺棄了或忽略了的元素，放回適當的位置，使故事得到充分發展。楊格寫到一個晚上參加團契小組，因為一位組員說了一句話，激起個人層面的「重新整合」，結果使她能以傳神筆觸寫出「命運」（fate）如何被轉化成「命途」（destiny）。

> 我開始在組內坦白承認不時有一些事發生，揭露出我仍未解決自己心底最深處的疑問……。我説完這段很長的剖白後，有一位組員説我的故事聽來似是悲劇，但我的人生卻何其豐盛。當時我仍覺得是悲劇，活著了無意義……。釀成悲劇的，與其説是阿瑟，不如説是因為我有被遺棄的感覺，並且未能在足以改變人生的更深層面上接受上帝的存在和上帝的愛……。我對將來沒盼望，絕望盤踞於內心深處……。感覺像是悲劇。但我朋友説我的人生豐盛，猶如有益的當頭棒喝。自那晚起，我有能力爬出自己的黑洞，得以完全擺脱過去捆綁著我的疑惑、恐懼、自私。[45]

楊格在其著作的前言部分思考到「命運」和「命途」——並且帶著後見之明，堅決認為後者更好：

> 回望過去發生的一切，我只能心生感恩，察覺到有上帝的護佑恩典。不知何故的，上帝似乎是在背後推動一切，在前面帶領一切（behind and before everything）……。聖經中如是；看看耶利米、詩篇或保羅，便會令人覺得甚至人還未出生，上帝已認識他、將他分別為聖、任命他，換言之，令人覺得有命途如此。[46]

楊格的個人敍事寫到自己特別在按立聖職的事情上察覺到「命途」。她講到覺得上帝一直以來也愛著她的這種叫人喘不過氣的感受，「不知何故我人生一切的事也有其恰當位置」。她發覺自己繼承了已故哥哥理察（Richard）蒙召的遺志傳道，而弟弟繼承了理察另一志願，成為細胞學家。「不知何故的，我們二人實現了這位已故家人本應實現的抱負。」[47]

羣體層面的「重新整合」，最明顯可見的是發生於崇拜之中。楊格寫到她和智障人士療養院的成年人有一份很深的認同感。和他們同領聖餐時感受到的恩典，尤甚打動她：

> 在上帝面前，我們都是同樣脆弱、需要祂施恩的人……。匆匆上前、感激説聲「謝謝你」、簡單的領受，這一切看來為我們所一同分享的，帶來新的深度……。帶著這簡單的渴望和真心的感激來領受，相信生命之糧就在這裏……但願我們每次交通，也是如此。[48]

總而言之，「藉著一同認罪和同得宣赦，並與殘障者及和我差異極大的人一同領聖餐慶祝，我經歷到預先嘗到天國筵席的滋味」。[49]

第三，楊格探討「重新整合」對個人述事和羣體經驗的重要意義後，簡略談到一整羣人怎樣能重新整合其遺棄了的元素：

> 人性裏頭就是有這種難以消除的「狡詐」，不能純粹靠重新定義便可矯正過來……
>
> 一旦為其下定義，怎能將之「聖化」（sacralise）呢？瑪

> 麗・道格拉斯（Mary Douglas）說：「有些宗教以特別方式來處理一些異常和可憎的東西，使之變成能用來做美善之事，就像把剪草坪鏟出來的雜草變成堆肥一樣。」被丟棄的東西變成肥料，有分孕育新生命。[50]

總而言之，嚴重智障者和「健全者」最終的合一是終末的合一，或者可以用舊約以色列人和 *gerim* 的關係來描繪。*Gerim* 是指旅行寄居者或異類僑居者（resident aliens），是無法融入社羣／社會的人。換言之，智障者不類似窮人或被社羣／社會排斥的人，因為後者完全可以融入社羣／社會。智障者可以比作旅行寄居者，在以色列地寄居的人總是叫以色列人想起他們曾在埃及寄居。健全者也有這種經驗：身處智障者的世界，他們也自覺是異類僑居者。用新約的說法，上帝全體的子民都是 *gerim*，渴望回到天上的家。[51]

13

可臻圓滿的身體：一個給人盼望的交戲

A Promising Offer: Perfectible Bodies

「接戲」與「砸戲」

生物複製（cloning）是指不靠任何有性繁殖的方式去利用另一生物的遺傳物質，而產生和本體一模一樣的生物，有如影印 DNA。這過程也會發生於自然界，見於由同一個受精卵形成的雙胞胎。首先必須指出，生物複製這字其實泛指三種不同的做法，各有不同的人提出不同的理由支持。對生物複製有「接戲」（accept）的理由。以下會逐一概述這三種做法，說說為何各有支持者。

為生命而複製嬰兒

一般人心目中的生物複製，或最是近似科幻小說那類的生物複製——以生物複製技術使人懷孕、分娩、生出人類嬰兒，正如經過二百七十七次嘗試後綿羊多利（Dolly）於一九九七年誕生的過程。以這種方式複製人類的技術，對科學家來說還有漫漫長路，不過，有些享負盛名的遺傳學家正積極從事這方面的研究。除科研熱忱外，為甚麼有人會想複製嬰兒？我提出四種可能情況：[1]

1. 不育：試想像一下，森和嘉里終生結合已有幾年，依舊相愛，但苦無兒女。二人已試用過一切相關科技，但仍不育。由於當代社會普遍渴望兒女（及父母）有和自己一樣的基因遺傳（我是指對收養兒女的疑慮），所以用複製這種新的生育方法似乎是合乎邏輯的。
2. 骨髓：試想像另一個情況——假設森病重，必需進行骨髓移植，但沒有適合捐贈骨髓的人選。以基因複製技術為森生一個孩子、以提供必需的骨髓，是可能行得通的做法，實在誘惑難擋，尤其是從嘉里的角度來看。假如複製人的技術已成功，而嘉里有的是錢，你能想像向她解釋不能那樣做嗎？
3. 孩子身亡：試想像第三個情況——森和嘉里以正常方式成功生了一個孩子，非常疼愛她；但跟父母最驚怕的惡夢情節一樣，孩子六個月時發生了一宗嚴重意外，兩星期後傷重不治。森和嘉里想複製那孩子作為補償，也是人之常情。
4. 女同性戀：試想像第四個情況——森和嘉里都是女人，社會已通過反歧視同性戀的法例，但仍重視父母子女基因層面上的傳承。以基因複製方法產子，森和嘉里怎會不為之動心？

為醫學用途而複製器官

儘管有以上這類複製嬰兒的主張，但大多數支持基因複製的人都不至於想要複製整個人出來。較為溫和的基因複製，是複製人體器官——例如做出一個肝，或一隻耳朵，供移植之用。事實上，更保守的基因複製（用複製的細菌或人體細胞去製造人體蛋白，譬如供糖尿病人用的胰島素）已經天天在進行。生物醫學上，把基因複製技術用於鼠類去產生器官或甚至整隻動物，有一連串研究目的，譬如說是為找方法治療多種硬化症、囊腫性纖維化、血友病等。一面倒的反對基因複製，即是連一些已成常規的工作也要禁絕。人們對基因複製的反應，固然不時說是違反「自然」，但也應明白就人類生育的方法和生物醫學研究的工作上，已有很多做法難以稱得上是傳統意義上的「自然」。

為研究而複製胚胎

短期內至為影響深遠的領域，也許是第三種踐行，即複製只供實驗研究用途的胚胎，只維持胚胎狀態，絕對不會變成人。這研究很可能有助治療退化性疾病和脊椎受傷，也有助發現更多早期胚胎發展和細胞分化（cell differentiation）的情況。這類研究部分已在進行，用的是試管嬰兒人工受孕過程中「多出來」的受精卵。現時被人提出來討論的，正是胚胎複製這第三類領域，因為這種科技已近乎成事，而這研究可帶來的好處不在話下。

議題的焦點在幹細胞身上。幹細胞維持和修補細胞組織；沒了幹細胞，腦、肝、皮膚、腸臟、血液系統通通不能運作。過往研究認為成年人的幹細胞只會生成一種類別的細胞，所以肝的幹細胞只生成肝，諸如此類。近來才清楚確定成年人的幹細胞可被重新設定，例如骨髓幹細胞可形成肝、腦及其他器官。於是有可能透過注射由其他組織抽出受操控的成年人幹細胞，而修復已病變的組織，例如用骨髓幹細胞修復嚴重受損的肝臟。但還有另一個可能獲得幹細胞的來源：人類胚胎。人類胚胎的幹細胞在正確操控下，可生成全部不同器官的細胞。於實驗室的細胞培植和動物實驗中，胚胎的幹細胞已證明能修理受損的組織，像是見於柏金遜病的測試結果。缺點是每生產一批胚胎幹細胞，平均要銷毀六個人類胚胎。[2]

現實上，仍要經過多年研究才能證實哪一種幹細胞可用於治療。不過，有些研究幹細胞的人聲言幹細胞研究有救世之能，這類言論在辯論中佔了上風。四肢癱瘓的人要起來行走，被腦疾病囚禁的人將得自由。對於這樣神奇的機遇，有誰能拒諸門外？

現在轉向談談另一些方面，包含來自不同領域對基因複製的批評。這些是反對基因複製而要「砸戲」（block）的理由。我會把論據分成兩條主要路線，其中一路論證堅持基因複製本質上錯誤，另一路論證焦點放在基因複製可能引致的不良後果。

義務論反對基因複製的理由

其中一條反對路線和義務論（deontological line）的大方向相同，關注過程本身：

1. 尊嚴：也許最普遍的批評，就是基因複製冒犯人的尊嚴。這種論證方式可追溯至十八世紀末德國哲學家康德（Immanuel Kant）備受推崇的定然律令（categorical imperative），主張人不可將別人當成手段，而是目的。所以，基因複製是錯的，因為基因複製將人當成客體而不是主體。兒童或胚胎淪為被操縱的客體。由這過程生成的人，簡直不可能被視為是禮物——倒會被當成產品。因為過程「出錯」而造成的人又如何？那些胚胎難免會被當成垃圾拋棄？這種情形已經見於某幾類人工授孕方式。又有人主張基因複製不但侵犯孩子的尊嚴，也侵犯父母的尊嚴。繁殖後代脫離了人倫關係的範圍，交由非位格（impersonal）的科技來進行。

2. 選擇：這種被侵犯的感覺，更深層地意味著基因複製是濫用權力。看來，胚胎既沒選擇，活著亦沒前途，僅是研究員玩弄於股掌上的玩具。這樣的情況分明就是弱者受強者擺佈的事例。要是處於個人選擇極受重視的社會中，這個論點會受密切關注，特別是考慮到每生產一批幹細胞便需六個人類胚胎。整個人完整複製的情況，問題更大得多：每次成功生產一隻能健康存活的「多利」，就要產生幾百隻畸形的動物，其中大多數死於試管內。

3. 資源：濫用權力的論點可推而廣之，不只限於一對一的人倫關係。有人認為，為使父母擁有「屬於自己」的兒女而開發大量科技，根本極成問題。即使基因複製科技變得普及，在人口老化的西方世界中，供不應求的情況仍嚴重。世界上有很多兒童因營養不良而死，有很多兒童因長期捱餓而發育不全，關注這些兒童的需要，比找愈來愈複雜的方法增加一小撮人的特權，看來更有價值。很多兒童連最基本的生存條件也得不到，怎麼有人還想生養更多兒童？

後果論反對基因複製的理由

另一組反對基因複製的論點，較不關注基因複製的過程本身，焦點卻放在可能衍生的後果。這路論證可分成兩類：其中一類集中於基因複製和兒童出生的問題，另一類集中於這種科技遭濫用的問題。

1. 心理層面：這些可能衍生的後果，有部分直接影響到兒童本身。若有人發現自己和另一個人的基因完全相同，會造成怎樣的心理影響？其他人會怎樣對待這複製人？人世間有很多難題皆可歸根於難以應付的人與人的差異——階級、種族、宗教、膚色、國籍的差異——還要有多一種更深層次、基於相同而形成的差異麼，就可真諷刺。不難想像會逐漸形成一種新的種族隔離，不將複製人當成真正人類來看待。
2. 生理層面：綿羊多利顯出有提早老化的迹象。凡是成年動物都有受損的 DNA，含有可能導致疾病（諸如癌症）的基因突變；這些突變的基因很可能被傳送到複製人身上，這或是促成加速老化過程的因素之一。看來，複製人除了和常人有差異，一生下來也有極不利的生理條件。
3. 家庭：有些恐懼，關乎到基因複製對社會整體可能造成的影響。意欲控制未來事態發展——這種危險的慾望，似乎存在於基因複製方式的繁殖過程。這種慾望是受極為守舊的心理所驅使，想當然認定一切可望之事都已在此間，信心或盼望是沒根據的。假如不必借助家庭就能繁殖後代，家庭會有何遭遇？有沒有可能研發出比普通人遠為長壽的複製人，假如可以，人口增長會否無法持續？這類問題可以鬧得人心惶惶，顯示出意圖控制未來反倒適得其反的諷刺。新科技難免會造成預期不到的壞影響。
4. 優等民族：寫到此處，我也認定提倡基因複製的人心存好意，但不難想像有較陰險惡毒的動機。談到這種科技被濫用，或許最多人擔心的，就是落入壞人手裏作不正當用途。很多人也知道，一九四〇年代納粹黨於集中營內進行基因實驗，情況引人想到世界末日的情節：試圖以冷血的基因複製方法，造出統治全世界的優等民族。

對「既予」存疑

複製人的爭論是十分複雜的，尤甚是因為本章起首提到基因複製的三個層面所涉及到的不同人士。舉例說，有些人渴望借助胚胎研究，使患了現時無法治療的遺傳病的兒童得以舒緩病情，但說到以基因複製技術製造完整的嬰孩，就是這些人，不少也會有所保留。這爭論十分複雜，也因為在很多情況下支持和反對這種新科技的人同樣帶著很多幾乎未被質疑過的認定，即種種當代北大西洋文化（North Atlantic cultures）普遍視為想當然正確的想法。

這場爭論傳統上設定成是兩類人之爭，前者死守著過時的宗教和文化上的安全區（執著一些錯誤的「既予」〔givens〕想法），後者勇於開拓蘊涵新可能的新領域、帶著雀躍心情期待提升人類生活的質與量。但這種立論佈未注意到倡議人類基因複製的支持者其實都有自身的「既予」想法，而那些想法和當代西方社會對醫療保健文化的「既予」想法，有不少相同之處。

英國近年有兩個事例，足以顯明那些認定是甚麼。位於利物浦的奧德黑兒童醫院（Alder Hey Children's Hospital），有一位顧問醫生被發現私藏了為數不少的兒童器官，痛失兒女的父母為此大感錯愕。那些器官看來是用於醫學研究，因而是造福廣大社會。可是，死者的父母似乎完全不能諒解這位顧問醫生自恃言之成理的做法。從死人屍體摘取器官作樣本，決不新奇；中世紀有人打破禁忌解剖死屍，醫學研究歷史對此無法避而不談。但為研究而解剖的人，跟捍衛自主權的人，思維模式大不相同。

矛頭立時指向事件中那位醫科教授。他為何要這麼多器官，仍是個謎團。更意義重大的，是醫院對垂死兒童的態度。那位醫學教授和他的同僚眼中，似乎一直是把「生命」看為是最重要的美善。對這原則，大家或覺得無可非議，但請看看這個認定促成了一些怎樣的醫療踐行。如果「生命」是最重要的美善，但不幸有孩子放棄了求生，那麼，這孩子還有兩個方法可以為最重要的美善作出貢獻：一、孩子的器官可供移植之用、直接救活另一個人；二、孩子的器官可供醫學研究之用，間接救活多人性命。根據柏拉圖主義之類的思維，垂死的孩子相比起至美善之生命的「理型」(form)，只是次要或屬工具性質的。這樣來解釋這件事，聽來較難叫人心服口服，或正是由於不安感，醫院沒有徹底向死者父母解釋整個情況。畢竟，要向那些傷心的父母陳明事實真相，實在要很有勇氣。醫院未以正當途徑得到死者父母同意而摘取器官的事，被外界得悉。這些不幸的父母極度痛苦的反應，多半是把焦點放在自己孩子的器官，以重拾醫科教授把他們子女當成工具而失去的尊嚴。部分父母為子女的器官舉行葬禮——有些器官頗大，有些細小得多。諷刺的是，那位醫科教授和家長其實流露出勢不兩立卻又互補的哲學觀。兩者也把信心放在維持生命——醫科教授看的是其他孩子往後的生命，家長著眼於尊重和重視個別孩子的器官。

另一件近年慘痛的事例，發生於地中海中部馬他耳(Malta)戈佐島(Gozo)一對連體嬰，叫朱迪和瑪莉(Jodie and Mary)，頗能揭示出甚麼是當代社會認為的靈丹妙藥。

正如奧德黑兒童醫院的事例證明英國醫療服務署（National Health Service）想當然認為「生命」是最重要的美善，照樣，朱迪和瑪莉的事例顯示出社會普遍想當然認為生命應以甚麼形式存在。現代人是以能自立、過很多人所說的「正常」生活，而得人好評。朱迪和瑪莉卻永不可能過正常生活。朱迪和瑪莉是連體雙胞胎，各有分開的頭部和上半身，腰部連成一體，頭部各於兩端。朱迪和瑪莉的父母相信這對嬰兒是天賜的禮物，也相信這份禮物在英國可能比在其他地方更受珍視。於是朱迪和瑪莉的父母來到英國。當地文化認為自立和自主是最重要的美善，被大多數人不自覺下視之為天經地義。這種認定可謂無處不在，無孔不入，也成了醫療保健界的金科玉律。瑪莉是所謂「較弱的那個」，雖然也可得人深愛、珍重——但她永沒能力單獨生存、自立自主：沒可能過「正常」生活。朱迪則是「較強的那個」，同樣蒙愛，並且，或許能靠自己活著。只要在首幾個月和隨後幾年進行一系列手術，朱迪便有可能活出自立自主的人生。不接受手術，朱迪和瑪莉都會死。

朱迪和瑪莉的情況令人難以忍受，在於這兩個嬰兒沒可能單獨生存，因為按照定義連體嬰就是沒可能單獨生存、獨立自主的。自主是個人的道德活動，有自由作抉擇的個體，才談得上自主——朱迪和瑪莉卻沒可能是個體。若要一生依賴別人，過不為外人道而短暫的人生，那麼，講求自立自主的道德世界，極之難以理解這樣做人有何價值。自主的原則應用於小孩，一般是把這原則的利益轉移給父母。不過，在這個案中，朱迪和瑪莉的父母似乎寧可照顧這連體雙胞胎，不想動手術割開他們。用講求自立自主的邏輯來思想，這對父母作了「錯誤」選擇。傳播媒界報導，二人那樣決定是為了「宗教」理由。根據這場辯論無情的邏輯，「宗教」只能意味著愚民政策、非理性、蒙在鼓裏。反之，現代科技和醫學技術可帶來的全部好處（這是指可以把這對連體嬰分開，朱迪有望變成能夠自立自主的人）。法庭裁定要為朱迪的緣故果斷介入，勝過眼看這對連體嬰一同死亡。朱迪長遠自立自主的活下去，較這對連體嬰一同存活片時而死去遠為有意義。於是，進行了手術，瑪莉死了——與其說是為叫朱迪活下去，不如說是為守住當代文化和醫學視為必然的認定。

以上講述的兩個悲慘案例，跟人類基因複製不直接相關，但足以顯明用來支持基因複製的芸芸論點中被當成「既予」的想法。受苦，被認定是最大敵人。治之癒之，是可避免受苦的方法。為求治癒，極不尋常的做法也可一試：或是對病人做些不尋常的事（如見於朱迪和瑪莉的個案），或是對失救的人做些不尋常的事（如見於奧德黑兒童醫院的個案）。甚麼做法被形容為療法，值得關注。真相是：藥物能治療的疾病，其實少之又少。大多數的醫療做法只涉及減輕、延後、驅散，有時也切除。不過，由於治癒的說法相當迎合講求自立自主和自我實現的文化，所以，連一些較激烈的干預措施也被說成是療法。為尋求療法，瑪莉被殺，並引致奧德黑兒童醫院發生了令人觸目的違法事件。現時英國醫療服務署獲得前所未見的撥款，但是該署仍嚴重欠缺經費。部分原因，是因為該署花費巨額資助一些愈益異乎尋常的療法，於是剩下不多的錢去照顧說不上需要「治癒」的人。

由此再談回前文提到的那認定，就是認為治療不僅是最好、更是惟一應付受苦的方法。英國醫療服務署陷於如此困局，另一個原因是護理服務不合潮流。護士工作備受威脅：醫療機構本身不肯定護理患不治之疾的人是否仍是其首要關注，護士的地位還會受重視嗎？如果護理工作仍受重視，那麼，舉例說，為何只有極少資源分配給市中心區的精神科服務，以致時有不能被治好、而且病況不為外人道的精神病人似乎往往不得緩解？事實上，今時今日，做護理工作比做治療工作困難。陪伴一個孩子直至她死去，難；使每個悲慘個案感到被尊重、不失尊嚴，難；拼命尋找解決方案和解藥，找方法逃避，較容易。不管研究人員找到幾多種療法，人人也總有一天要面對再治無可治，只好終止治療。把重點完全放在治癒、放在皆大歡喜的結局，難免便會想忽略、輕忽、甚至消滅那些道出不同故事的實況。但弱者和垂死者這些實況，豈不應放得最接近醫學的核心麼，正如這些實況最是靠近上帝的心。[3]

人類基因複製的支持者（幾乎所有與科技有關的立論也有類似想法）想當然認為人類的故事是講到人類不斷進步的故事。正如十九世紀驅使歐洲侵略非洲的三大號召是「傳基督教、經商、建立文明」，同樣，有一種沒受批判的進步觀支配著今天對生物學烏托邦的追尋。「自然」猶如一片未開化、無跡可尋的未知領域，生物科技扮演一股入侵力量，承諾為人生每個方面帶來莫大好處。昔日，伽利略（Galileo）遭狹隘的保守派阻擋；時至今日，支持人類基因複製的人面臨「殉道」，只不過證明他們步著伽利略之後塵、承繼著其偉大傳統。但推動文明和經商果真是驅使尋找生物科技「療法」的主因嗎？

也許最根深柢固被想成理所當然的認定，首先蘊含在人要生育的種種原因之中。最完整意義下的人類基因複製，是一種另類的生育方式。但是為甚麼要生育？就這問題，最常見的回答是「這是自然不過的事」——無獨有偶的，最常見反對人類基因複製的原因是「這樣做違反自然」。但「自然」這字的字義模棱兩可，這類詞彙使用起來，可能工於心計、口不對心。有很多自然的東西（諸如感冒），大多數人都會想盡量避開；有很多非自然的東西（像是汽車），很多人每天也使用。人類基因複製的爭論往往演變成兩種立場的割裂，甲方認為克服生存的限制之時最充分表達人性，乙方認為接受生存的限制才是成全人性。

評估戲分

以上分別探討了接受和反對人類基因複製的論點，並質疑過雙方大致上認定為理當如此的明顯「既予」。這是時候評估一下教會在這場辯論的位置和立場。

對於「為生命而複製的嬰兒」這種最全面的人類基因複製，問題相對地分明。從神學上對人的身分作界定，有一種簡單的劃分：一方面，人可以定義為能作選擇——從這角度來看，基因複製可被理解為是人充分發揮自身所具有的選擇能力。[4]另一方面，人可以定義為被揀選、是上帝藉基督成肉身所取的樣式、是有目的被造並有刻上記號的命途，他的拯救是藉基督的十架贏得並見於基督的復活。根據後者這種理解——將人看為是由上帝所造、藉基督的聖子身分而成為上帝的兒女——人類基因複製可比作墮落，換言之，即拒絕看自己被造性、篡奪上帝擔當的角色。根本上人是受造物而非造物主。

培育人體器官用作移植的情況，「人是受造物」這個根本身分沒被動搖，所以，即使動用基因複製技術，也用不著這麼令人煩惱。這情況下成問題的，與其說是提問要否接受人的限制，不如說是提問用這方式來突破人的限制會否導人更深陷囹圄。本書第六章引述過杜塞（Michel de Certeau）的著作，重新分析他的著作，有助掌握此處問題的癥結所在。

基因複製提供方法克服人肉身的限制，如上文提到那位利物浦教授那般，把「生命」的價值等同更高的美善（higher good）——若想像一幅一幅兒童幸福快樂、老人不懼變老的情景，就更添感染力。如此把「生命」（視之為一種精神）和「身體」（視之為注定的「既予」）作對比，倒是令人想到兩個顧慮的理由，一個是經濟上的、一個是神學上的。

神學上有所顧慮的原因，關乎到杜塞對「策略」（strategy）和「計謀」（tactic）的劃分。杜塞形容「策略」是以空間戰勝時間，「計謀」則正正相反。從這角度看，有助明白基因複製為何對教會形成極大威脅。基因複製對「生命」的尋索，很多方面和教會相似：基因複製講到身體得改變轉化，為實現一個比平凡活著來得崇高和遠大的理想；基因複製追求一個超越現在的未來。基因複製是在實驗室的權力基地內操作的，因而（用杜塞的說法）是一種「策略」，但其意識形態是看自己是被保守派大力壓迫的少數派，竭力爭取自由；故就意識形態而言較像是「計謀」。其意識形態將信心放在以時間戰勝空間——放在「生命」勝過身體的限制上。基因複製的理論有其自身的罪觀、有對自然的看法（和創造論對立）、有其覺得的選擇（和蒙上帝呼召對立）、有其拯救的途徑（和基督對立）、有其追求的烏托邦（和天國對立）。換言之，這是教會的競敵——或用教會的術語來說，這是異端。

經濟上的顧慮是，究竟這股「生命」力量會否不過是資本主義經濟的產物？生物科技是一門迅速發展的工業，像其他工業一樣，要為其產品尋找市場。一門工業要為其產品尋找市場，慣常做法是透過不同方法驅使社會上足夠數目的人覺得人生沒有那種產品就甚有虧損，並使他們想像有可能借助那種產品進入想像世界中的烏托邦。銷售所得的盈利，會再用來投資作研究和開發，小部分收益歸股東所有。就算思想不算憤世消極的人，也會想到這般鼓吹追求「生命」和鼓吹人追求其他事物有不少相似之處，並且極其受市場主導的。

「重新整合」遺棄了的

對意識形態上和教會競爭的芸芸故事作出神學分析、對生物學烏托邦作出經濟分析後，接下來「重新整合」（reincorporation）這種現編式的計謀可以派上用場。因為，教會和生物科技工業也聲稱自己關心有需要的兒童；部分的分別在於，兩者的拯救方式包含的終末觀是勢不兩立、互相競爭的。

將整個人造出來的基因複製技術，所講的是求改進的邏輯。能將阻撓人類臻於完美的因素通通鏟除，等於巧妙地給「人為何物」下一個新定義。那定義很類似我先前提到一些等同於「生命精神」的素質，是很多涉及當代醫療保健革新的所嚮往的。按這種理解，「生命」必需包含理性、自我意識、自主；但不必對身體持有特定看法——反之，身體的可能性，在實驗面前是一道不斷退後的界線。這種對「生命」的定義，為現時身受殘障、患病、衰退的人帶來的喜訊或安慰並不多。按這種觀點，有特殊生理需要的兒童或患有認知障礙的老人不會獲得優先考慮——若把這類定義推至極點，這些兒童和老人甚至不會被當成「人」（persons）來看待。

可是，這些兒童和老人正是基督教的故事認為將在神劇第五幕中被「重新整合」的。對於任何一種新的做法，只要問那做法是否有望將弱勢的人「重新整合」入故事中，便可測試出那是否合乎天國的倫理觀。作為一門自信可以拯救人類的醫學，人類基因複製造成的傷亡數字十分驚人。受害者不單包括帶有不利因素以致可能無望從生物學烏托邦分一杯羹的人；更成問題的，是那些被用作研究和實驗用途之胚胎的下場。那些胚胎獻上自己的生命，使別人得進應許之地。可是，那些胚胎沒權選擇可否不犧牲；並且，那所謂的應許之地是否值得犧牲這麼多人命，沒有人能保證。把不能除罪的犧牲獻上，正是異端的典型標記——九一一發動自殺襲擊的飛機師，就是做出這種異端舉動。但在人類基因複製的情況，涉及的犧牲獻上不是自殺，卻是消滅和利用弱者來使強者更強。這不是天國。

把「禮物」整合

如果教會要「超度接受」（overaccept）人類基因複製，必須先界定這種「禮物」或異端其實能用來做甚麼、能變成甚麼。答案在於界定這種「禮物」的潛能。人類基因複製的「禮物」完全是關於人的身體。教會是怎樣理解身體呢？

基因複製涉及到身體。保羅向教會應許得救的果子：

> 我們知道，一切受造之物一同歎息，勞苦，直到如今。不但如此，就是我們這有聖靈初結果子的，也是自己心裏歎息，等候得著兒子的名分，乃是我們的身體得贖。（羅八 22～23）

拯救，包括「身體得救贖」。「身體得救贖」這幾個字，把基督徒人生極為教人感到挫折的兩方面「重新整合」。感到挫折，源於對現時焦慮，對人肉身的限制的焦慮，這是指，身體不完全受我們思想和感情指使、不能想去何處就到何處、和所渴求的美善身軀相距甚遠、容易生病和衰退。感到挫折，也源於對將來焦慮，愈益擔心所應許的身體得贖實在遙遙無期、來日方長。

考慮到這兩種挫折感，就不難明白何以教會歷史中有不少異端冒起，想找捷徑迴避或克服人身體的限制。這些異端大概可分成兩類。一類是迴避：這類異端，為人身體的限制感到氣餒，而遁入一種祕密知識的境界，自恃獲得那種知識就保證得救、不必再為日常生活的瑣碎事擔憂。另一類是克服：這類異端，想取巧迴避身體得贖的延遲，試圖使個人的身體變得圓滿，從而免受死亡蹂躪。基因複製是屬於後者的類別。人類基因複製，正確明白到人不能沒有身體生存，但卻試圖離開上帝而活——或起碼是沒耐性，不肯等候上帝的適當時間。

只要基督徒考慮到人類基因複製主要是關乎身體的限制和身體得贖的延遲，或會很快便察覺基督教的傳統由此至終也是針對著這兩種焦慮的。基督徒已有一種踐行是關於身體的無性繁殖（而且和基因遺傳無關），那就是洗／浸禮。基督徒藉洗／浸禮成為基督身體的一部分。基督徒視為重要、想要「複製」的身體，不是自己的身體，而是基督的身體。基督徒接受洗／浸禮時受死和被埋葬了，由此展開一個轉化和重生的過程，藉這過程，身體按照基督的形象逐漸被更換為新。透過作門徒，親身見證這種轉化，再藉成聖，達致圓滿。進步，對基督徒而言，只有這個意義——事實上值得教會論重視的，僅只有這種形式的進步。這種轉化是藉崇拜、尤甚是聖餐而發生，基督徒透過領受聖餐，被更新為基督的身體。這整個過程的目的，是要基督徒做好準確迎接為他們預備已久的「命途」：這「命途」就是，被注定與上帝為友。[5]

這議題變成是主權問題。挑戰基督徒的想像，不是基督徒能否寬容基因複製，而是他們是否真心相信洗／浸禮具體表現出來的信念，這是指，相信基督的身體才是他們的真正身體。基督徒是否真的相信透過基督身體的破碎與復活來統治的主權和智慧？還是，他們暗暗認為基因所包含的資料主宰一切？

形塑習慣

教會應付異端的慣常做法，是把滲透著對手意識形態的主張和做法，接過來逐一拆解。教會可以接過人類基因複製的意識形態，指出其對罪的看法有缺欠、對拯救的理解有不足、其天堂實是地獄。不過，如果教會要「超度接受」人類基因複製，就必須把注意力放在體現教會確信的踐行。教會對於這一類議題，必須根據教會怎樣理解上帝拯救人類的整個計劃，並根據拯救計劃中透露之上帝的性情所作的踐行，才有話可說。換個角度說，基督教倫理觀講求學習效法上帝，非為獨善其身；基督教倫理觀講求被轉化，非求一帆風順。

教會處理基因複製這類議題，不宜說「如何能確保這個麻煩問題盡量減少影響到我們的生活？」而是應說「如何回應這議題，以激發教會的信仰和踐行得復興？」基督徒人生中大多數所做的事，都是依憑習慣和直覺——基督徒把那些事視為是理當如此的。對基因複製的回應，也必須是源於基督徒已視為理當如此、卻也許忽略了的層面（才導致那些問題看似複雜），才有意義。基督教首要不是一組信念，而是以一種轉化了的式樣和感知而在世界之中存在。基督徒被組成羣體——稱為教會——有特定的踐行——像是洗/浸禮、聖餐、閱讀聖經、犯罪後悔改並和好，諸如此類——按著耶穌基督啟示的上帝的性情，來塑造和安排他們的共同生活。將基督徒當成可以像在超級市場購物般自由選擇相信甚麼，檢查一下購物清單後發現基因複製這類新發明並無大礙，不妨採納——這種想法是資本主義的產物，不屬於基督教的。

面對人類基因複製這類議題，教會的見證不在其論證而在其踐行。憑這兩種踐行——教會歡迎陌生人的方式，以及教會應付苦難的方式——可以回應人類基因複製掀起的議題。

教會歡迎陌生人的主要方式，是透過教理問答(catechesis)、洗/浸禮、作門徒。透過這些方式，使人成為基督身體的肢體。如果基督的身體是上帝應對人肉身限制和身體延遲得贖的回答，那麼，基督徒如何成為門徒？如何變成基督的樣式？這轉化過程又是怎樣發生的？這種不靠遺傳因子、不靠兩性的繁殖是甚麼？保羅對這幾個問題的答案，是「藉效法」。

> 我想，上帝把我們作使徒的明顯地列在末後，好像定死罪的囚犯，因為我們成了一台戲，給世界、天使和眾人觀看。我們為基督的緣故成為愚拙的；你們在基督裏倒是聰明的。我們軟弱，你們倒強壯；你們有榮耀，我們倒被藐視。直到如今，我們還是又饑又渴，又赤身露體，又挨打，又到處漂泊，並且勞碌，親手做工；被人咒罵，我們就祝福；被人迫害，我們就忍受；被人毀謗，我們就勸導。直到如今，人還把我們看作世上的污穢，萬物中的渣滓。
>
> 我寫這些話，不是要使你們羞愧，而是要警戒你們，好像我所愛的兒女一樣。雖然你們在基督裏有無數的導師，卻沒有許多父親，因我是在基督耶穌裏用福音生了你們。所以，我求你們要效法我。因此，我已差提摩太到你們那裏去。他在主裏面是我親愛和忠心的兒子；他要提醒你們，我在基督耶穌裏怎樣行事為人，在各處各教會中怎樣教導人。(林前四9～17)(《和合本修訂版》)

保羅說得頗簡要：效法我吧。保羅認為這種效法是激烈而徹底的，就像父子關係一般。換言之，基督徒被邀請進行的，是這種複製——效法眾使徒，如同他們效法基督。保羅堅持，拯救是在身體內而非身體外發生，是藉身體而非不靠身體作成的。

> 但是有人會問：「死人怎樣復活呢？他們帶著甚麼身體來呢？」……有天上的形體（譯按：「形體」或譯作「身體」，下同），也有地上的形體；但天上形體的榮光是一個樣子，地上形體的榮光又是一個樣子……。所種的是血肉的身體，復活的是靈性的身體。既有血肉的身體，也就有靈性的身體……。就如我們既有屬塵土〔之人〕的形像，將來也必有屬天〔之人〕的形像……。這會朽壞的必須變成不朽壞的；這會死的總要變成不會死的。（林前十五 35～53）（《和合本修訂版》；譯按：〔〕內的文字是按作者所引經文加上的）

追求任何形式脫離身體的拯救，是該受譴責的。因此，基督徒相信教會是基督的身體，因為在基督裏的拯救是藉體現基督徒共同生活的踐行而來的。以這方式，基督徒相信無性繁殖，但繁殖的是基督的身體；基督徒也相信複製生命，但複製之法是靠作門徒效法基督。

由此，來到苦難的問題。前幾年，我有一段時間在印度北部。叫我至為震撼的是，印度德里（Delhi）的人信任人與人的關係，但不信任科技。要是電腦系統故障，人人一笑置之——但若有人不辭而別，中斷一段社交或工作關係，大家也會皺眉。從這現象，我察覺到西方人投資在科技顯示出我們不信任人際關係。科技本是為彌補人倫關係之不足缺欠而設的。事實上，科技卻時常使人際關係變得更脆弱，基因複製的科技足以闡明這一點。基督徒在守聖餐時得享和好，感受到基督的身體是將人與人緊扣起來的支持關係網絡。基督徒蒙應許可得到基督超乎人所能理解的和好，但他們又是否真的相信？

對於「基督徒相信教會即基督的身體才是他們的真正身體」這個信念，最重要的試金石，就是這信念是否有助他們面對苦難。能夠藉著基因複製減輕的苦難又如何？反對以基因複製減輕苦難，豈非不近人情？但請停一停，想一想，基因複製是如何減輕苦難的？基因複製，試圖使個人的身體變成自足得不假外求，迴避人要被人關心照顧的需要，以科技介入取而代之。相反，教會（即基督的身體）給予豐富多采的人倫關係。當代社會變得相信受苦和死亡是必須徹底根除、或至少盡可能延後的。追求這個沒可能達到的目標之同時，叫人面對苦難和死亡時能以支撐下去的，就是人與人的關心照顧和人倫關係的式樣，也在相繼沒落。基因複製是足以說明現代醫學變成甚麼樣子的範例。教會昔日所培育的，就是體現基督徒所委身的：關心照顧無法救治的人，如今變成了即使意味終止照顧也要在無法醫治下強求醫治。但真相是，苦難和死亡是不能靠立法或研究去消除的。需要的，是一些無法可治時願意付出關心照顧的朋友；需要的，是聖徒羣體的相交契合，比死亡更堅強；需要的，是一位救主，祂的同在和救贖的應許至死不分離。以上三樣，基因複製都沒有提供給予，反倒造成破壞，把身體當成是一個個孤離的生命體來看待。但這三樣也可憑謙卑相信、透過基督的恩典和教會的服事而獲得，並且是藉洗／浸禮而來的。

結論

基因複製的議題，和很多其他議題一樣，俗世論點分成兩派，一方承諾減輕人世的苦難，一方懼怕人的身分被摧毀。兩派擺出不能化解的對立局面。基督徒捲入這些爭論，往往很少或完全沒意識到自己作為教會的身分，結果他們提出的論點欠缺權威。但身體是基督教神學和踐行的核心，而基因複製的議題或可激起這方面的更新。培植人體器官用作移植的做法看來只是把現時的醫學延伸，但胚胎研究卻是犧牲弱者來使強者愈強。是時候，要回想教會一直以來所相信的：那就是，教會是真正的身體，就是基督的身體，其在洗/浸禮和聖餐產生的繁殖和轉化，是預嘗終極的重生。這樣的應許，比起基因複製有望達到的，深奧得多了。[6]

14
用之不盡的食物：一個給人盼望的交戲

A Promising Offer: Unlimited Food

幾千年來，人類也靠操控微生物來製造麵包、芝士、啤酒等。過去三十年來，科學家能夠辨認出生物體的遺傳密碼，並透過加入另一種生物體特有的遺傳密碼，去修改基因。這樣的基因轉移共有三類：

1. 跨物種轉移——某種生物體（例如魚）的基因轉移到另一種很不同的生物體（例如蕃茄）。植物也可用細菌、病毒、昆蟲，甚至人類的基因來進行基因改造。
2. 近物種轉移——基因的轉移發生在類似的生物體（例如野生植物和商業農作物）。
3. 改變某一生物體內不同基因的活躍程度，從而改變例如某種農作物生長茂盛所需的條件。

雖然有可能使用這些方式來改造動物的基因，但我以下講到的，只局限於以基因改造植物生產糧食的科技所構成的影響。[1]

「接戲」與「砸戲」

先說有些人提出的支持理由，解釋為何大家應該欣然「接受」(accept)基因改造(genetically modified，簡稱GM)食物所「提供」(offer)的「機會」。基因改造食物有三個應用範疇，可粗略根據甚麼人可從中獲益，以作分類：

1. 先說說使食物生產商直接獲益的應用。把泥土中某種細菌的基因加入大豆，能使大豆不受除草劑影響。即是說，可噴除草劑於田地遏制雜草，而不必怕農藥會損害目標農作物。換言之，殺雜草的農藥不損所種的糧食。類似的科技也能使植物變得較能抵抗病毒和害蟲侵襲。於是，除了可生產大量得多的食物，還可減少使用對環境有害的農藥。近年的研究顯示，除非運用基因改造技術，否則香蕉可能會在未來十年內絕種(譯按：上一代常吃的一種香蕉，已受病毒感染而死光)。
2. 另一個受惠於基因改造食物的組別是顧客。要是超級市場擺滿更紅潤可口的蕃茄，或用基因改造粟米飼養的雞，並且保鮮的時間更長，而售價只是一半，西方社會的顧客多半沒怨聲。食物鐵質含量更高，預防貧血，很少人反對吧。基因改造食物承諾給顧客一個購物天堂，全年不分季節，提供愈來愈多可供選擇的食材，又減低相對成本。葡萄變成方便吃用的無核葡萄，橙皮不必再使勁才能剝掉。貨品種類供應受天氣或季節所限而反覆無常的日子，將成遙遠回憶。
3. 第三類受惠者或是世界三分之二的國家(two-thirds world)。發展中國家的農作物不少也生長在惡劣環境之中，缺水或鹽分太高。假如稻米或小麥能在那類土地生長，能吸收和利用大氣中的氮，或能長得夠高不怕稻田遭水掩，或大麥長得夠矮不會被風吹倒，就可以生產多得很多的糧食。未來二十年全世界人口預計會增加四分之一，總要有人從甚麼地方也好找到更多糧食。

所以，基因改造食物有多方面吸引力：增加農作物產量、提高對蟲害病害及不利環境的抗逆力、造出新品種的植物、過程更有效率並且減少浪費，或造出有用於醫藥的產品。這樣等於在人類走向進步的路上踏前了一大步。基因改造食物，有望使全世界再沒饑荒，增加產量，並降低成本。誰還能再多要求甚麼？

但也有很多人提出不同論據，極力主張對基因改造食物「砸戲」(block)。慣常的倫理觀是根據兩大前提——「事物本身是正確抑或錯誤」或「因應帶來的後果去衡量事物是好是壞」——來思考議題。第一類即義務論提出的那類反對，通常是某種即時本能反應；第二類即後果論的反應則往往經過深思熟慮而來，仔細斟酌能預測的因素和不能預測的因素。

1. 義務論對基因改造最常見的反應，是說人不應「擾亂自然界的運作」來「扮演上帝」。有一個反對基因改造食物的聯盟是針對著人的自大傲慢感而成立的。不過，反對論點大部分涉及到可預計或無法預測的結果。
2. 無法預測的後果，主要關注基因改造食物本身的安全。
   a. 創新：基因改造食物的創新，難免教人擔心那些食物本身會否發現毒素，或至少短期或長遠而言會否使顧客產生過敏反應。雖說有法定部門為新食物或新過程提供諮詢，但近年因沙門氏菌、大腸桿菌、瘋牛症(導致歐洲長期禁止英國牛肉入口)引起的食物恐慌，使這類法定團體的公信力大減。尤其惹人關注的，是一種能抵禦抗生素的基因，可能引致人體免疫系統出問題。所謂的「預防原則」(precautionary principle) 斷言一旦有可能對人類健康或環境構成損害的科研，證明無害的舉證責任，應該落在發明新科技的一方，而不在反對的一方。

b. 不可逆轉：要是基因改造食物變得普及，但後來發現差強人意，可能極難返回從前。經過基因改造植物的花粉，能被風或昆蟲傳播開去。能抵抗接近任何除草劑的「超級雜草」，有可能因而出現。有些環境污染是永遠無法清除的，基因污染正是這一類東西。對基因改造的這種恐懼，使人揣測會否引發像科幻小說情節般的世界末日。

3. 能預測的後果，主要關乎支配人類食物的權力出現不平衡和被濫用。

 a. 食物標籤：西方世界關注的焦點放在食物標籤上。很多人覺得顧客有權知道購買的食物是否經過基因改造。對於蕃茄這類簡單的食物，標籤當然來得直截了當，但對於加工食物就見得較成問題。

 b. 權力：使更多人懼怕的，是食物這類生活必需品已受到幾個跨國大集團所控制，全世界受其擺佈。全世界竟自願把權力拱手讓給不必向民主過程負責的人。權力被人這樣利用的事例，可見於過去二十年來，法律上變成可對生物持專利權。除了有人認為這樣做原則上是錯誤的，也有很多人認為這是走向對另一個人持專利權的第一步，即重返奴隸制。

 c. 對世界三分之二的國家而言，能在環境惡劣的土地種植農作物而增加農產量，是個美好的憧憬。但必須考慮的恐懼是這過程會繼續受跨國公司壟斷，使當地生產者更無法自立、欠債更多。一九七〇年代所謂的「綠色革命」（green revolution）導致巴西和印度等國家數百萬小農民要依靠昂貴的種子科技，而被迫賣掉自己的田地。跨國種子供應商仍可能會繼續想方法使小顧客被迫依賴他們、處於弱勢。支持基因改造食物的聲音主要不是來自世界三分之二的國家，而是來自西方國家，內情不言而喻。基因改造食物為世界三分之二的國家提高營養的潛能極大，但實情是研究資源主要投放在迎合西方人的口味上。很多非洲人預期基因改造非但不會提供更多食物，反會破壞他們用了幾百年才獲得的多樣化農作物、農耕知識和生生不息的農耕系統，因而嚴重損害他們國家自給自足的能力。

對「既予」存疑

走筆至此，僅是列出基因改造食物之辯正反雙方的主要論點。我幾乎沒說到上帝或基督教傳統在當代這亂局中會怎樣說或怎樣行。以下想指出一些埋藏於這場辯論之下更深層的議題，以說明為何我相信基督徒可用一些已處於基督教核心的踐行來作回應。

支持基因改造食物的論點最核心的，是基因改造食物可使世界三分之二國家告別饑荒，同時為西方顧客增加食物選擇又增高質量、且降低成本。這三點對基督徒分別提出一個更深層的問題。

1. 承諾透過創造更多食物來使世界三分之二國家不再有饑荒，是預設了世界三分之二的國家之所以有饑荒，是由於食物不夠。但其實世界三分之二的國家是否有這種意義上的糧食問題，是極之值得商榷的。反之，問題出在戰爭，也在財富、土地、食物分配不均。有些現時正在出口食物的國家，自身國民卻在捱餓。非洲南部的馬拉維（Malawi）近年受國際貨幣基金組織（International Monetary Fund）約束下，就是被要求要如此出口食物。有人認定只要生產更多食物，便毋須理會這些問題。但似乎沒有證據顯示果真如此。要是人們連現時擁有的食物也不能和人分享，有甚麼理由認為如果他們有多些食物便會分給人？這是人心殘忍自私的問題，科學進步無法解決。提倡新科技的人目前提供一個方法去解決一個重大問題，但這方法改變不了人的內心。這樣的解決方法，基督徒聽來一定覺得荒謬。內心需要改變而非忽略。

2. 承諾向西方顧客提供更多選擇更高質量且降低價格，其實等於接受「進步表示愈花愈少而愈得愈多」的想法，意味無法面對人有種種限制。認為「人只有今生」的人這樣思考，也是可以理解的。如果死後沒有盼望，今生的屏障（壽數長短、經驗深淺、健康程度、思維的敏銳度）就必須盡量向後推至終極，不容衰亡逼近。從這意義看，基因改造食物和複製人是如出一轍的：兩者也提供方法拯救人今生的肉身。對基督徒而言，這種進步觀是背乎教會所相信的，因為教會相信基督身體的肢體在今生互相支持，並寄望在來生得終極的實現。

反對基因改造食物的主要論點有三：一、基因改造食物象徵著人類的傲慢；二、這科技可能把有危險或造成污染的物種進入食物鏈；三、基因改造食物使權力更集中在有錢人手上。再一次，這三點對基督徒而言，分別提出一個更深層次的問題。

1. 指人類藉著「干擾自然界的運作」來「扮演上帝」，但是這兩個關鍵點其實比乍看起來更成問題。現時不少科技和幾乎整個醫學界，都把「干擾自然界的運作」視作理當如此。越過了甚麼界線，「互動」就變成「干擾」？這問題是極難取得共識的。要是對基因改造食物表面看來的創新提出抗議，那麼，很快會變成是全盤否定現代醫院裏進行的大部分事情。實情是，生物科技其實沒創新可言：談得上新的，只是涉及的程度和範圍。同一時間，「扮演上帝」這句常被人掛在口邊的說話，其實包含很多通常未被充分檢視的神學和哲學前設。值得留意的是，這類想法隱含著自然神論（deist）的上帝觀，認為上帝把「自然界」設置成一個能自我持續、生生不息的機器，便退居幕後，由得這「時鐘」自行運作，不加干預。這樣來理解「扮演上帝」所指的「上帝」，實在迥異於基督徒所理解的：上帝藉基督成為肉身而親自「在自然界裏作出干預」。道成肉身，改變一切對上帝的理解，也顛覆任何對「自然界」作出的靜態解讀。
2. 恐怕基因改造食物會毒害食物鏈，固然出於真心，但這種懼怕是本於想當然認為真正有損身體之物是從口而入的——同時，還夾雜一種基督徒眼中覺得頗為天真幼稚的人文主義（humanist）的看法，以為只要靠立法確保人的身體得潔淨，大多數影響深遠的禍患便都可得免。無可否認，立法和規管具有重要功能，但基督徒不能指望由政府主力解決一些超越其監管範圍的問題。當代對身體的狂熱追捧，對食物或藥品等要純淨沒雜質的注重，忽略了更深層的不潔淨——怠惰、妒嫉、貪婪、驕傲——是源自於人的內心。其所依據的倫理觀，滲透著濃烈的個人主義，主要關注的，是個人心靈和身體不受世界污染的渴求和權利。關心世界本身並非錯誤。

3. 至於擔心權力集中在跨國公司手上，這樣的顧慮，符合基督徒對窮人的偏袒，卻流露出類似的天真幼稚。問題不只在少數人獨攬大權——問題出在權力使人腐敗，人人如是，恐怕無一倖免。

評估戲分

支持和反對基因改造食物的人能達致的共識其實比雙方所持的異議還多，教人啼笑皆非。一方聲稱要把更多權力下放給顧客和世界三分之二的國家；另一方聲稱大商家的權力不斷坐大，食物鏈正受到亂七八糟的化學物威脅，政府應行使立法和執法的權力，委派執法人員確保社會秩序不被狡詐或走旁門的人暗中顛覆。這樣看來，雙方也相信權力是問題所在。

雙方也認為一切也關乎科技。一方認為科技是答案所在，另一方認為科技正是問題癥結。支持者認為基因改造食物象徵人類進步，並鋪陳一系列證據表明科技能帶來的益處。反對者認為基因改造食物入侵原本和諧有序的大自然，就像外星人或病毒，威脅地球複雜而精細的生態平衡。

基督徒看來，科技不是難題，但也不是答案。科技誘人之處，在於其向人表示可以帶來一個更美好的世界，而不必我們變成更美好的人。反對科技的人往往認為問題出在科技，而不在人本身。基督徒若只依循這論證一般鋪陳的方式，便不過是對世界是由權力和科技來支配的想法，表示首肯。倘若如此，基督徒便未能宣講自身信仰的核心：基督徒相信掌管世界的，是神聖三一上帝，即創造萬物的父、被釘十架的子、湧流出去的聖靈。三一上帝已把相關資源賜給教會，只要運用得當，基因改造食物只見得是次要的議題。

所以，從基督徒的角度來看，問題主要不在權力或科技，而是位於這世界故事中心的是誰。本書第三章把教會描繪成處於一齣有五幕的戲劇之第四幕。就這意義上，處於故事中心的，既非大商家、也非科學家、亦非政府，甚至不是教會。在第三幕，處於故事中心的是耶穌。基於這信念，基督徒不必時刻十萬火急似的要將「基督教人物」放在世人視為最具影響力的位置，譬如董事會、實驗室，或議會。

基督徒宣稱基督處於歷史中心以位於世界故事的故事中心，這宣稱其實是個權力宣言。這宣稱是關乎上帝的護佑，是信仰的陳述：上帝必會使用和祂過去所揭示相一致的行事方式，使上帝的子民在第四幕支撐過去，即使有時他們的前景極不明朗、甚不安全。但宣稱基督處於歷史中心，肯定不是宣稱因為基督徒的主是天地的主，所以基督徒必然每時每刻控制著政治、科技、食物。

基因改造食物的議題原來首要關於食物，權力和科技不過次之。基督徒察覺問題關鍵在於信靠上帝供給他們充足的食物，便明白到上帝行使權力（power，或譯作「能力」，下同）的方式和上帝應用科技的方法，因為上帝的能力在於轉化，上帝的科技在於使用聖餐創立和塑造社羣關係。

形塑習慣

聖餐是上帝用來建構一個新社羣的科技。上帝供給教會的不是更多食物，而是一種分配食物的方法，由此改變教會怎樣思考權力。有好幾方面可以闡明這點：

一方面，耶穌談到權力，是用食物的角度來講。祂說若有人想擁有權力，就要成為 *diakonos*，即服侍人用餐的侍應。

> 你們知道，外邦人有君王作主治理他們，有大臣操權管轄他們。但是在你們中間，不可這樣。你們中間誰願為大，就要作你們的用人；在你們中間誰願為首，就要作眾人的**僕人**。因為人子來，不是要受人的**服事**，而是要**服事**人，並且要捨命作多人的贖價。（可十 42～45，粗體的字是和 *diakonos* 同字根的）（《和合本修訂版》）

打從一開始，食物分配就塑造著教會如何理解權力（值得留意的是，路加把耶穌和門徒這段對話編排入最後晚餐的上下文）。學習為大之道，是分配食物。

把權力和食物連接的另一個層面，見於初期教會最先採取的行動之一，就是要確保食物分配公正。由於有指教會中弱勢和被排斥者的需要遭忽略，教會正醞釀衝突。初期教會為此成立了一個專責事工部門，有七個人被委派負責管理食物，被稱為執事（deacons）。

> 那些日子，門徒增多，有說希臘話的猶太人向希伯來人發怨言，因為在日常〔食物〕的供給上忽略了他們的寡婦。十二使徒叫眾門徒來，說：「我們撇下神的道去管理飯食，是不合宜的。所以弟兄們，當從你們中間選出七個有好名聲、被聖靈充滿、智慧充足的人，我們派他們管理這事。至於我們，我們要專注於祈禱和傳道的事奉。」這話使全會眾都喜悅，就揀選了司

> 提反——他是一個滿有信心和聖靈的人；他們又揀選了腓利、伯羅哥羅、尼迦挪、提門、巴米拿，並皈依猶太教的安提阿人尼哥拉，叫他們站在使徒面前，使徒禱告後，就為他們按手。（徒六 1 ～ 6）（《和合本修訂版》）

所以，食物分配不但關係到權力，也塑造教會作為基督身體的整個秩序。

初期教會中食物和權力關係密切的第三個層面，顯現於保羅的勸勉。保羅發覺哥林多教會聖餐中的食物分配非但沒有榮耀上帝，反而映現主餐桌外「世界」那不公正分配資源的情況，於是向哥林多教會的信徒表達他的極度憂傷：

> 你們聚會的時候，不是在吃主的晚餐，因為吃的時候，各人先吃自己的飯，甚至有人饑餓，有人酒醉。難道你們沒有家可以吃喝嗎？還是你們藐視神的教會，使那沒有的羞愧呢？我該對你們說甚麼呢？我要稱讚你們嗎？在這事上我絕不稱讚你們！（林前十一 20 ～ 22）（《和合本修訂版》）

以上這段是引言，拋磚引玉後，就帶出主餐的敍事。

這三段經文闡述聖餐的「科技」。聖餐的踐行，塑造教會，轉化社羣關係，為權力下定義。基督徒反覆踐行這行動式樣，應足以形塑他們一些習慣，得以分辨基因改造食物論辯之中的真正要點。本書第五章，我把基督教倫理觀形容為旨在學習把正確的事視為理當如此。這三段經文表明教會是怎樣學習思考食物，但仍未是教會對基因改造食物的完整理解。

把「禮物」整合

教會超度接受（overaccept）世界的「交戲」（offer），方法是把其中包含的敘事置於上帝怎樣對待這世界的宏大敘事之中。就基因改造食物而言，要做到「超度接受」，最重要是化解「食物的轉化是難以置信、不虔敬的」這揮之不去的看法。相反，食物的轉化倒是見於福音的核心，福音的敘事穿插著合敬虔的改造食物。

按馬太福音和路加福音所記，耶穌剛出來事奉的時候，就面對試探，著祂把石頭變成麵包——終極的基因改造工程。世界糧食短缺的難題，立時迎刃而解。耶穌卻抗拒這試探，為甚麼呢？這個迫切的問題，隨著福音書的記述繼續發展，更見迫切。約翰福音的第一個神蹟（或「記號」）是把水變酒，把平凡的日常用品變成生氣勃勃的快樂象徵。約翰顯然不認為轉變食物乃超出耶穌的能力或目標。耶穌將五餅二魚變成供五千人用的筵席，只有這神蹟是四福音都一起記載的。若有言論說過聖餐是上帝解決集體饑荒之法，這記載就是了。有一個小孩拿來象徵式的「禮物」（可用的全部資源），耶穌將之變成供應全部人且足夠有餘的營養食品——「超度接受」的崇高行動。指耶穌反對「不自然」之食物轉變的論點，是難以站得住腳的。

耶穌對石頭變成餅感憂慮，原因不明，但在另一卷福音書，即約翰福音，可以找到線索。約翰福音中，緊接著餵飽五千人的記述後有一段討論，耶穌把當時發生了的事事和基督徒的聖餐經驗連上關係，並在過程中表明自己的身分：

> 耶穌回答說：「我實實在在地告訴你們，你們找我，並不是因見了神蹟，而是因吃餅吃飽了。不要為那會壞

的食物操勞，而要為那存到永生的食物操勞。這食物是人子要賜給你們的……。」……於是他們對他說：「你行甚麼神蹟，好讓我們看見……？……我們的祖宗在曠野吃過嗎哪，如經上寫著：『他從天上賜下糧食來給他們吃。』」於是耶穌對他們說：「……上帝的糧就是那位從天上降下來，並且賜生命給世界的。」於是他們對他說：「主啊，請常常把這糧賜給我們！」

耶穌對他們說：「我就是生命的糧。到我這裏來的，絕不饑餓；信我的，永不乾渴。」（約六 26 ～ 35）（《和合本修訂版》）

開始可以理出頭緒了：耶穌不是反對食物或轉化食物，而是祂太熱切把注意力轉移到真正滋養人的食物，並揭示祂自己就是上帝賜給祂子民維生續命的食物。最後晚餐時，全都一清二楚。從前為慶祝上帝拯救祂子民脫離受奴役而守的逾越節，得到更新，變成了使人得自由和得生命的食物分享。耶穌拿起平凡的餅，轉化成生命之糧。祂拿起為苦事樂事飲酒用的杯，轉化成拯救的杯、祂自己的血，體現罪得赦免。這樣的擘開、分出去——祂的身體正是由此構成的。基督徒可能因為捲入了那種錯誤的基因改造食物的辯論，而沒意識到他們已有的聖餐；他們已經擁有由上帝改造的食物。基督徒理解基因改造食物之關鍵，不在於食物的轉化，而在於那種由轉化所創造和預設的社羣關係。因為，聖餐不僅旨在轉化食物，也是為轉化那些分享食物的人，以及那個由那些人共享的社羣／社會。

「重新整合」遺棄了的

基因改造食物真正的問題是：大家想在怎樣的社羣/社會中生活？是想社羣/社會上的人沉迷在關注吃進身體裏的食物或藥物的品質和純度？是想這社羣/社會不得不生產多得很多的食物，因為大家真正的分享沒有可能是理當如此的？是想這社羣/社會認為權力在於控制科技？抑或，大家渴望自己處身的社羣/社會，把食物擘開、分出時，食物變得活過來般？渴想只有在聚集領受上帝為他們犧牲獻上所帶來的成果時才發現自己真正的身分嗎？願意社羣/社會上帶著不同外型、不同性情、不同才能、不同故事的人把不同的「禮物」帶到聖餐桌，發現各自的「禮物」都獲得接受，並且各自同樣有所領受？

把新約不同凡響的社羣/社會倫理整合起來，可見食物就是解開一切個人和「公共」層面人倫關係的鑰匙：

> 你準備午飯或晚餐，不要請你的朋友、弟兄、親屬和富足的鄰舍，免得他們回請你，你就得了報答。你擺設宴席，倒要請那貧窮的、殘疾的、瘸腿的、失明的，你〔將來〕就有福了！因為他們沒有甚麼可報答你。到義人復活的時候，你要得到報答。（路十四12～14）（《和合本修訂版》）

這段經文是個邀請，鼓勵信徒形塑習慣，這些習慣足以體現出聖餐使之能成立的新社羣/社會。這處也顯示出聖餐預表（prefigures）終末的筵席，在終末的筵席裏，窮人、殘疾人、瘸腿的人、失明的人佔有特別的席位，而基督徒期盼著在終末的筵席裏分享食物，獲得轉化了的身體，並且得著新的心。對基因改造食物的測試，變成以聖餐作為基準的試驗：這種科技是否跟聖餐的科技相似？——換言之，這科技能否促進全體上帝子民更多與人分享食物和權力，以此預表天國？要不然，基因改造食物是否一種異端？——這是指，基因改造食物是否聖餐的競敵，被轉化的食物非但沒締結更多公正的關係，反而持續並助長不公義的事、瓦解聖餐創造出的社羣關係？

總結

基因改造食物向世界提供天長地久的食物，但上帝已經藉著聖餐把天長地久的食物賜給祂的子民——聖餐，就是生命的糧、屬靈上被改造的食物。聖餐是上帝要向支持基因改造食物的人所說的話，因為這些人是自私世界的犬儒，聖餐的團契卻要挑戰他們這種信念。聖餐亦是上帝要向反對基因改造食物的人所說的話，因為這些人把人文主義看作為這個世界的基石，聖餐的犧牲獻上要挑戰他們這種天真幼稚想法。最重要是，聖餐向全人類宣告只有一個方法拯救世界——不是靠數量更多或純度更高的食物，而是靠與人分享食物，那是把從在十字架上基督身體破碎所領受到的，與人分嘗。

對支持或反對基因改造食物的論點加以分析後，顯示這場辯論最主要是關於權力和應由誰掌握權力。明顯可見，為保障較窮困國家和造福後代，確實有必要實施嚴密監管。基督徒不必認為改變食物是成問題的事，因為福音書一再重複可見改變食物的主題；但基督徒有必要更新自己對聖餐的理解，明白到聖餐的踐行轉化的不只是食物，也轉化人與人的權力關係；惟有這樣，基督徒才能明白教會如何在這議題上把上帝的聖言身體力行、表明出來。

跋

「現編」的範圍

我希望我在本書所說的，已足以證實劇場現編可提供極有用資源，澄清和豐富基督教倫理觀的踐行。本書的主張，涵蓋範圍很廣的神學學科。

最明顯的，有些主張是關於基督教倫理觀的行為。我主張基督教倫理觀任何時候都必須以教會的踐行為基礎。我提議，基督教倫理觀最核心的角色是形塑習慣和紀律操練——正是這些習慣和紀律操練，深深影響到教會把甚麼視為是危機和困局——亦是這些習慣和紀律操練，主導著教會怎樣回應此等危機和困局。我建議，對於理解以慣常角度鋪陳的倫理「議題」，「戲分」（status）的問題始終是關鍵所在，尤其是那些與戲分相關的問題是經常備受忽略。我又講到「超度接受」（overaccepting）和「重新整合」（reincorporation），這兩個重要的踐行說明信徒羣體應用甚麼方式來反映上帝行事的式樣，應怎樣在共同生活中把基督徒的故事體現出來。

就基督教倫理觀提出的主張，涉及一些附帶論點，關乎另外四方面的神學。我主張倫理學的審思應要建基於教會的踐行，這個主張，不僅和倫理學有關——這個主張，是和教會有關。所以，這論點帶有終末論的向度。本書討論到的，大部分是地方教會的會眾體現的那些踐行，並非是為全國性和跨國性組織而設的獻議。我這樣做，是想表達新約強調的重點，因新約對教會生活的訓示，主要是以小羣體的共同生活為前提。把這類小羣體視為教會的核心，決不等於謝絕探討全球性的議題（像是複製人和基因改造食物），純粹是為提供最有利教會用來理解這些複雜議題的背景脈絡。

本書前幾章清楚表明，我的論點涉及基督教倫理觀怎樣看待聖經，因而包含釋經學的向度。有人把聖經看成是教會演練（perform）的劇本，我對這看法存疑，倒是想提議把聖經看成是訓練手冊，用來幫助基督徒逐漸形塑理當如此的信念。我提出五幕的神劇，以說明教會和聖經的關係，表明教會在故事中是處於好些關鍵事件已經發生之後、處於最後一幕最終實現成真之前。這樣把注意力放在釋經學，也關乎到涉及教會歷史層面的論點。本書第一章提議，教會歷史是以榜樣和鑑戒作身教的神學，而「重新整合」的踐行足以向當代教會闡明如何把教會歷史用作倫理學的資源。

除了教會論、釋經學、教會歷史，本書觸及的第四個神學層面，就是教義學。我主張「超度接受」是上帝在歷史中顯明自己所用的最核心方式（尤其見於道成肉身和復活），這其實是個影響深遠、關係到基督論和拯救論的主張。我把「重新整合」形容為上帝統治的踐行，這其實是個關係到終末論的主張。雙管齊下，我是想要探究記載於聖經敍事中上帝的行事方式，和上帝今時今日的行事方式在甚麼方面有連續性。與此同時，以「現編」的角度思考，或證明有助理解教義的發展過程。我在本書完全沒闡述這方面，但我認為很有機會從「現編」的鏡片，去看待例如三位一體的教義在二至四世紀是怎樣形成的。

「現編」的潛力

既然「劇場現編」的踐行對倫理學、教會論、釋經學、教會歷史、教義學深具意義，還有甚麼可能進一步探索的空間？我只舉了四個運作的事例，以示範「現編」的踐行怎樣有助更深入理解一些迫在眉睫的基督教倫理觀問題。有沒有另一些問題，「現編」可作出類似的貢獻？

我所分析的四個示範例子可歸入四個範疇，決不純屬巧合。這四個範疇各有分析同類問題的發展潛力。

談到智利教會受皮諾切特（Pinochet）獨裁統治的討論，關乎到「現編」對於人性邪惡的作用。在很多方面，教會是藉如何回應人內在和外在的邪惡來定義自身的。就個人的層面而言，任何對教會和今時今日人性邪惡進行的分析，都必須處理小孩子遭受性侵犯的問題。和大多數涉及人性邪惡的問題一樣，小孩子遭受性侵犯的問題大概也可以始於思考戲分的議題，以及可怕的實況：教會一直與無數這一類罪行有所牽連。就全球的層面來說，也許可以就戰爭或恐怖主義而討論教會的角色。舉一個例，只要從戲分的角度去理解阿爾蓋達組織（al-Qaeda）和美國的戰爭，便有很多思考空間。阿爾蓋達組織展示出以「計謀」（tactic）勝「策略」（strategy）的全部優勢。對不怕死的人，「策略」似乎無計可施。阿爾蓋達講述的故事在一些重要方面「超度接受」五角大廈（Pentagon）所講的故事，到一個地步，阿爾蓋達的戰士甚至預備好以自殺式爆炸攻擊，為其革命理想而死亡。但是由於阿爾蓋達的戰士是殺人兇手，所以不被視為是殉道者。雖然阿爾蓋達組織訴諸的故事，比起只有一幕的追求自由民主、消費式資本主義社會的故事來得宏大，但由於他們預備好兇殘肆意的殺人，這便揭示他們講述的故事決不是神劇的第四幕。阿爾蓋達訓練營中形塑的紀律習慣，教人明白到恐怖主義的議題主要是在道德想像層面的戰鬥。但是適當的回應，不應只是組織一種更可怕的軍事力量，而是應該提出（offer）一個更扣人心弦的故事。所以，恐怖主義之可怖，在於挑戰美國要定出那個才是真正代表著他們民族精神的故事，並審視那是否以暴力為前提的故事。

對殘障和身體受苦的分析，把討論帶到造物界出亂子、又稱為「自然界的邪惡」（natural evil）的問題。「現編」的踐行，確實很有潛力用於牧養層面的思考。我教會有一位忠信的會友最近去世了。五月中，她對我說到認為甚麼是最有意義的——家庭、音樂、工作、園藝、信仰。七月初，我們再敍談。假如她只剩下幾星期壽命，甚麼是她最想做、最想說、最想完成的事情？她沉思，再具體計劃，之後實現了未了的心願。八月初，她叫我花點時間陪伴她，讓她放下心底裏還耿耿於懷的幾件事，一起求上帝釋放她脫離那些重擔。八月尾，她死前三天，我們一同祈禱，我將她的身、心、靈都交在造她又深愛她的上帝手中。最後，她死後不久，我有機會和其他人一同坐在她的遺體旁邊，在上帝面前明白到所發生的一切事。之後只有一個字說了出來：那個字是「美好」（beautiful）。她憑直覺便知道事奉是關乎人被給予能力，以平凡方式去面對一些不能猜透的事。這事證明教會的日常踐行之重要，甚至連死亡也能「超度接受」。這位姊妹之死，表明上帝的能力何其廣大，能以種種方式使她的死得以切合一個偉大得多的故事，成為其中一部分：這樣的人作的見證，對一整個羣體的影響和塑造，絕對是科技的解救望塵莫及的。

對基因複製的討論，隨即變成是對更廣義上身體的討論。很多議題的矛頭也指向「身體」的看法。同性戀的議題肯定要求教會更新其對基督徒身體的見解，以作出回應。對此，常見的「砸戲」(block)或「接戲」(accept)的回應方式，明顯有所不足。如果教會想「超度接受」同性戀的議題，需要重溫相關的教會踐行。舉例說，需要思考究竟婚姻首要是否關乎關係的質素，抑或婚姻的焦點要更多放在保護最脆弱的人，即小孩子和逐漸年長的父母；也需要思考友誼，以及為友之道最重要的踐行是甚麼——因同性戀牽涉到的感情關係，有時可能較接近友誼而非婚姻。但考慮到「超度接受」，就不能忽視耶穌談到兼容一切的天國，遠多於祂談到婚姻的排他關係；教會或也需要正視對人際關係的全部式樣作出遠為全面的重新描述，將最脆弱的人(饑餓的人、陌生人、囚犯)的需要，以及這些人需要的人際關係，視作是比婚姻的範式更為重要的基督教倫理觀的規範。

基因改造食物的討論，發展成探討聖餐的意義，就是向人展示一系列模範的社羣/社會關係和踐行。如果前三個例子能激發更進一步思考有關身體和社會/社羣的方面，基因改造食物的例子則鼓勵思考一些全球關注的議題，像環境破壞、氣候變化、物種減少等。這些方面的立論，可採取和基因改造食物相關論點相似的佈局。和戲分有關的議題再次見得重要，因為自人類主宰地球後造成的破壞，愈來愈顯得荒唐。「重新整合」一定是關鍵元素，因為想尋求的解救，需要從受造環境中仍未受貪婪的消費主義所操縱、仍不為人知的領域中追尋。「超度接受」也是論點的核心，因為如果肯定聖餐是人怎樣與造物界和諧共存的縮影，那麼，飲食最終在這種既滿足需要又揭示貪婪的社羣/社會踐行中，找到適當的位置。

「現編」的限制

來到尾聲，看來適合說幾句提醒的話。我經常用上「玩遊」(play)的字眼，又不時強調我講到的主題幽默的層面，並相當大膽的(尤其在最後兩章)斷言教會的踐行對於看似「屬世」(worldly)的議題是有效用的。雖然讀者由始至終也心領神會，但來到結尾也應加以強調：這種活動不是徒有抽象概念而非體現的演出，總之不含「戲劇」這字的負面意思。「現編」的前提是要有一個活躍的羣體定時履行教會的踐行，根據由此形塑的習慣來辨識何為恰當(或「直白顯然」〔obvious〕)的應對。這不是神祕的遊戲，不像本書第二章講到的諾斯底主義那般，只憑把玩一些屬靈的母題，就能化解令人煩惱的倫理問題。

我用「新」這字，向來也用得謹慎。本書的研究是著重描述而非指引：這是旨在使用新詞彙重新描述被忽略了的教會傳統，再次喚起人們對這些傳統的記憶，為要「重新整合」這些傳統；決非嘗試發明一些踐行或創造一些新傳統。這書的研究之新，在於之前似乎未有人試過對基督教倫理觀這學科和劇場演員「現編」踐行的相似之處，連篇作出分析。即使這分析是創新的，但我自始至終也想指出，我推薦的這些踐行是一直已經存在的。信徒羣體要在嚴峻處境中竭力盡忠，並非要學像演員如何在劇場上「現編」不可。但若要把這些已受基督徒習慣和踐行所形塑的羣體視為是基督教倫理觀的首要焦點(我希望如此)，那麼，用「戲分」、「超度接受」、「重新整合」等詞彙描述他們的見證，確是有助突出他們道德形塑的辨識過程的重要性。如果這些詞彙確是創新，其目標不是為創新，而是為更新。要更新的，肯定包括要更理解戲劇的意義，別視之為不負責任的兒嬉玩意（即神學審視下站不住腳的詞彙），而是透過想像：在上帝的統治下可以不靠暴力，亦能使在後的在前，使有能力的反地位不保。

所以，這書並非紙上談兵的非體現理論，也不是旨在提出令人眼前一亮的新主意。這書的目標是激發讀者重新發現日常教會踐行的意義，再或出乎他們意料的，發現可從這些踐行中找到豐富資源應付當代世界最棘手的議題和難題。我保持警覺，免得自己的論點闡述成為一種理論或一門技術，但我敢肯定「現編」是可以供整個信徒羣體隨時間逐漸養成一些踐行，就這意義來說，這些技能是可熟習而精通的。和任何習慣一樣，這些技能沒速成班，必須經過苦練，持之以恆，沉著應付，以至熟能生巧，應用出來即使看似玩遊、似是顛覆，卻是忠信。

「現編」的挑戰

以上的跋，簡單概括了「現編」的神學意義，並「現編」進一步在甚麼方面特別有用，以及在欣然接受「現編」的潛力之同時要避免跌入的一些陷阱。既然本書研究風格上是如此策劃，收筆前，順理成章說幾句較挑戰讀者的話。

本書研究旨在加強教會的踐行和加深教會的自我理解，從而使教會得到更多資源，帶著正統信仰的精神，在實際層面服事當代社會和作見證。本書嘗試鼓勵讀者，並提議一些方法，處理慣常基督教倫理觀一些極惹爭議、令人卻步的關注議題。本書提供在倫理學之中處理聖經的方法，既尊重聖經權威，但把聖經權威用於提升能力，而不是約束。本書旨在激勵在羣體的謙卑操練中致力踐行基督教信仰的人，靠的不是高舉羣體的德性以煽情，而是提議一些方法進行羣體共同辨識的過程。因此本書著手幫助基督徒投身周遭環境，而不致失去自己的身分。

本書提供一些方法，克服一些常見於倫理討論的二元對立的局面。這書要建基於的神學，是肯定窮人在上帝的旨意裏處於中心，而不認為人與生俱來就有階層衝突或人權等的俗世認定。本書強調終末視角對基督教倫理觀有重要角色，但沒在神學上把創造打入冷宮。一方面「重新整合」，另一方面「超度接受」，這兩者之平衡，把受造（及成肉身）之美善和創造在目的論上的目的，結合起來。同樣，對非暴力的分析指向一種積極參與的觀念，使人不一口咬定和平即是要「被動」、以抗衡戰爭的「責任」。對崇拜和玩遊的討論，足以澄清涉及「現實」世界的倫理學不一定和想像脫節。只要認定教會和學術界不必然要割裂，那些二元對立的局面便可得化解。

我懇請教會開放教會的踐行，使這些踐行的社羣/社會意義更顯而易見、有目共睹。我懇請基督徒認真考慮想像在倫理學之中的位置，並知道需要透過集體的踐行來訓練這種想像。我邀請信徒羣體透過玩計謀（tactics）的遊戲，而不再認定他們的重要與否在於能否控制事情發展以保證結果，由此發現他們能找到的能力和召命。與此同時，我懇請學術界在倫理學研究上認真思考教會。我懇請學者注視往往被教會看成理當如此、體現於禮儀或日常生活的那些踐行。我也請神學家不須向世界證立（justify）他們的著作是負責任的，反要把他們的著作看成是呈獻給教會的有建設性的玩遊（這些玩遊或比最奮力尋求倫理上的解決方案，還更來得靠近上帝的統治）。所以，本書是一個要求，以及一個邀請、挑戰，和禮物。本書是以這方法效法福音，福音是其靈感之源。

翻譯後記

此書原著於二〇〇七年出版，於基督教倫理學提出了甚具創意的貢獻。譯事艱難，筆者與紀榮智弟兄合作，分別負責內文的第一部，以及第二和第三部，先後於前年及去年完成，並由筆者統一全書翻譯。韋爾斯此書借用劇場用語來建立其對基督教倫理的看法，在翻譯上頗感棘手。在翻譯過程之中跟禤智偉博士就此多番交換意見，吸收了不少看法，但是本書之翻譯最終責任亦只在筆者個人身上。在此筆者必須交代若干重要詞語的翻譯，包括 improvisation、offer、accept、block、overaccept、given、gift、fate、destiny。

- Improvisation（現編）：根據劇情大綱或戲軌，現場作出符合角色的反應。現編有現場編寫的意思。
- Offer（交戲）：在對手戲之中，其中一方對另一方交出了強勢的戲分。
- Accept（接戲）：在對手戲之中，逆來順受毫無抵抗地承受對手的強勢交戲。

- Block（砸戲）：在對手戲之中，未能恰當回應對手的強勢交戲，以致破壞或中止了劇情的發展。
- Overaccept（超度接受，或譯凡事接納）：在對手戲之中既非接受也不是砸戲，既不逆來順受也不硬碰反臉，而是以某種巧妙的方式來接受，卻表達出自身的一套。

以上都是主要的劇場用語的翻譯，以下則為其他：given（既予，或命定）；gift（禮物）；fate（命運）；destiny（命途）。至於 from given to gift 或 from fate to destiny，都是一樣，含有類似於「禍兮福所倚」的意思，但是卻要透過超度接受／凡事接納，才能把既予轉成禮物，把命運轉成命途。

以上的翻譯並不一定沒有問題，所以讀者若有更佳提議，請不吝與基道出版社編輯聯絡。在此順道感謝本書責任編輯沈靜筠姊妹，在審稿等各樣事情上的盡心盡力，使得這個譯本可以順利出版。願上主使用。

鄧紹光

二〇一八年三月二十三日

註釋

中文版導讀

1. 廣東俗語的「執生」，不但更傳神、或者更精準：如何為（自己或別的）演員在舞台上的差錯所導致的「死胡同」，尋找最自然、最忠於故事和人物性格的「生路」，將劇情引導回正軌。
2. Samuel Wells, *Improvisation: The Drama of Christian Ethics* (Grand Rapids, MI: Brazos Press, 2004).
3. Samuel Wells, *God's Companions: Reimagining Christian Ethics* (Oxford: Blackwell, 2006)。本書和《上帝的同伴》皆可算是韋爾斯的博士論文"How the Church Perform Jesus' Story: Improvising on the Theological Ethics of Stanley Hauerwas" (PhD dissertation submitted to Durham University, 1995) 衍生出的「副產品」，論文的主體則率先出版：*Transforming Fate into Destiny: The Theological Ethics of Stanley Hauerwas* (Eugene, OR: Cascade Books, 1998)。
4. Samuel Wells, *A Nazareth Manifesto: Being with God* (Malden, MA: John Wiley & Sons, 2015).
5. 例如：Samuel Wells, *Incarnational Ministry: Being with the Church* (Grand Rapids, MI: William B. Eerdmans, 2017)；*idem*, *Incarnational Mission: Being with the World* (Grand Rapids, MI: William B.

Eerdmans, 2018)。

6. 本書二〇一八年的美國第二版，附錄了由兩位學者 Wesley Vander Lugt 和 Benjamin Wayman 增補的後記，他們接觸了不少世界各地的學者和牧者，訪問他們如何在神學研究、教會生活、敬拜宣講等方面被本書改變：Samuel Wells, *Improvisation: The Drama of Christian Ethics*, new ed. (Grand Rapids, MI: Baker Academic, 2018)。

7. Hans Urs von Balthasar, *The Theo-drama: Theological Dramatic Theory*, 5 vols., trans. Graham Harrison, (San Francisco, CA: Ignatius Press, 1988～98).

8. Wesley Vander Lugt, *Living Theodrama: Reimagining Theological Ethics* (Vermont: Ashgate, 2014), 1～14。與「戲劇」(drama)和「劇場」(theatre)相關的論述，並無統一的(無論中英文)專門術語或標準定義，兩者究竟有何種從屬關係更是學者間的熱議點。最少有三種不能共容的看法：(一)「戲劇」與「史詩」、「抒情」均屬不同的文學體裁，是以文本和作者為本的分類；(二)「戲劇」與「喜劇」、「悲劇」等皆是「劇場」演出的不同類型；(三)「喜劇」和「悲劇」等是「戲劇」的不同種類。大致而言，「戲劇」側重文本、劇作、故事，而「劇場」則是更廣泛的概念，是對劇本的演繹和活現，牽涉演員、導演、舞台、觀眾，和整個製作等；參 *ibid.*, 14～17。到底韋爾斯的神學應被界定為「戲劇性」、抑或「劇場性」，並不影響我們對本書的解讀，因為作者最後是要以「現編」來超越/取代/限定「戲劇劇本」或「劇場演出」這些概念。

9. Kevin J. Vanhoozer, *The Drama of Doctrine: A Canonical-linguistic Approach to Christian Theology* (Louisville, KY: Westminster John Knox Press, 2005)。韋爾斯在愛丁堡大學攻讀道學學士期間，范浩沙正在此任教，二人有師生的情誼。他們都在自己的著作中答謝對方，兩本書的先後關係應該是：首先，韋爾斯在寫作本書的時候，已經閱讀了范浩沙的一篇文章，那是《教義的戲劇》的前身：*idem*, "The Voice and the Actor: A Dramatic Proposal about the Ministry and Minstrelsy of Theology," in John Stackhouse, ed., *Evangelical Futures: A Conversation on Theological Method* (Grand Rapids, MI: Baker, 2000), 61～106；然後，當本書出版之前，韋爾斯又將書稿傳給范浩沙，因此後者在寫作的時候，可以預早吸納前者對「現編」的探討；見 Vanhoozer, *The Drama of Doctrine*, xiv, 336, n.94。

10. 以下內文的引文頁數，皆來自 *Improvisation* 的英文第一版。
11. J. B. Quash, "'Between the Brutely Given, and the Brutally, Banally Free': von Balthasar's Theology of Drama in Dialogue with Hegel," *Modern Theology* 13/3 (1997): 294 ~ 8, 316 n.4.
12. 韋爾斯在後來的著作一直沿用這套三重分野；例如，Samuel Wells and Abigail Kocher, *Shaping the Prayers of the People: The Art of Intercession* (Grand Rapids, MI: William B. Eerdmans, 2014)；有時甚至視之為顯淺易明，假設讀者耳熟能詳，不加任何説明。
13. 參 Stephen D. Wigley, *Balthasar's Trilogy: A Reader's Guide* (New York: T&T Clark, 2010), 74。
14. 參 Wigley, *Balthasar's Trilogy*, 74, 78 ~ 79。
15. 參 Wigley, *Balthasar's Trilogy*, 74。
16. 參 Wigley, *Balthasar's Trilogy*, 86；另參 Karen Kilby, *Balthasar: A (Very) Critical Introduction* (Grand Rapids, MI: William B. Eerdmans, 2012), 62。
17. 見 Aidan Nichols, *No Bloodless Myth: A Guide through Balthasar's Dramatics* (Washington DC: T&T Clark, 2000), 51 ~ 53。也可以說，三一上帝將人類存在的悲愴處境視為己有（made his own），見Wigley, *Balthasar's Trilogy*, 86。
18. 見 Wigley, *Balthasar's Trilogy*, 85。
19. 見 Wigley, *Balthasar's Trilogy*, 93 ~ 94。
20. 參 Wigley, *Balthasar's Trilogy*, 90。
21. Brett D. Potter, "Living in the Moment: Mission as Improvisation in Samuel Wells, Kevin Vanhoozer, and Hans Urs von Balthasar," *McMaster Journal of Theology and Ministry 15* (2013 ~ 2014): 153 ~ 154。巴爾塔薩所理解的「自由」，是一種願意隨時準備去回應他者的能力（disponibility），並且為別人的自由留下空間（make room for others），所以必然需要有一種「自由之間的交易/交換」（exchange of freedom）：我行使自由、甘願割捨自己部分的自由，以致於你能夠享受自由；而你也要用自由回應我，方能獲得我與你分享的自由（giving and rendering back），如此我與你的自由才得以完全；見 Quash, "'Between the Brutely Given, and the Brutally, Banally Free'," 302。
22. Potter, "Living in the Moment", 137, 147 ~ 148.

23. 見 Wigley, *Balthasar's Trilogy*, 98；另參 Potter, "Living in the Moment," 155。
24. 見 Wigley, *Balthasar's Trilogy*, 98；Potter, "Living in the Moment," 144, 151。
25. 見 Potter, "Living in the Moment," 149, 151；Wigley, *Balthasar's Trilogy*, 98。巴爾塔薩的神學是雙聚焦的，既以基督論為中心，又同時是三一論式的：基督的使命是從三一團契中湧溢（intra-Trinitarian overflowing）出來，在人類歷史的時間向度中，通過故事人物漸次展露（dramatic unfolding）的經世活動；見 Potter, "Living in the Moment," 148～149, 151～152。
26. 見 Potter, "Living in the Moment," 150, 152；Wigley, *Balthasar's Trilogy*, 98～99, 104。
27. Wigley, *Balthasar's Trilogy*, 87.
28. 參 Wigley, *Balthasar's Trilogy*, 105。
29. 人分享祂自己的能動性，但是這種程度的能動性韋爾斯仍嫌不夠。
30. 見 Quash, "'Between the Brutely Given, and the Brutally, Banally Free'," 295～297, 303。
31. 見 Quash, "'Between the Brutely Given, and the Brutally, Banally Free'," 303～305。
32. Kilby, *Balthasar*, 63～64。巴爾塔薩一直未能褪掉**史詩式**框架（epic frame）的底色，但他應該清楚知道，上帝的行動不能被框定（framed）；見Quash, "'Between the Brutely Given, and the Brutally, Banally Free'," 311, 315。巴爾塔薩的真正弱點，可能是未能貫徹地，做一個嚴格自律的黑格爾主義者；*ibid.,* 316。巴爾塔薩的文本似乎不斷在自我解構（self-deconstruct），未能完全忠於自己，反而一再削弱、抵銷自己對**戲劇性**的洞見；參 *ibid.,* 301, 303。因此，相反地，不少對巴爾塔薩的批評，其實都可以從他的文本中，找到足夠的證據去平反。
33. 見 Nichols, *No Bloodless Myth*, 53～54, 59。巴爾塔薩沒有盡力去維護他所主張的，關乎到神劇的生命力、不能被定案的性質（vital unfinalizability）；見 Quash, "'Between the Brutely Given, and the Brutally, Banally Free'," 307。
34. 見 Quash, "'Between the Brutely Given, and the Brutally, Banally Free'," 307。

35. 參 Quash, "'Between the Brutely Given, and the Brutally, Banally Free'," 315。
36. 見 Nichols, *No Bloodless Myth*, ix。
37. 參 Vander Lugt, *Living Theodrama*, 102～104。
38. 見 Quash, "'Between the Brutely Given, and the Brutally, Banally Free'," 315。
39. Potter, "Living in the Moment," 137, 147～148.
40. 筆者鳴謝陳之虎弟兄對文章初稿這部分的評語。之虎兄正在撰寫專研范浩沙的博士論文，很容易就指出了文章的一些錯漏，可惜篇幅所限，無法完全吸收他的建議；尤其是筆者維持了從韋爾斯的巴爾塔薩式眼光來閱讀范浩沙，遺憾未能從范浩沙整體的著作來重讀《教義的戲劇》。
41. 單從范浩沙的書名，就知道他的對手是林貝克（George Lindbeck, 1923～2018）：George A. Lindbeck, *The Nature of Doctrine: Religion and Theology in a Postliberal Age* (Philadelphia, PA: Westminster Press, 1984)。他批評林貝克的理論，容許教義被信仰羣體指導/主導，而不是由教義來指導/領導羣體的踐行；Vanhoozer, *The Drama of Doctrine*, 97。至於范浩沙有否錯解林貝克，非本文探討的範圍。
42. 另外一個頗為貼切的比喻是，教義好像地圖一樣有定向/指引/嚮導的作用，提供座標以觀看世界、探索實踐的方向；見Vanhoozer, *The Drama of Doctrine*, 296。
43. Vanhoozer, *The Drama of Doctrine*, 30。范浩沙完全認同巴爾塔薩：上帝自我啟示的行動（包括道成肉身，也包括聖經正典）「神劇性」的性質，並且認為福音的真理「要求」（call for）我們以一種生命的活現（lived performance）來回應；信心不單尋求理解，而是尋求可以被演活出來的理解，或者我們的理解本身就是一種演出（performance understanding），神學本身也已經是這種表演性的詮釋；聖經正典就是聖靈所使用的劇本，在其中、並藉以（in and through which）指導基督徒如何演出福音（包括如何做神學的詮釋工作）；同樣，教義在此也牽涉入上帝「神劇性」的行動中，既被聖經規範、更被聖靈使用，作為對基督教神學、對基督徒生活的指導；見 *ibid.*, 17, 101～102。范浩沙的論述使用了一連串戲劇的比喻，頗為繁複、甚至混亂，下文會再次嘗試釐清，並加以批判。
44. Vanhoozer, *The Drama of Doctrine*, 16～17.

45. 見 Vanhoozer, *The Drama of Doctrine*, 325, 336, 340。
46. 見 Vanhoozer, *The Drama of Doctrine*, 335, 344。「按著劇本來現編」這個想法本身不一定產生修辭上的自相矛盾（oxymoronic），因為就算在傳統的劇場演出，即使演員被要求遵循劇本去照演，仍然有隨機應變的需要、臨場發揮的空間；到底聖經是否「劇本」，基督徒又是否要「根據聖經劇本來現編」，才是神學上要討論的問題。
47. Vanhoozer, *The Drama of Doctrine*, 252, 309。范浩沙所理解的「正典」，是參與在三一上帝的經世活動之中的，是三一上帝持續啟示和行動的工具。
48. 對於猶太人而言，聖經故事的某些段落，的確頗像一部必要在固定節期裏，不論老少、一起去重演/重讀的「劇本」。同樣地，基督徒的崇拜禮儀，也可算是聖經中的上帝故事的「重演/綵排」（rehearsal），這是《上帝的同伴》的主旨。
49. 見 Vander Lugt, *Living Theodrama*, 92, 96。
50. 見 Vander Lugt, *Living Theodrama*, 94～96。嚴格上，當然新舊聖經也提及神劇的結局，但只是模糊地前瞻和想望，欠缺具體劇情細節。其實，范浩沙自己也提出過"transcript"的講法，但他是指日常生活的證明文件，有「推薦、證明、見證」的意思；見 Vanhoozer, *The Drama of Doctrine*, 167。
51. Vanhoozer, *The Drama of Doctrine*, 102, 307.
52. Vander Lugt, *Living Theodrama*, 97 ～ 100；另見 Vanhoozer, *The Drama of Doctrine*, 167。
53. Vanhoozer, *The Drama of Doctrine*, 337, 349.
54. Vanhoozer, *The Drama of Doctrine*, 25, 335, 357.
55. Vanhoozer, *The Drama of Doctrine*, 104, 107.
56. Vanhoozer, *The Drama of Doctrine*, 105, 344, 353.
57. 范浩沙心目中聖經的倫理功能，幾乎與韋爾斯是一樣的，就是使我們調教生命的優次，以回應福音所揭示、帶有終末向度的真實/實在，為著上帝的榮耀、與他人在世界中一起活出美好（living well with others in the world to God's glory）；見 Vanhoozer, *The Drama of Doctrine*, 308。
58. 范浩沙後來傾向改用「劇目」（text）、而非「劇本」，並作出其餘的修正，以避免誤解；Kevin J. Vanhoozer, *Faith Speaking Understanding: Performing the Drama of Doctrine* (Louisville, KY: Westminster John

Knox Press, 2014), 21 ～ 24；他更詳盡地回應了其他學者對《教義的戲劇》的批評：*ibid.*, 243 ～ 252。

59.「戲劇顧問」的職位較常見於歐洲大陸（特別是德國），其職責是扮演溝通的橋梁，一方面協助導演在劇本研究、製作、排練、演出的過程上做不同的決定，到底要怎樣演繹、傳遞出劇作中的哪些信息；另一方面，也要兼顧劇作與觀眾之間如何溝通，劇場與此時此地的連結等問題。

60. Vanhoozer, *The Drama of Doctrine*, 244 ～ 245.

61. 參 Vander Lugt, *Living Theodrama*, 21 ～ 24。

62. 見 Vander Lugt, *Living Theodrama*, 24, 27。「代模」這種方法學工具在神學上的應用必須極為謹慎，因為會容易喧賓奪主，反而混淆／模糊／掩蓋了代模（the model）本來要解釋的對象（the modeled）。我們通常是用一些較熟悉的東西，來比喻另一些較陌生的東西，以達到啟發性或教導性的益處。但到底「戲劇是甚麼？」、「教義又是甚麼？」，這些都是尚待通過爭議來釐清的大問題；范浩沙要在戲劇和教義之間畫上類比的等號，並證立其可信性，則難上加難，是一件風險大，卻難以周全和討好的工作；見 Stephen H. Webb, "Review of *The Drama of Doctrine*," *Reviews in Theology and Religion 13/3* (Jul 2006): 433。

63. 可以說，韋爾斯比范浩沙更忠於巴爾塔薩；而且，巴爾塔薩更會站在韋爾斯這一邊，反對范浩沙將聖經比喻為劇本。巴爾塔薩或會說，神劇是沒有劇本的，雖則又未至於完全不落文字、或毫無文本可依（unscripted, though still worded）；見 Potter, "Living in the Moment," 161。

64. 見 Potter, "Living in the Moment," 151。在巴爾塔薩的神劇論，是聖靈自己這位「導演」為這齣**沒有**「劇本」的神劇，每時每刻向基督「提示」（prompting）如何演下去。

65. Vanhoozer, *The Drama of Doctrine*, 341.

66. 見 Potter, "Living in the Moment," 161。

67. 參 Vander Lugt, *Living Theodrama*, 101。教會在神劇中的所謂「角色」或「戲分」是「被去私人化」（de-privatized）的，基督徒不能獨自成為演員，而是要回應聖靈的選角招募（casting call），參與在整個劇團（company）之中，方能找到自己個人的特殊呼召／使命；見 Potter, "Living in the Moment," 156；另參 Michael Horton, *The Christian Faith: A Systematic Theology for Pilgrims on the Way* (Grand Rapids,

MI: Zondervan, 2011), 21, 27, 32。

68. 參 Potter, "Living in the Moment," 141 ~ 142。
69. 《教義的戲劇》整段關於「現編」的討論，令人覺得頗像只是為了回應韋爾斯對「劇本」比喻的質疑，加插拼湊上去的（add on）；見 Vanhoozer, *The Drama of Doctrine*, 102, n.97。
70. Vanhoozer, *The Drama of Doctrine*, 355.
71. 參 Vander Lugt, *Living Theodrama*, 203。教會在神劇中沒有舉足輕重的地位，與其說是我們去努力迎合劇情，倒不如說是上帝遷就我們，將教會的故事配搭入（fit in）上帝的故事之內；我們一切的錯漏、缺失、遺憾都要靠三一上帝最終去重新整合（reincorporation）和成全。

導論

1. 沒有人比侯活士（Stanley Hauerwas）更能體現這時代。特別參 *The Peaceable Kingdom: A Primer in Christian Ethics* 及 John Berkman and Michael Cartwright, eds., *The Hauerwas Reader* (Durham, NC: Duke University Press, 2001)。我在 Samuel Wells, *Transforming Fate into Destiny: The Theological Ethics of Stanley Hauerwas* (Carlisle, UK: Paternoster, 1998) 已經涵蓋了侯活士及其他人的論證。
2. 更全面嘗試推行這一建設性議程，可見於 Stanley Hauerwas and Samuel Wells, eds., *The Blackwell Companion to Christian Ethics* (Oxford, UK: Blackwell, 2003)。
3. 在神學上對想像最佳的講述，見 Garret Green, *Imagining God: Theology and the Religious Imagination* (Grand Rapids: Eerdmans, 1998)。有關想像在塑造歷史的角色，一個刺激的講述可以見於 John Jukacs, *At the End of an Age* (New Haven, CT: Yale University Press, 2002)。
4. 那種認為倫理學關乎不同比拼的既予（competing givens）之間的競逐其底下潛伏的相反的認定，乃是來自尼布爾（Reinhold Niebuhr）長久的影響。對尼布爾進路的資源與論證作出相當出色的分析，見 Stanley Hauerwas, *With the Grain of the Universe: The Church's Witness and Natural Theology: Being the Gifford Lectures Delivered at the University of St. Andrews in 2001* (Grand Rapids: Brazos, 2001)。
5. 關於把這本書的提案轉換至介入社會及經濟的更新此一經驗的處

理，例子可見於我的“No Abiding Inner City: A New Deal for the Church,” in Mark Thiessen Nation and Samuel Wells, eds., *Faithfulness and Fortitude: In Conversation with Stanley Hauerwas* (Edinburgh: T & T Clark, 2000)；“Generation , Degeneration, Regeneration: The Theological Architecture and Horticulture of a Deprived Housing Estate,” *Political Theology* 3/2 (2002): 238 ～ 244；與 *Community-Led Estate Regeneration and the Local Church* (Cambridge, UK: Grove Booklets, 2003)。

6. 見 Hans Frei, *The Eclipse of Biblical Narrative: A Study in Eighteenth- and Nineteenth-Century Hermeneutics* (New Haven, CT: Yale University Press, 1974)；與 *The Identity of Jesus Christ* (Philadelphia: Fortress, 1975)；David Kelsey, *Uses of Scripture in Recent Theology* (Philadelphia: Fortress, 1975)；George Lindbeck, *The Nature of Doctrine: Religion and Theology in a Postliberal Age* (London: SPCK, 1984)。
7. 處理音樂與神學現編的基準是 Jeremy Begbie, *Theology, Music, and Time* (Cambridge: Cambridge University Press, 2000), esp. 179 ～ 270。對本書刻下的研究有直接相同的貢獻是 Sharon Welch, “Communitarian Ethics after Hauerwas,” *Studies in Christian Ethics* 10/1 (1997): 82 ～ 95。她引用爵士例示聆聽養育羣體的重要性。也參看 Albert R. Jonsen, “The Ethicist as Improvisationist,” in Lisa Sowle Cahill and James F. Childress, eds., *Christian Ethics: Problems and Prospects* (Cleveland: Pilgrim, 1996)。
8. 我對馬可福音的了解特別受 Mary Ann Tolbert, *Sowing the Gospel: Mark's World in Literary-Historical Perspective* (Minneapolis: Fortress, 1989) 與 Ched Myers, *Binding the Strong Man: A Political Reading of Mark's Story of Jesus* (Maryknoll, NY: Orbis, 1988) 的影響。

第 1 章

1. 見 Aristotle, *The Nicomachean Ethics*, trans. David Ross, rev. J. L. Ackrill and J. O. Urmson (Oxford, UK: Oxford University Press, 1980) 與 *The Politics*, trans. T. A. Sinclair, rev. Trevor J. Saunders (Harmondsworth, UK: Penguin, 1981)。

2. 關於亞里士多德有關暴力背後的認定與基督徒（即是，奧古斯丁）有關和平背後的認定這兩者之間的對比，見 John Milbank, *Theology and Social Theory: Beyond Secular Reason* (Oxford, UK Blackwell, 1990; Cambridge, Mass.: Blackwell, 1991)。
3. 對這種轉化的一個完全的，或許是有少許誇大的描繪，見 John Howard Yoder, "The Constantinian Sources of Western Social Ethics," in *The Priestly Kingdom: Social Ethics as Gospel* (Notre Dame, IN: University of Notre Dame Press, 1984)。
4. Sigrid Undset 的出色三部曲提供了一個對這種世界觀了不起的敍事性講述，*Kristin Lavransdatter*, trans. Tiina Nunnally (3 vols.; Harmondsworth, UK: Penguim, 1997, 1999, 2001)。
5. 對這故事通常講述的方式作出意義重大挑戰的，見William Cavanaugh, *Theopolitical Imagination: Discovering the Liturgy as a Political Act in an Age of Global Consumerism* (Edinburgh: T & T Clark, 2002)。卡瓦諾（William Cavanaugh）論說：「稱這些衝突為『宗教戰爭』是不合時宜的，因為問題在於這些戰爭是宗教的產物，而宗教則是一組私人持守的信念，沒有任何直接的政治相關性。」（22）

第 2 章

1. 昆漢斯（Hans Küng）可能體現當代基督教倫理觀普遍支線的作者，例如見他的 *A Global Ethic for Global Politics and Economics*, trans. John Bowden (London: SCM, 1997)。
2. 在眾多書名之中，例如可見於 Susan Frank Parsons, ed., *The Cambridge Companion to Feminist Theology* (Cambridge: Cambridge University Press, 2002)；Gustavo Gutierrez, *A Theology of Liberation: History, Politics, Salvation*, rev. ed. (London: SCM, 1988)；與 Michael Northcott, *The Environment and Christian Ethics* (Cambridge: Cambridge University Press, 1996)。
3. 例如可見於 Rosemary Radford Ruether, *Sexism and God-Talk: Towards a Feminist Theology* (London: SCM, 1983)。
4. Adrian Hastings, *The Church in Africa, 1450 ～ 1950* (Oxford, UK: Oxford University Press, 1996).
5. Gustavo Gutierrez, *We Drink from Our Own Wells: The Spiritual*

Journey of a People, trans. Matthew J. O' Connell (Maryknoll, NY: Orbis, 1990.

6. Richard L. Fern, *Nature, God, and Humanity: Envisioning an Ethics of Nature* (Cambridge: Cambridge University Press, 2002).
7. 我對聖安東尼（Saint Antony）這了解是借用自Brian S. Hook and R. R. Reno, *Heroism and the Christian Life: Reclaiming Excellence* (Louisville, KY: Westminster John Knox, 2000)。
8. 見 John Howard Yoder, *The Christian Witness to the State* (Newton, KS: Faith & Life, 1964)。
9. 我在自己的*Transforming Fate into Destiny: The Theological Ethics of Stanley Hauerwas* (Carlisle, UK: Paternoster, 1998), 90～125 和 141～150 花了很長篇討論教派主義（sectarianism，或譯流別主義），我認為問題是時間勝過了空間。也見於下面第六章。
10. 一個對此的痛苦例子，可以見於 Duncan Forrester 在他處理達豪（Dachau）教會生動的描述“The Church and the Concentration Camp: Some Reflections on Moral Community,” in Mark Thiessen Nation and Samuel Wells, eds., *Faithfulness and Fortitude: In Conversation with Stanley Hauerwas* (Edinburgh: T & T Clark, 2000)。
11. 麥乾頓（James Wm. McClendon）以《倫理學》（*Ethics*）作為他的三卷本系統神學的開首——取代了習以為常的哲學的神學開首，並且以《見證》（*Witness*）結束——取代了哲學的神學以及以此佔有了尋常系列著作留給倫理學的位置。見他的 *Systematic Theology*, vol. 1, *Ethics*, 2nd ed. (Nashville: Abingdon, 2002) 與 James Wm. McClendon and Nancey Murphy, *Systematic Theology*, vol. 3, *Witness* (Nashville: Abingdon, 2000)。
12. 進一步探索英雄與聖徒、民族–國家的暴力，以及亞里士多德城邦（city-state）與奧古斯丁的教會之間對比，見 Samuel Wells, “The Disarming Virtue of Stanley Hauerwas,” *Scottish Journal of Theology* 52/1 (1999): 82～88；Jean Bethke Elshtain, “Citizenship and Armed Civic Virtue: Some Questions on the Commitment to Public Life,” in Charles H. Reynolds and Ralph Norman, eds., *Community in America: The Challenge of Habits of the Heart* (Berkeley: University of California Press, 1988)；以及 John Milbank, *Theology and Social Theory: Beyond Secular Reason* (Oxford, UK: Blackwell, 1990)。在侯活士和平奇

斯（Charles Pinches）的 *Christians among the Virtues: Theological Conversations with Ancient and Modern Ethics* (London: University of Notre Dame Press, 1997) 與胡克（Brian S. Hook）和雷諾（R. R. Reno）的 *Heroism and the Christian Life*，也提出了很有意義的議題。

第 3 章

1. 曾經考量基督教敘事乃戲劇的眾多作者之中的有：Dorothy L. Sayers, *The Man Born to Be King* (New York: Harper and Brothers, 1943)；Alasdsair MacIntyre, *After Virtue: A Study in Moral Theory*, 2nd ed. (London: Duckworth, 1984)；Susan Schreiner, *The Theater of His Glory: Nature and the Natural Order in the Thought of John Calvin* (Grand Rapids: Baker, 1995)；Walter Brueggemann, "Preaching as Reimagination," *Theology Today* 52/3 (October 1995): 313 ～ 329；Raymond Schwager, *Jesus in the Drama of Salvation*, trans. James G. Williams and Paul Haddon (New York: Crossroad, 1999)；Kevin Vanhoozer, "The Voice of the Actor: A Dramatic Proposal about the Ministry and Minstrelsy of Theology," in John G. Stackhouse, Jr., ed., *Evangelical Futures* (Grand Rapids: Baker, 2000)；以及 Michael Horton, *Covenant and Eschatology: The Divine Drama* (Louisville: Westminster John Knox, 2002)。
2. Hans Urs von Balthasar, *Theo-Drama: Theological Dramatic Theory*, vol. 1, *Prolegomena*, trans. Graham Harrison (San Francisco: Ignatius, 1988); *Theo-Drama: Theological Dramatic Theory*, vol. 2, *Man in God* (San Francisco: Ignatius, 1990); *Theo-Drama: Theological Dramatic Theory*, vol. 3, *Dramatis Personae: Persons in Christ* (San Francisco: Ignatius, 1992); *Theo-Drama: Theological Dramatic Theory*, vol. 4, *The Action* (San Francisco: Ignatius, 1994); *Theo-Drama: Theological Dramatic Theory*, vol. 5, *The Last Act* (San Francisco: Ignatius, 1998).
3. Translated by T. M. Knox (Oxford, UK: Clarendon, 1988).
4. 我對巴爾塔薩（Hans Urs von Balthasar）的規劃的了解，主要得力於跟 Ben Quash 和 Ivan Khovacs 的談話。見 J. B. Quash, "'Between the Brutely Given, and the Brutally Free': Von Balthasar's Theology of Drama in Dialogue with Hegel," *Modern Theology* 13/3 (July 1997):

293 ～ 318；以及 Ben Quash, " Drama and the Ends of Modernity, " in Lucy Gardner, David Moss, Ben Quash, and Graham Ward, *Balthasar at the End of Modernity* (Edinburgh: T & T Clark, 1999), 139 ～ 171；亦見 Ivan Khovacs, "Robbing Peter to Pay Paul: Theology's Indebtedness to the Theater with Reference to the Theo-Drama of Hans Urs von Balthasar, " 未出版論文，於二○○二年三月在聖安德烈斯大學（University of St. Andrews）聖瑪利學院（St. Mary College）的神學、想像與藝術研究所召開的「演練與責任研究學術討論會」（Performance and Responsibility Research Colloquium）發表。瞿化斯（Ivan Khovacs）從慕尼黑奧運會所提供的例示，觸動我下面要講述的突尼斯（Tunisia）故事。

5. Catherine Pickstock, " Necrophilia: The Middle of Modernity, " *Modern Theology* 12/4 (1996): 407 ～ 408, 引於 Ben Quash, " Drama and the Ends of Modernity, " 148。
6. TD 3:514（以下 "TD" 指 von Balthasar, Theo-Drama；見上面註釋 2），引於Aidan Niclols, *No Bloodless Myth: A Guide through Balthasar's Dramatics* (Edinburgh: T & T Clark, 2000), 132 ～ 133。
7. Nichols, *No Bloodless Myth*, 164; Rene Girard, *Violence and the Sacred* (Baltimore: John Hopkins University Press, 1977).
8. TD5: 518，引於 Nichols, *No Bloodless Myth*, 247。
9. Nichols, *No Bloodless Myth*, 248.
10. 見 Ben Quash, " Drama and the Ends of Modernity, " 164 ～ 167。
11. N. T. Wright, " How Can the Bible Be Authoritative? " *Vox Evangelica* 21 (1991): 7 ～ 32 at 18 ～ 19 粗體乃原文所有。關於其他可供比較的處理，見 Gabriel Fackre, *The Christian Story: A Narrative Interpretation of Basic Christian Doctrine* (Grand Rapids: Eerdmans, 1984)；Paul D. Hanson, *The People Called: Growth of Community in the Bible* (San Francisco: Harper & Row, 1986), 519 ～ 546；Bernhard W. Anderson, *The Unfolding Drama of the Bible*, 3rd ed. (Philadelphia: Fortress, 1988)；Frank Anthony Spina, " Revelation, Reformation, Re-creation: Canon and the Theological Foundation of University, " *Christian Scholar's Review* 17/4 (1989): 326；以及 J. Richard Middleton and Brian J. Walsh, *Truth Is Stranger Than It Used to Be: Biblical Faith in a Postmodern Age* (Downers Grove, IL: InterVarsity; London: SPCK, 1995), 240。
12. 見 Walter Wink, *The Human Being: Jesus and the Enigma of the Son of*

the Man (Minneapolis: Fortress, 2002)。

13. 第四幕教會與第二幕以色列的位置，不應視為取代論（supersessionism）的背書——宣稱在上帝的旨意中教會已經取代了以色列。在上帝的護佑中，猶太人那不變的地位對基督徒來說必定要時常敞開，以及以此圖式來解決那問題，只會期望過高。一個有幫助的角度，可見於 John Howard Yoder, *The Jewish-Christian Schism Revisited*, ed. Michael G. Cartwright and Peter Ochs (London: SCM, 2003)。

第 4 章

1. Nicholas Lash, *Theology on the Way to Emmaus* (London: SCM, 1986), 37～46.
2. Lash, *Theology on the Way to Emmaus*, 42.
3. Lash, *Theology on the Way to Emmaus*, 46；粗體乃原文所有。
4. Frances Young, *The Art of Performance: Towards a Theology of Holy Scripture* (London: Darton, Longman & Todd, 1990)。亦見 Stephen Barton, "New Testament Interpretation as Performance," *Scottish Journal of Theology* 52/2 (1997): 179～208。
5. Walter Brueggemann, *The Bible and the Postmodern Imagination: Texts under Negotiation* (London: SCM, 1993), esp. 64～70.
6. 這觀察跟費萊（Hans Frei）對馬可福音「轉述」（renders）耶穌身份的方式的看法，十分相似。見 Hans Frei, *The Identity of Jesus Christ* (Philadelphia: Fortress, 1975)。
7. Brueggemann, *The Bible and the Postmodern Imagination*, 67.
8. Brueggemann, *The Bible and the Postmodern Imagination*, 68。布魯格曼（Walter Brueggemann）最具啟發性的說話是：「巴特（Barth）清楚表示聖經的上帝是『全然的他者』（Wholly Other）。通常的解釋是，重點放在『全然』以強調對比及斷裂。但是，一旦重點放在『他者』，戲劇性的解釋就會注意到辯證、對話的互動，在其中每個『他者』以轉化的方式接觸其伙伴。即是，『他性』（otherness）無須表示距離與嚴肅，也可以是辯證的、轉化的介入」（106 註 19）。布魯格曼在這裏想及的是早期巴特的《羅馬書釋義》（*The Commentary on Romans*），而非晚期巴特的《教會教義學》（*Church Dogmatics*）。

9. 「牧者踐現(enacts)戲劇並邀請聆聽的、參與的全會眾成員如他/她所選擇的或能夠的，成為戲劇的一部分。」(Brueggemann, *The Bible and the Postmodern Imagination*, 68)。
10. Kevin Vanhoozer, "The Voice and the Actor: A Dramatic Proposal about the Ministry and Minstrelsy of Theology," in John G. Stackhouse, ed., *Evangelical Futures: A Conversation on Theological Method* (Grand Rapids: Baker, 2000), 90。我感激瞿化斯讓我注意到這篇文章，以及他對這文章的評論。
11. Vanhoozer, "The Voice and the Actor," 69.
12. Vanhoozer, "The Voice and the Actor," 82.
13. Ivan Khovacs, "Robbing Peter to Pay Paul: Theology's Indebtedness to the Theater with Reference to the *Theo-Drama* of Hans Urs von Balthasar," 未出版論文，於二○○二年三月在聖安德烈斯大學(University of St. Andrews)聖瑪利學院(St. Mary College)的神學、想像與藝術研究所召開的「演練與責任研究學術討論會」(Performance and Responsibility Research Colloquium)發表。
14. Shannon Craigo-Snell, "Command Performance: Rethinking Performance Interpretation in the Context of *Divine Discourse*," *Modern Theology* 16/4 (October 2000): 475～494, at 482.
15. Craigo-Snell, "Command Performance," 479.
16. Craigo-Snell, "Command Performance," 480.
17. Craigo-Snell, "Command Performance," 481～482.
18. Gerard Loughlin, *Telling God's Story: Bible, Church, and Narrative Theology* (Cambridge: Cambridge University Press, 1996), 20，引用Rowan Williams, "Postmodern Theology and the Judgement of the World," in Frederic B. Burnham, ed., *Postmodern Theology: Christian Faith in a Pluralist World* (New York: Harper Collins, 1989), 97。
19. Jeremy Begbie, *Theology, Music and Time* (Cambridge: Cambridge University Press, 2000), 222～223.
20. 下述是我在弄清楚我對劇場現編的了解所用的主要著作：Keith Johnstone, *Impro: Improvisation in the Theatre* (London: Methuen, 1981) and *Impro for Storytellers* (London: Faber, 1999)；Ronald James and Peter Williams, *A Guide to Improvisation: A Handbook for Teachers* (Banbury, UK: Kemble, 1980)；Viola Spolin, *Improvisation for the*

Theatre: A Handbook of Teaching and Directing Techniques (London: Pitman, 1973)；Anthony Frost and Ralph Yarrow, *Improvisation in Drama* (Basingstoke, UK: Macmillan, 1990)。

第 5 章

1. *The Oxford Dictionary of Quotations* (3rd ed., Oxford and New York: Oxford University Press, 1979), 567.
2. Donald Nicholl, *Holiness* (London: Darton, Longman & Todd, 1981), 54 ~ 55.
3. 太二十五 1 ~ 13。
4. James Mackey,ed., *Religious Imagination* (Edinburgh: Edinburgh University Press, 1986), 23；Mary Warnock, *Imagination* (London: Faber, 1976), 10.
5. Nicholl, *Holiness*, 55 ~ 57.
6. John Irving, *A Prayer for Owen Meany* (London: Corgi, 1990).
7. Anthony Frost and Ralph Yarrow, *Improvisation in Drama* (Basingstoke, UK: Macmillan, 1990), 151 ~ 55.
8. Keith Johnstone, *Impro: Improvisation and the Theatre* (London: Methuen, 1981), 87 ~ 88。見上述，第四章，對「直白顯然」的討論。
9. 以下幾段討論的那些議題，較詳細的分析，見拙作 "How Common Worship Forms Local Character," *Studies in Christian Ethics* 15/1(2002): 66 ~ 74。

第 6 章

1. 我對戲分的理解，以及下文大部分內容，取材自 Keith Johnstone, *Impro: Improvisation in the Theatre* (London: Methuen, 1981), 33 ~ 74 及 *Impro for Storytellers: Theatresports and the Art of Making Things Happen* (London: Faber, 1999), 219 ~ 31 and 352 ~ 53。
2. Johnstone, *Impro*, 46.
3. Johnstone, *Impro*, 51，略加改編。
4. 見 Johnstone, *Impro*, 50 ~ 52 的討論。
5. 我強調低戲分的行為也可用來操縱衝突，目的不是為作道德判斷，以判定某一等級的戲分比另一等級的戲分較為優越或值得追求。我只想指出權力不是只屬於強者。所以，這觀點可用於支持一個規模更大的論點，說明教會不應以為教會必須變強（戲分高）才能保住自身完整和獲得權力。談到教會要怎樣理解權力，當然須有較長篇幅的討論，在此不宜多談。精彩地處理同一段關係中的位分於不同處境下可如何變高變低，見狄更斯（Charles Dickens）筆下於《小杜麗》（*Little Dorrit*）描繪的莫多爾夫婦（Mr. and Mrs. Merdle）。

6. 我以前講過這故事，見於"Harry's Story: A Story of God's Power and Ours," *Christian* 99/3 (Autumn 1999): 10。
7. Johnstone, *Impro*, 61.
8. 雖由奧古斯丁（Augustine）所錄，但一般認為是居普良所說。見 Geoffrey Parinder, ed., *The Routledge Dictionary of Religious and Spiritual Quotations* (London: Routledge, 2001), 20。
9. Michel de Certeau, *The Practice of Everyday Life*, trans. Stephen Rendall（Berkeley: University of California Press, 1984）, 35～39，粗體字之強調，根據原書。
10. De Certeau, *Practice*, 25～26，粗體字之強調，根據原書。
11. James C. Scott, *Domination and the Art of Resistance: Hidden Transcripts* (New Haven, CT: Yale University Press, 1990), 198～99。斯科特本人沒引述過約翰士敦（Johnstone）或塞杜（de Certeau）。使我最先認識到斯科特之著作的，是 David Toole, *Waiting for Godot in Sarajevo: Theological Reflections on Nihilism, Tragedy, and Apocalypse* (Boulder, CO: Westview, 1997; London: SCM, 2001)，特別是頁 232～48。
12. Scott, *Domination*, 18.
13. Scott, *Domination*, 2, 4.
14. Scott, *Domination*, 4～5, 191～92.
15. Scott, *Domination*, 5.
16. 可八 27～31。
17. 約十一 35。
18. 可十四 8。
19. 約十三 14。
20. 可十五 39。
21. 腓二 5～11。

22. 可十 43 ~ 44。
23. 彼前四 13 ~ 14、16。

第 7 章

1. Keith Johnstone, *Impro: Improvisation in the Theatre* (London: Methuen, 1981), 92.
2. Johnstone, *Impro*, 131。約翰士敦（Johnstone）沒嘗試指出那外在力量是甚麼。這類字眼會立即招致某些基督教圈子懷疑，恐怕約翰士敦所指的是魔鬼的力量。但約翰士敦所寫的，是演員怎樣能養成自信和彼此信任：他研究的重點旨在促進這種信任。對魔鬼的恐懼，反更**抑制**這種信任，實在諷刺。相反，我認為約翰士敦談到用面具的最後一章，較不適宜用於建立信任，故此我選擇不在此書中探討那章。
3. Johnstone, *Impro*, 99 ~ 100.
4. 這故事出自Nicholas Mosley 所寫的小說，徵引於 *Private Eye's Oxford Book of Pseuds* (London: Private Eye, 1983), 64 ~ 65。
5. Keith Johnstone, *Impro for Storytellers* (London: Faber & Faber, 1999), 34 ~ 36.
6. 關於這個對比，見 John Howard Yoder, *The Royal Priesthood: Essays Ecclesiological and Ecumenical*, ed. Michael Cartwright (Grand Rapids: Eerdmans, 1994), 213。尤達（John Howard Yoder）作的對比，當然言過其實：舉例說，北美土著不是人人也主戰的。
7. James C. Scott, *Domination and the Art of Resistance: Hidden Transcripts* (New Haven, CT: Yale University Press, 1990), 18 ~ 19.
8. Scott, *Domination*, 19.
9. Scott, *Domination*, 132.
10. Scott, *Domination*, 203.
11. Scott, *Domination*, 205.

第 8 章

1. John Milbank, "The Midwinter Sacrifice: A Sequel to 'Can Morality Be Christian?'" *Studies in Christian Ethics* 10/2 (1997): 13 ~ 38，見於頁 25 ~ 26；粗體字之強調，根據原書。

2. Milbank, “Midwinter Sacrifice,” 26.
3. 這三段分析，主要參考 David Kelsey, “Human Being,” in *Christian Theology: An Introduction to Its Traditions and Tasks*, ed. Peter Hodgson and Robert King (London: SPCK, 1983)，141～67。
4. 最直言無諱把尼布爾作這種等同的，也許是 Stanley Hauerwas, *With the Grain of the Universe: The Church's Witness and Natural Theology* (Grand Rapids: Brazos, 2001) 及 John Milbank, “The Poverty of Niebuhrianism,” in *The Word Made Strange: Theology, Language, Culture* (Oxford, UK: Blackwell, 1997), 233～54。
5. Milbank, “Poverty of Niebuhrianism,” 頁 236～37；粗體字之強調，根據原書。
6. Stanley Hauerwas, *With the Grain of the Universe: The Church's Witness and Natural Theology: Being the Gifford Lectures Delivered at the University of St. Andrews in 2001* (Grand Rapids: Brazos, 2001), 131, 136, 138.
7. Milbank, “Poverty of Niebuhrianism,” 242、250；粗體字之強調，根據原書。
8. 太十八 23～35。
9. 太二十 1～16。
10. 王下七。
11. 創四十五 7～8 及五十 20。
12. John Milbank, “Can Morality Be Christian?” in Milbank, *Word Made Strange*, 219～32.
13. Milbank, “Can Morality Be Christian?” 224～45；粗體字之強調，根據原書。提到「世界」、「時間」、「不勇於發聲」等字眼，間接令人想到 Andrew Marvel 的詩〈寫給他不勇於發聲的情婦〉(To His Coy Mistress) 的開場白。
14. Martin Luther, *Treatise of Good Works*，引述於 Milbank, “Can Morality Be Christian?” 225。
15. Milbank, “Can Morality Be Christian?” 224.
16. Milbank, “Can Morality Be Christian?” 228～29；粗體字之強調，根據原書。這處提到高登斯頓 (Gordonstoun，譯按：皇室受教育的高等學府的所在地)，似乎抵觸我在本書第五章一開始談到伊頓 (Eton) 的訓練場時怎樣論到以踐行形塑品格。不過，米爾班克 (Milbank)

的論點其實肯定以踐行形塑品格的做法，其斟酌的只是形塑甚麼品格——並且澄清我先前論點包含的更深一層的目的。

17. Milbank, "Can Morality Be Christian?" 230～31；粗體字之強調，根據原書。
18. 我發現霍納（Robyn Horner）的導引非常有助明白這些論爭，以下不少內容取材自她對這些議題的分析。見 *Robyn Horner, Rethinking God as Gift: Marion, Derrida, and the Limits of Phenomenology* (New York: Fordham University Press, 2001)。
19. Marcel Mauss, *The Gift: The Form and Reason for Exchange in Archaic Societies*, trans. W. D. Halls (London: Routledge, 1990)。其後參與這論爭的人類學家，包括佛斯（Raymond Firth）、李維史陀（Claude Levi-Strauss）及薩林斯（Marshall Sahlins）。
20. Russell Belk, "The Perfect Gift," in *Gift-Giving: A Research Anthology*, ed. Cele Otnes and Richard F. Beltramini (Bowling Green, OH: Bowling Green State University Popular Press, 1996), 59 ～ 84，引述於 Robyn Horner, *Rethinking God as Gift*, 2。
21. Horner, *Rethinking God*, 4.
22. Horner, *Rethinking God*, 4 ～ 18 及 241 ～ 47。米爾班克看「回饋」（return）是好事，不求「純粹禮物」（pure gift）而求「純粹交換禮物」（purified gift exchange），他把後者理解為涉及「延遲而非同一的重複」（delay and non-identical repetition）。換言之，米爾班克援引時間的流逝來走出德里達（Derrida）「回饋」的難題。在其中一段文字之中，米爾班克提到我正在本書論證時用到的「現編」的術語：「不如虔敬思想所認為的那般，基督徒並非憑自己自發與自由去愛而不必與人尋求任何溝通。相反，基督徒為要**準確**重演基督的人生內容，就須以**不同方式重**演基督的人生內容，並要藉著必要的延遲來等待別人回應（時間上必定有**延遲**）而重複這過程，由此時間的直線將會折疊，回到三一生命的永恆迴圈。」見 John Milbank, "Can a Gift Be Given? Prolegomena to a Future Trinitarian Metaphysic," *Modern Theology* 11 (1995): 119 ～ 61 at 150。另可見 Jacques Derrida, *Given Time*, vol. 1, *Counterfeit Money*, trans. Peggy Kamuf (Chicago: University of Chicago Press, 1992) 及 Jean-Luc Marion, *Etant Donné* (Paris: Presses Universaires de France, 1997)。
23. Garrett Green, *Imagining God: Theology and the Religious Imagination*

(San Francisco: Harper & Row, 1989)；尤其是頁 137 ~ 45。

24. Walter Brueggemann, *The Bible and the Postmodern Imagination* (London: SCM, 1993), 15 ~ 16。另見 André Brink, *A Change of Voices* (New York: Penguin, 1983) 及 David Bryant, *Faith and the Play of the Imagination: On the Role of Imagination in Religion* (Macon, GA: Mercer University Press, 1989)。

第 9 章

1. Anthony Frost and Ralph Yarrow, *Improvisation in Drama* (Basingstoke, UK: Macmillan, 1990), 59.
2. Ronald James and Peter Williams, *A Guide to Improvisation: A Handbook for Teachers* (Banbury, UK: Kemble, 1980), 49 ~ 52.
3. Keith Johnstone, *Impro: Improvisation in the Theatre* (London: Methuen, 1981), 100 ~ 101.
4. Johnstone, *Impro*, 101.
5. Johnstone, *Impro*, 102.
6. 表演音樂的人常見有類似的踐行：彈奏出錯，不必中斷表演，只須加插（incorporating）一段「過門」音樂。有個故事講到，小提琴家帕爾曼（Itzhak Perlman）有一次在演奏會表演，一拉弓，便斷了一條弦。他當作若無其事，用剩下來的三條弦繼續拉小提琴。表演完後，他向觀眾說：「我們彈音樂，剩多少，便要彈多少了。」（這故事由沙克斯〔Jonathan Sacks〕拉比提供）。同樣，按照東方人織地毯的傳統，織地毯不得有誤，但萬一出了錯，錯了的針線一定不可拆出來，編織者倒會織出一個新設計的圖案，把織錯了的圖案重新整合（incorporates）其中。
7. Thomas Traherne, "Centuries of Meditations" 2/66 and 2/68, in *Selected Poems and Prose* (London: Penguin, 1991), 213 ~ 14.
8. Johnstone, *Impro*, 102.
9. John Milbank, *Theology and Social Theory: Beyond Secular Reason* (Oxford, UK: Blackwell, 1990), 5, 6, 402.
10. 教宗若望保祿二世（Pope John Paul II）談到東歐社會主義（socialism）瓦解，說明了這點。他說：「東歐的社會主義是被致力非暴力的人民所推翻，這些民眾由始至終不肯向強權屈服，並一而再成功找到種種有效方法為真理作見證。敵人沒藉口施暴，因用暴力者總要靠虛謊來證立(justify)其為有理，並總看似是(無論多虛假)為捍衛某種權利或為回應別人擺出的威脅。」*Centesimus Annus* in *Origins* 21/1 (May 16, 1991): 23。

11. Rowan Williams, "Interiority and Epiphany: A Reading in New Testament Ethics," in *On Christian Theology* (Oxford, UK: Blackwell 2000), 258～59。多年前，有飛機遭恐怖襲擊、墜毀於洛克比(Lockerbie)市內，造成傷亡。當地居民不以惡報惡，而用謙和方式回應：他們把機上乘客的物品慎重交還給死者親屬。德國納粹黨關押女人的最大集中營，位於拉文斯布呂克(Ravensbruck)，後人發現有人在一張包裝紙上寫了一段禱文，如下：「主啊，請記念心地善良的人，也記念不懷好意的人。但請不要記住他們使我們受過的苦；只記住我們由於這樣受苦而結出的果子：感謝這苦難、與營友情同手足、忠心、謙卑、勇敢、寬宏、慷慨、內心因此偉大。這些人受審判時，請因著我們結出的這些果子，赦免他們。阿門。」(這段禱文現保存在諾里大教堂內的無辜聖徒小禮拜堂〔Chapel of the Holy Innocents in Norwich Cathedral〕)。
12. 耶十八 1～6。
13. 這個主張包含的多個政治層面，從新約角度來看，最出色的研究包括：David Toole, *Waiting for Godot in Sarajevo: Theological Reflections on Nihilism, Tragedy, and Apocalypse* (Boulder, CO: Westview, 1997; London: SCM, 2001), 232 ～ 48；James C. Scott, *Domination and the Art of Resistance: Hidden Transcripts* (New Haven, CT: Yale University Press, 1990)。
14. 侯活士(Stanley Hauerwas)談到耶穌受試探，見於 *The Peaceable Kingdom: A Primer in Christian Ethics* (London: SCM, 1983), 78 ～ 79：侯活士認為耶穌所受的三個試探，是重演上帝對待以色列的方式。我的論述是對侯活士之進路所作的「現編」。
15. 太五 39～41。
16. 類似的進路，見於以弗所書六章 5 至 6 節，保羅論到奴僕要怎樣生活(「作奴僕的，要心存畏懼、戰戰兢兢，以單純的心聽從你們世上的主人，好像聽從基督一樣。不要單單在人眼前才這樣做，好像要討好人，反而要好像基督的僕人，從心底裏遵行上帝的旨意」)(《新漢語譯本》)。奧古斯丁(Augustine)這樣註釋這段：「保羅的意思是說，如果奴僕不能獲得主人釋放，就不能因恐懼而狡滑地服侍，藉以使自己某意義上脱離被奴役，反之乃是藉著出於愛而真誠地作服侍，直到一切不公義皆消失，屬人的主權和權力都被廢棄，而上帝是一切中的一切。」Augustine, *Concerning the City of God against the Pagans*, trans. Henry Bettenson (London: Penguin, 1984), 19.15。

17. 可四 3 ～ 9 及 30 ～ 32；Toole, *Waiting for Godot*, 235 ～ 41；Ched Myers, *Binding the Strong Man: A Political Reading of Mark's Story of Jesus* (Maryknoll, NY: Orbis, 1988), 174 ～ 77；John Dominic Crossan, *The Historical Jesus: The Life of a Mediterranean Jewish Peasant* (New York: HarperSanFrancisco, 1991), 278 ～ 79。
18. 太二十二 15 ～ 22。(翻譯按照原作者之文字)
19. 約八 2 ～ 11。
20. 可十四 7。(《新漢語譯本》)
21. 可十 35～ 45。(《新漢語譯本》)
22. 可七 26 ～ 28。(翻譯按照原作者之文字)
23. 視之為對聖殿「砸戲」的觀點，見 Toole, *Waiting for Godot*, 250 and 312 nn 101、102 列出的資料；視之為是對聖殿和聖殿制度「砸戲」的觀點，見 Myers, *Binding*, 299 ～ 304。
24. 可三 27。(《新漢語譯本》)
25. Myers, *Binding*, 頁 303 ～ 4。
26. 創二十二 8。
27. Ian MacMillan, *Orbit of Darkness* (San Diego: Harcourt Brace Jovanovich, 1991)。我得悉並引用這故事，再次要向圖爾（David Toole）由衷致謝。見 Toole, *Waiting for Godot*, 257 ～ 66。
28. Toole, *Waiting for Godot*, 262.

第 10 章

1. 引述於 Margaret Quigley and Michael Garvey, eds., *The Dorothy Day Book*, (Springfield, IL: Templegate, 1982), 92。
2. F. L. Cross, ed., *The Oxford Dictionary of the Christian Church* (Oxford, UK: Oxford University Press, 1957), 790.
3. Keith Johnstone, *Impro: Improvisation in the Theatre* (London: Methuen, 1981), 112.

4. Johnstone, *Impro*, 116 ~ 17.
5. Johnstone, *Impro*, 116；粗體字由我所加。
6. 虐待兒童的人很普遍這樣瞞騙兒童。見 Alistair McFadyen, *Bound to Sin: Abuse, Holocaust, and the Christian Doctrine of Sin* (Cambridge: Cambridge University Press, 2000), 57 ~ 79。
7. John Howard Yoder, *What Would You Do?* 2nd ed. (Scottdale, PA: Herald, 1992), 40。尤達（Yoder）再說：「指導著（基督徒）人生的問題，不是『我怎樣能避免犯錯？』或甚至『我怎樣能做正確的事？』，而是『我在身邊鄰舍的人生中怎樣能促進與人與上帝的復和？』從這角度看，我或可證立（justify）堅決不用暴力是正當的，但殺人肯定不正當。」
8. 「只有以明確的終末觀的眼光，才能正確批判現時的歷史局勢和甚麼是可能生效的行動……。無論如何，成就意義重大的行動的人，或好或歹，都是依據某種對時間終末的盼望來指導其現時的行動。」John Howard Yoder, *The Original Revolution* (Scottdale, PA: Herald, 1977), 71。另見 Charles R. Pinches, *Theology and Action: After Theory in Christian Ethics* (Grand Rapids: Eerdmans, 2002), esp. 199 ~ 232。

第 11 章

1. William T. Cavanaugh, *Torture and Eucharist: Theology, Politics, and the Body of Christ* (Oxford, UK: Blackwell, 1998).
2. Cavanaugh, *Torture and Eucharist*, 80 ~ 81.
3. Cavanaugh, *Torture and Eucharist*, 82.
4. Cavanaugh, *Torture and Eucharist*, 85.
5. Cavanaugh, *Torture and Eucharist*, 93, 32 ~ 33.
6. Cavanaugh, *Torture and Eucharist*, 94.
7. 智利主教會議 "Declaration of the Permanent Committee of Bishops," in Documentos del Episcopado: Chile 1975 ~ 80 (Santiago: Edisciones Mundo, 1982), 161，載於 Cavanaugh, *Torture and Eucharist*, 105。
8. 同上，"The Church: Its Mission Yesterday and Today," 183，載於 Cavanaugh, *Torture and Eucharist*, 110。
9. Cavanaugh, *Torture and Eucharist*, 120.
10. Cavanaugh, *Torture and Eucharist*, 138.
11. Cavanaugh, *Torture and Eucharist*, 193.

12. Cavanaugh, *Torture and Eucharist*, 197.
13. Cavanaugh, *Torture and Eucharist*, 27.
14. Cavanaugh, *Torture and Eucharist*, 27 ~ 30.
15. Cavanaugh, *Torture and Eucharist*, 2.
16. Cavanaugh, *Torture and Eucharist*, 3.
17. Cavanaugh, *Torture and Eucharist*, 266.
18. Cavanaugh, *Torture and Eucharist*, 272.
19. Cavanaugh, *Torture and Eucharist*, 272.
20. 見 Cavanaugh, *Torture and Eucharist*, 226。
21. Cavanaugh, *Torture and Eucharist*, 229.
22. Cavanaugh, *Torture and Eucharist*, 251。雙括號內的字引自林前十一29；卡瓦諾（Cavanaugh）主張在這裏「身體」一字的意義是指教會，即是聚集一起的上帝的子民，過於是指聖餐中已經變質的元素餅和酒。
23. Cavanaugh, *Torture and Eucharist*, 229 ~ 30，引述奧古斯丁（Augustine）《上帝之城》（*City of God*）卷十第六章。
24. Cavanaugh, *Torture and Eucharist*, 230。卡瓦諾在這點上是依據Dom Gregory Dix, *The Shape of the Liturgy* (New York: Seabury, 1982)。
25. Cavanaugh, *Torture and Eucharist*, 237.
26. Cavanaugh, *Torture and Eucharist*, 242.
27. Cavanaugh, *Torture and Eucharist*, 117.
28. Cavanaugh, *Torture and Eucharist*, 263.
29. Cavanaugh, *Torture and Eucharist*, 12.
30. Cavanaugh, *Torture and Eucharist*, 30.
31. Cavanaugh, *Torture and Eucharist*, 14.
32. Cavanaugh, *Torture and Eucharist*, 14.
33. Cavanaugh, *Torture and Eucharist*, 275.
34. Cavanaugh, *Torture and Eucharist*, 276.
35. Cavanaugh, *Torture and Eucharist*, 277.
36. Cavanaugh, *Torture and Eucharist*, 277.
37. Cavanaugh, *Torture and Eucharist*, 277.
38. Cavanaugh, *Torture and Eucharist*, 279.

第 12 章

1. 約九 3。(按作者文字翻譯)
2. Frances Young, *Face to Face* (London: Epworth, 1985)。再版書名改為 *Face to Face: A Narrative Essay in the Theology of Suffering* (Edinburgh: T & T Clark, 1990)。以下註腳提及的頁數，是根據再版的頁數編排。
3. Young, *Face to Face*, 9.
4. Margaret Spufford, *Celebration* (Glasgow, UK: Fount, 1989), 25 ~ 26.
5. Spufford, *Celebration*, 60.
6. Spufford, *Celebration*, 86.
7. Young, *Face to Face*, 99.
8. Young, *Face to Face*, 103 ~ 4.
9. Spufford, *Celebration*, 118.
10. Spufford, *Celebration*, 71 ~ 72.
11. Young, *Face to Face*, 109.
12. Young, *Face to Face*, 42.
13. Young, *Face to Face*, 36.
14. Young, *Face to Face*, 61 ~ 62, 64 ~ 65；粗體字見於原書。
15. Spufford, *Celebration*, 26.
16. Young, *Face to Face*, 61.
17. Spufford, *Celebration*, 40.
18. Spufford, *Celebration*, 96 ~ 97.
19. Stanley Hauerwas, *Suffering Presence: Theological Reflections on Medicine, the Mentally Handicapped and the Church* (Notre Dame, IN: University of Notre Dame Press, 1986), 186.
20. Hauerwas, *Suffering Presence*, 207 ~ 8.
21. 我選擇把瑪格麗特(Margaret)和楊格(Young)的論述並列一起，不單只因為對造物界有缺陷的問題，疾病和殘障可提供不同層面的向度；亦因為從考慮戲分的角度來看，似乎不宜只單單分析照顧者的講述。
22. Spufford, *Celebration*, 110.
23. Young, *Face to Face*, 110 ~ 11.
24. Young, *Face to Face*, 191。這段話前，還有上文：「我承認我即將提出的觀點，可能令人覺得是感情用事。」

25. Young, *Face to Face*, 143 ~ 44.
26. Young, *Face to Face*, 146.
27. Young, *Face to Face*, 204.
28. Young, *Face to Face*, 183；粗體字之強調，根據原書。
29. Young, *Face to Face*, 195.
30. Spufford, *Celebration*, 69 ~ 70.
31. Young, *Face to Face*, 203.
32. Spufford, *Celebration*, 115.
33. Young, *Face to Face*, 110.
34. Young, *Face to Face*, 172.
35. Young, *Face to Face*, 68。指到的，是創三十二 24 ~ 31。
36. Young, Face to Face, 71。引文摘自文中所引的一篇「頗濫情的短詩」（rather soppy little poem）。
37. Spufford, *Celebration*, 74，引述德日進（Pierre Teilhard de Chardin）被譯成英文的一段說話，引自 Donald Nicholl, *Holiness* (London: Darton, Longman & Todd, 1987), 136。
38. Spufford, *Celebration*, 78 ~ 80，引述 W. H. Vanstone, *Love's Endeavour, Love's Expense: The Response of Being to the Love of God* (London: Darton, Longman & Todd, 1977), 47 ~ 48, 63 ~ 64。
39. Spufford, *Celebration*, 80.
40. Young, *Face to Face*, 74.
41. Spufford, *Celebration*, 92.
42. Young, *Face to Face*, 100.
43. Young, *Face to Face*, 179.
44. Hauerwas, *Suffering Presence*, 178，引自 Arthur McGill, *Suffering: A Test Case of Theological Method* (Philadelphia: Westminster, 1983), 75。另見 Hans Reinders, *The Future of the Disabled in Liberal Society: An Ethical Analysis* (Notre Dame, IN: University of Notre Dame Press, 2000)。
45. Young, *Face to Face*, 53 ~ 54.
46. Young, *Face to Face*, 3 ~ 4.
47. Young, *Face to Face*, 85 ~ 86.
48. Young, *Face to Face*, 103.
49. Young, *Face to Face*, 147.
50. Young, *Face to Face*, 176。引文中的引文，引自 Mary Douglas, *Purity*

and Danger (London: Routledge, 1966)。

51. Young, *Face to Face*, 184 ～ 85。她指這些洞見是出自科恩（Ian Cohen）的。

第 13 章

1. 以下森和嘉里的虛構例子，主要取材自Karen Lebacqz, "Genes, Justice, and Clones," in Ronald Cole-Turner, ed., *Human Cloning: Religious Responses* (Louisville: Westminster John Knox, 1997), 49 ～ 57。
2. 特別銘謝 Phil Jones 提供幹細胞研究的專業知識，大大提高本書這部分的科學準確度。
3. 感謝 Jo Hartley 和 Phil Jones 幫助我掌握較多資料去認真思考英國當代的醫療保健文化。
4. 這觀點來自 Joseph Fletcher。參 Joseph Fletcher, *Humanhood: Essays in Biomedical Ethics* (Buffalo, NY: Prometheus, 1979)。
5. 和洗／浸禮的關連，我參考了 Stanley Hauerwas and Joel Shuman, "Cloning the Human Body," in Ronald Cole-Turner, ed., *Human Cloning*, 58 ～ 65。另見 Dale Martin, *The Corinthian Body* (New Haven, CT: Yale University Press, 1995)。
6. 進深研究這些議題，見 Oliver O'Donovan, *Begotten or Made?* (Oxford, UK: Clarendon, 1984)；Congregation for the Doctrine of the Faith, *Instruction on Respect for Human Life in Its Origin and on the Dignity of Procreation: Replies to Certain Questions of the Day* (Washington, DC: United States Catholic Conference, 1987)；Richard A. McCormick, "Should We Clone Humans?" *Christian Century* (24 November 1993): 1148 ～ 9；Gilbert Meilaender, *Bioethics: A Primer for Christians* (Grand Rapids: Eerdmans, 1996)；Ted Peters, *Playing God? Genetic Discrimination and Human Benefit* (New York: Routledge, 1997)。銘謝 Ian Thompson，幫助我全盤思考本書這一章提到的這些議題。

第 14 章

1. 綜合概論這個題目的書目包括：Celia Deane-Drummond, *Theology and Biotechnology: Implications for a New Science* (London: Chapman,

1997)；M. Reiss and R. Straughan, *Improving Nature? The Science and Ethics of Genetic Engineering* (Cambridge: Cambridge University Press, 1996)；Darryl R. J. Maher, *Shaping Genes: Ethics, Law, and Science of Using Genetic Technology in Medicine and Agriculture* (Christchurch, New Zealand: Eubios Ethics Institute, 1990)；Earl J. Shelp, ed., *Theology and Bioethics: Exploring Foundations and Frontiers* (Dordrecht, Netherlands: Reidel, 1985)。

Re: 叢書 重構我們的思想，重新探索我們的行動，並重塑我們的教會生活。

Re: 教會倫理系列

和平的國度——基督教倫理學獻議
The Peaceable Kingdom: A Primer in Christian Ethics
侯活士 (Stanley Hauerwas) 著／紀榮智 譯／鄧紹光 學術校閱／ HK$128

是與非以外——基督教的倫理想像
龔立人 著／ HK$108

上帝的同伴——基督教倫理再想像
God's Companions: Reimagining Christian Ethics
韋爾斯 (Samuel Wells) 著／陳永財 譯／鄧紹光 學術校閱／ HK$128

國度倫理——在當世處境跟隨耶穌
Kingdom Ethics: Following Jesus in Contemporary Context
司道牛 (Glen H. Stassen)、顧希 (David P. Gushee) 著／紀榮智、吳國雄、梁偉業 譯／
HK$368

Re: 牧養職事系列

靈巧好牧人——牧養神學導論
Skilful Shepherds: Explorations in Pastoral Theology
德里克．蒂德博爾（Derek J. Tidball）著／陳永財 譯／ HK$128

致新手牧者的信
Letters to New Pastor
金建時（Michael Jinkins）著／陳永財 譯／ HK$83

牧養，就是回到原點——再思牧養職事的召命（增訂版）
Pastor: The Theology and Practice of Ordained Ministry (Revised Edition)
韋利蒙（William H. Willimon）著／陳永財 譯／ HK$168

Re: 教會重塑系列

教會不在場——崇拜、宣講與牧養的再思

鄧紹光 著／HK$88

教會不成教會

鄧紹光 主編／HK$78

小堂會，大啟示——回歸聖道與聖禮
Preaching and Worship in the Small Church

韋利蒙（William H. Willimon）、韋爾遜（Robert L. Wilson）著／陳永財 譯／HK$73

全是教會——踐行中的福音與羣體
Total Church: A Radical Reshaping Around Gospel and Community

查斯特（Tim Chester）、添美斯（Steve Timmis）著／曾景恒、趙半農 譯／HK$88

Re: 神學與公共系列

政治中的教會

鄧紹光 著／HK$88

香港 · 教會 · 啟示錄

曾思瀚 著／曾景恒 譯／HK$68

公義創建未來——和平政治與造物倫理
Gerechtigkeit schafft Zukunft

莫特曼（Jürgen Moltmann）著／鄧肇明 譯／HK$78

讀者意見表

緊加時代 服事教會

以文字傳揚基督真道

衷心多謝你購買本社書籍。本社一直致力以出版事工服事教會，幫助信徒扎根於神的話語，促進靈命增長。為使我們的出版更能滿足你的需要，請填寫下列各項資料，並寄回或傳真予本社。

所購書籍：________________

本書最吸引你的地方：
□作者 □適切性 □文筆 □設計 □實用性
□其他：________________

購買本書地點：
□基道書樓 □基督教書店 □非基督教書店

性別：□男 □女 職業：________________

信仰：□基督徒 □非基督徒

年齡：□ 16 歲或以下 □ 17～25 歲 □ 26～35 歲
□ 36～55 歲 □ 56 歲或以上

學歷：□中三或以下 □中五 □預科
□大學 □研究院

□我欲更多了解基道出版社的事工及考慮支持，請寄給我下列資料：
□機構簡介 □新書資料 □基道會員通訊
□《基道文字事工通訊》

姓名：________________ 電話：________________

地址：________________

____

傳真：________________ 電子郵件：________________

其他意見：________________

____

多謝賜教！

意見表可以傳真（2687-0281）或直接郵寄以下地址：
香港沙田火炭坳背灣街26號富騰工業中心1011室
基道出版社編輯部收